Bookspot
EDITION 211

Für
Milena,
[illegible]
[illegible]
Klasse!
Herzlich
[illegible]

GEORG BRUN

VENUS GOLD

Ein München-Krimi

Bookspot
EDITION 211

© Jeannine Bachmann

In München im Jahr 1958 geboren, ist **Georg Brun** mit einigen Abstechern stets ein »Münchner Kindl« geblieben. Auf mehrere Jahre im Bayerischen Landeskriminalamt und das Jura-Studium folgte eine langjährige Tätigkeit im Wissenschaftsministerium. Als Georg Brun im Jahr 1988 mit »Das Vermächtnis der Juliane Hall« sein erstes Buch veröffentlichte und dafür den Bayerischen Förderpreis für Literatur erhielt, begann sein erfüllendes Doppelleben als Jurist und Schriftsteller. Mit »Bodenloser Fall« und »Gewissenlose Wege« eröffnete er seine München-Krimi-Reihe rund um die junge Anwältin Olga Swatschuk. Es folgte der dritte Band »Grenzenlose Gier«. Nun ermittelt Olga in ihrem vierten Fall »Venusgold«.
Spannende Fälle mit dem pensionierten Kommissar Nathan Weiß sind in Bruns Büchern »Spüre meinen Zorn« und »Liebe meine Farben« zu lesen. Beide erschienen ebenfalls im Bookspot Verlag.
Mehr über den Autor unter www.georgbrun.de oder auf Instagram unter: @brungeorg

1. Auflage

Lektorat: Johanna Gerhard
Korrektorat: Dr. Lianhua He
Satz/Layout: Martina Stolzmann
Covergestaltung: Martina Stolzmann
Titelmotive: beide © Pixabay

Druck: CPI – Clausen & Bosse, Ulm
Made in Germany

ISBN 978-3-95669-213-0
www.bookspot.de

Nach drei Kriminalromanen rund um das Ermittlerteam Olga und Alex sucht sich die Fiktion neue Wege. Finanzskandale und Menschenhandel sind traurige Realität, auch wenn die hier geschilderten Vorfälle der Fantasie entsprungen sind. Es wäre ein unwahrscheinlicher Zufall, sollte man Ähnlichkeiten zu tatsächlichen Vorkommnissen entdecken. Daher liest sich Olgas vierter Fall entspannt wie ein Märchen – leider haben die meisten Märchen jedoch, wie jeder weiß, einen wahren Kern.

Die Huren sind ehrlich und tun, was ihnen lieb ist, und ruinieren nicht den Mann durch das Band der Ehe.
Friedrich Wilhelm Nietzsche

Diesen Roman widme ich allen Frauen, die sich ausgebeutet, gedemütigt oder zum Objekt reduziert fühlen.

1

Dumpfes Dröhnen. In der Ferne krächzt ein Rabe. Ein zuckender Blitz erhellt das Dunkel und zeigt ein blasses Gesicht. Gebrochene Augen starren sie durchdringend an. – Schreiend wachte Olga auf. Sonja drehte sich im Bett und umarmte ihre Freundin.

»Alles ist gut, ich bin bei dir«, flüsterte sie.

»Gott sei Dank«, antwortete Olga und kuschelte sich in Sonjas Arme. Bald darauf hörte sie den gleichmäßigen Atem ihrer Lebensgefährtin. Sonja war eingeschlafen.

Olga war ebenfalls wieder in einen unruhigen Schlaf gefallen, denn es dämmerte bereits, als sie die Augen aufschlug und ihren wirren Träumen nachspürte. Immer noch, obwohl es schon mehr als vier Monate her war, erschien ihr Alex' bleiches Totengesicht im Traum, und nach wie vor erschütterte sie sein sinnloser Tod. Doch sie hatte sich vorgenommen, nach vorne zu blicken und gemeinsam mit Sonja ihr Leben vom Kopf auf die Füße zu stellen. Wehmütig zwar, aber mit kühner Entschlossenheit hatte sie vor drei Wochen ihre Anwaltskanzlei endgültig geschlossen und eine Assistentenstelle am Lehrstuhl für Strafrecht, Kriminologie und Rechtsphilosophie angetreten. In ihrer kleinen Wohnung hatte sie das Wohnzimmer zu einem Arbeitsraum umfunktioniert und war bei Sonja eingezogen. Was sie sich vor neun Monaten nie hätte träumen lassen, war eingetreten: Olga hatte ihr Glück in einer Beziehung mit einer Frau gefunden. Gemeinsam mit Sonja wollte sie durchs Leben gehen. Es fühlte sich stimmig an, auch beruflich eine Zäsur zu machen und das harte Brot der Strafverteidigerin gegen die Abenteuer der Wissenschaft einzutauschen. Zugegeben, das Thema ihrer Dissertation klang etwas sperrig: *Der Begriff der Gerechtigkeit bei Hegel in Bezug auf die moderne Jurisprudenz.* Sie hatte sich die letzten Monate etwas eingelesen und wusste über die Herausforderung Bescheid, die es zu meistern galt. Hegel war keine leichte Kost. Aber das spornte Olga nur noch mehr an, ihren verspäteten Anlauf zu einer wissenschaftlichen Karriere schwungvoll zu gestalten.

Neben ihr atmete Sonja immer noch sanft und ruhig, und Olga beschloss, ihre Lebensgefährtin weiterschlafen zu lassen. Leise rollte sie sich aus dem Bett, zog die Schlafzimmertür hinter sich zu und ging ins Bad. Aus dem Spiegel blickte ihr ein tief gebräuntes Gesicht entgegen, nachträglicher Beweis für das Traumwetter, das sie gestern und vorgestern auf ihren Skitouren in den Stubaier Alpen gehabt hatten. Wenn Olga die Lachfältchen, die von ihren Augenwinkeln abstrahlten, auf den fantastischen Pulverschnee der steilen Nordflanken zurückführte, dann trug sie das gelungene Bergwochenende tatsächlich im Gesicht. Olga schmunzelte bei diesem Gedanken und putzte sich die Zähne. Sie zog sich an, lauschte kurz an der Schlafzimmertür und ging zum Bäcker, um Brötchen und Croissants zu holen.

»Mich zwickt ein ordentlicher Muskelkater«, bemerkte Sonja, während sie einen dicken Löffel Erdbeerkonfitüre auf ihr Croissant strich. »Es war ein fantastisches Wochenende. Was erwartet dich heute an der Uni?«

»Meine erste Seminarrunde, die ich selbständig leiten darf«, nuschelte Olga und schluckte den letzten Bissen ihres Croissants hinunter. »Bin schon aufgeregt.«

»Das schaffst du mit links«, beruhigte Sonja. »Um was geht es denn?«

»Um die Frage von Beweiserhebung und Beweisverwertung.«

»Ha«, lachte Sonja, »da kennst du dich ja aus.«

Olga verzog das Gesicht zu einer schmerzhaften Grimasse. »Das ist unser wunder Punkt. Genau deshalb widme ich mich jetzt der reinen Lehre der Gerechtigkeit, anstatt ihr nachzuhelfen.«

»Du weißt, wie sehr ich dich für diesen Schritt bewundere

und wie sehr ich unsere Ermittlungsabenteuer vermisse«, erwiderte Sonja und gab Olga einen flüchtigen Kuss.

»Ohne diese Abenteuer«, flüsterte Olga wehmütig, »würde Alex noch leben. Ich habe ihn da hineingezogen. Nein, ich will nie wieder mit Verbrechen zu tun haben oder gar in einem Fall ermitteln.«

»Sag niemals nie.« Sonja hob ironisch tadelnd den Zeigefinger. »Außerdem war das Schicksal. Du darfst dir nicht die Schuld geben, Gamserl.« Sonja stand auf und nahm Olga in den Arm.

Das tat Olga gut, denn sie brauchte diesen Trost immer noch, zu sehr schmerzte der Verlust des Freundes.

»Alex war ein guter Mensch, aber er konnte schrecklich stur sein, vergiss das nicht.«

Olga nickte.

Das Seminar war erfolgreich verlaufen. Olga klappte zufrieden ihr Laptop zu und schaltete den Beamer aus. Nach und nach verließen die Studierenden einzeln und in Grüppchen den Raum. Als Olga allein am Vortragspult stand, kam eine zierliche Studentin auf sie zu: »Darf ich Sie etwas fragen?«

»Selbstverständlich, um was geht's denn?«

»Sie waren Strafverteidigerin, stimmt das?«

Olga nickte.

»Sind Sie immer noch als Anwältin zugelassen?«

»Ja«, antwortete Olga, »aber ich praktiziere nicht mehr.«

»Und wenn jemand Hilfe benötigt?«

Unter den rotblonden Locken schauten grünblaue Augen heraus, und in diesem Blick lag eine irritierende Intensität, die nicht recht zu der mädchenhaften Verletzlichkeit des zart geschnittenen Gesichts und der knabenhaften Figur passen wollte. Trotzdem löste die junge Frau in Olga einen starken Beschützerreflex aus. Wider besseres Wissen und wider ihren Willen und beinahe so, als stünde sie neben sich, hörte Olga ihre eigenen Worte: »Ich würde mir die Sorgen anhören.«

»Dann bitte ich Sie um eine Stunde Ihrer Zeit«, flüsterte die Studentin und lächelte zaghaft.

Es ist ein Fehler, es ist ein Fehler, raunte eine düstere Stimme in Olgas Kopf. Aber jetzt konnte sie nicht mehr auf die Warnung hören. Sie packte ihr Laptop in die Tasche, schlüpfte in den Daunenanorak und verließ mit der Studentin den Seminarraum.

»Lassen Sie uns ins Unicafé gehen«, entschied Olga.

Sie fanden einen Ecktisch, an dem sie sich ungestört unterhalten konnten. Bis die Bedienung Kaffee und Kuchen brachte, äußerte die Studentin lediglich ihre Begeisterung über das rechtsphilosophische Seminar von Professorin Möller und lobte mit kluger Analyse Olgas Einheit. Es blieb bei intelligentem wissenschaftlichen Smalltalk, bis Crema und Café Latte sowie zwei Stücke Käsekuchen vor ihnen standen.

»Mein Name ist Caroline Pohl«, stellte sich die Studentin vor, »mein Künstlername Juliette.«

»Künstlername?«

Sie nickte. »Erschrecken Sie nicht. Ich finanziere mein Studium als Escort-Dame.«

Olga erschrak zwar nicht, aber sie wunderte sich. Diese zierliche junge Frau mit ihrem androgynen Körper konnte sie sich beim besten Willen nur schwer in der Rolle einer erotischen Begleiterin älterer Geschäftsmänner vorstellen.

»Ich sehe die Frage in Ihren Augen«, stellte die Studentin fest. »Es gibt mehr erfolgreiche Männer, als Sie sich vorstellen können, die von einer knabenhaften Frau begleitet und verführt werden wollen. Juliette ist eine Meisterin ihres Fachs.«

Das klingt beinahe stolz, wunderte sich Olga und hörte ihre innere Stimme wieder raunen: *Steh auf, geh weg, das ist ein Fehler, das ist ein Fehler.* Worauf wollte die junge Frau hinaus? Was kam als nächstes? Sie musterte Caroline, die unscheinbar in einem billigen Pullover und verwaschener Jeans wie ein unschuldiges Mädchen vor ihr saß. Dieses zerbrechliche Wesen, eine Prostituierte? Olga wollte es nicht glauben. Sie kam sich vor wie in einem schlechten Film. *Geh weg, lass sie nicht weiterreden,* warnte die innere Stimme, aber Olga tat, was sie seit Jahren tat, wenn sich jemand Hilfe suchend an sie wandte: Sie wartete ab und hörte zu.

»Juliette wird von einer hervorragenden Agentur betreut, an deren Seriosität kein Zweifel besteht. Trotzdem hat Caroline seit einigen Wochen ein Problem. Darüber würde ich gern mit Ihnen sprechen.«

Behutsam, als wäre es gefährlich, stach Olga Gabel um Gabel von dem leckeren Käsekuchen ab und aß bedächtig jedes Stück, um sich bei Carolines Erzählungen nicht zu verschlucken.

Ihre Engagements erfolgten auf eigenen Wunsch nur donnerstags und samstags und waren auf vier Einsätze pro Monat beschränkt. Juliette wurde vorwiegend von erfolgreichen Geschäftsleuten mittleren Alters gebucht, wobei sie in der Regel keinerlei Informationen über die Kunden erhielt. Die Treffen verliefen in gediegener Atmosphäre, eingeleitet von einem ausgezeichneten Dinner in einem der Münchner Gourmetrestaurants, bis der Abend in der einen oder anderen Suite eines gehobenen Hotels seine logische Fortsetzung fand. Hygiene und Stil waren oberstes Gebot. Juliette hatte noch kein einziges Mal Grund zur Klage gehabt.

»Seit einem halben Jahr bediene ich einen Stammkunden, der die besondere Wertschätzung meiner Agenturchefin genießt«, gelangte Caroline zum Kern ihres Anliegens. »Ich vermute, dass er für seine Arrangements nicht bezahlen muss, sondern die Chefin mein Honorar aus ihrer eigenen Tasche begleicht. Neuerdings bringt er mir persönliche Geschenke mit und bittet darum, sich mit mir privat zu treffen. Das«, so Caroline mit grimmiger Stimme, »geht, wie Sie sich vorstellen können, gar nicht.«

An ihrem schlanken Hals entdeckte Olga kleine rote Flecken, ein deutliches Zeichen der Aufregung.

»Das vorletzte Mal hat er am Morgen versucht, mir zu folgen. Ich habe so getan, als bemerkte ich es nicht, und konnte ihn nach einer Viertelstunde mit zwei kleinen Tricks im U-Bahnhof Marienplatz abschütteln. Letzte Woche, nachdem er mich bekniet hat, ich solle ihm meine Privatdaten *schenken,* und ich gewohnt unzugänglich blieb, hatte ich den Verdacht, dass er mich beschatten lässt.«

Die roten Flecken an ihrem Hals dehnten sich aus. »Da habe ich meine Chefin gebeten, künftig keine Termine mehr mit diesem Kunden angeboten zu bekommen. Doch die Chefin meinte, wenn ich diesen Kunden ablehne, könne mich ihre Agentur nicht mehr betreuen.«

Jetzt lag ein Ausdruck der Verzweiflung in ihren grünen Augen. Olga bemühte sich, in aller Ruhe die letzten Bissen Käsekuchen zu essen. Allein die Erwähnung von Verfolgung und Beschattung machten sie nervös, das aber wollte sie der Studentin selbstverständlich nicht zeigen. *Steh auf und geh,* raunte ihre innere Stimme zum dritten Mal, aber Olga ignorierte die Warnung.

»Was mache ich, wenn meine Chefin mich nicht mehr beschützt? Ich fürchte, ich habe einen Stalker am Hals.«

»Sie sagten, Sie werden von einer hervorragenden Agentur betreut?«

»Ja, aber ... Also im Prinzip ja. Allerdings bin ich mir bei manchen Dingen unsicher.«

»Das müssten Sie mir erklären. Grundsätzlich gehört der Schutz der Identität der Escort-Damen gewiss zu den Kernelementen der Geschäftsbeziehung, oder?«

»Eigentlich schon, aber was ist, wenn dieser Kunde für die Chefin von so großer Bedeutung ist, dass sie ihm die Arrangements schenkt?«

»Ist das denn so teuer?«

»Sie kennen sich nicht aus, oder?«

Olga schüttelte den Kopf.

»Also, mein Honorar für die Nacht beträgt 1.500 Euro. Die Agentur nimmt mindestens 300 Euro Provision. Dann zahlt der Kunde das Hotel und das Restaurant. Das sind noch mal mindestens 1.500 Euro.«

»Ganz schön ordentlich«, bemerkte Olga erstaunt. »Trotzdem wird Ihre Chefin nicht wegen 3.000 Euro pro Nacht ihr wichtigstes Geschäftsprinzip aufgeben. Wenn sich das herumspricht, ist sie ihre Escort-Damen los.«

»Nicht alle, denn viele müssen arbeiten. Außerdem habe ich Angst.«

»Dann steigen Sie aus.« Olga wunderte sich selbst über ihre nüchterne Antwort. *Gut gemacht,* raunte ihre innere Stimme, aber Olga begann sich über ihre Worte zu ärgern.

»So einfach ist das nicht, verstehen Sie ...« Caroline stockte.

Wie freiwillig arbeitet dieses Mädchen wirklich, fragte sie sich und fühlte Mitleid mit Juliette. Nein, sie wollte die Studentin nicht kaltblütig abtropfen lassen.

»Aber es muss doch einen Weg geben, Ihrer Chefin Ihren Wunsch verständlich zu machen«, sagte Olga deshalb.

»Ach, die versteht mich gut, die will nur nicht. Das ist das Problem.«

»Sprechen Sie noch mal mit ihr«, riet Olga und überlegte, ob ihr ein besserer Ratschlag einfiel. Aber zum einen hatte sie keine zündende Idee und zum anderen wollte sie sich nicht in diese Geschichte verstricken lassen.

»Jedenfalls wüsste ich nicht, wie ich Ihnen helfen kann. Tut mir leid«, wimmelte sie Caroline nun doch ab. Die Studentin schwieg. Olga rief die Bedienung, zahlte und tätschelte Caroline die Hand. »Versuchen Sie es. Viel Glück.«

2

Roger Risse starrte gebannt auf den Bildschirm. Er verfolgte die Gebote für die Aktien seines Start-up-Unternehmens; sie zeigten seit Eröffnung der Münchner Börse immer kühner nach oben. Er rieb sich die Hände und konnte sich ein breites Grinsen nicht verkneifen, als die 50-Euro-Marke erreicht war. Jetzt war Roger Millionär, denn er hielt an *cashpaper* 20.000 Anteile. Weitere 15.000 Aktien gehörten seiner Mutter. Gemeinsam besaßen sie eine Aktie mehr als die erforderlichen 25 Prozent, um die Geschicke der Firma nicht aus der Hand geben zu müssen. Weitere 10.000 Anteile hielt Michael Trunk, Rogers Kumpel seit Schultagen und begnadeter Programmierer. Seinen Programmen hatten sie den Aufstieg von *cashpaper* zu verdanken. Michael war jetzt also zumindest ein halber Millionär. *Vermutlich*, dachte Roger, *ist ihm das egal; er lebt für den Erfolg seiner Programme.* Da tickte Roger definitiv anders; kaum Millionär, reizte ihn der große Reichtum. Dafür würde er noch härter arbeiten.

Während die Gebote nun langsamer anstiegen, rief Roger seine Mutter an und bat sie, Jessica vorbeizuschicken. Er würde mit der *humorvollen Lady, mit der man Pferde stehlen konnte* (wie Mutter sie im Agenturkatalog bewarb), ein Glas Champagner trinken und etwas Spaß haben, ehe er sich mit seinem Verbindungsmann bei der Bank zum Business-Lunch treffen würde. Er mochte Jessica. Sie war unkompliziert, und dank ihres Alters wusste sie, was sich Männer wünschten. Außerdem war sie klug und vertrauenswürdig. Nicht zu Unrecht hatte seine Mutter Jessica vor einem Jahr zu ihrer Stellvertreterin gemacht. Seitdem lief die Agentur noch einen Tick erfolgreicher.

Roger schickte seinen Computer in den Schlafmodus und ging hinüber in die offene Küche. Er holte einen Sektkühler aus dem Schrank und füllte ihn am Kühlschrank mit Eiswürfeln. Dann nahm er eine Flasche Blanc de Blanc, entkorkte sie und stellte sie in den Kühler. Einen kleinen Schluck goss er in sein Weinglas, roch und schmeckte und freute sich auf die kommende Stunde. Er ging ins Bad, wusch sich Hände und Gesicht und sprühte sich einen Hauch von Chanel in seinen akkurat getrimmten Vollbart. Auf seinen Bart war Roger beinahe so stolz wie auf seinen Geschäftserfolg, vor allem, weil er einen Makel seines Gesichts versteckte. Als Jugendlicher war Roger von dem Bullterrier des Zuhälters seiner Mutter in die Backe gebissen worden. Das hässliche Loch war unansehnlich vernarbt, und als Mutter genug Geld gehabt hatte, ihrem Sohn einen Schönheitschirurgen zu spendieren, hatte dieser abgewunken: Egal, was man operierte, eine wesentliche Verschönerung würde sich nicht einstellen. Die Narbe hatte ihn unattraktiv gemacht, die meisten Mädchen fühlten sich abgestoßen, und so ließ Roger sich den Vollbart stehen, seit er kräftiger wuchs als Pennälerflaum. Trotzdem blieb Roger optisch ein *Underperformer*, was an seiner untersetzten Figur und dem rundlichen Schmerbauch, aber auch seinem fehlenden Selbstbewusstsein und seiner Schüchternheit lag. Da er dem mütterlichen Beruf eine frühzeitige Desillusionierung verdankte, was den Glauben an die romantische Liebe anging, wusste er seit seinem 20. Lebensjahr die Vorteile der Agentur *BestRosies* und hier vor allem Jessicas Dienste zu schätzen. Mehr als passend, den aktuellen Geschäftserfolg mit Jessica zu feiern.

Zwei Stunden später traf sich Roger im ersten Stock eines futuristischen Gebäudes in der Innenstadt an dem aussichtsreichsten Tisch des Gourmet-Restaurants zum Business-Lunch mit August Loder, dem Wertpapierchef seiner Hausbank. Sie grinsten sich an und orderten als Aperitif Champagner zum Anstoßen.

»Sehr gut gelaufen«, bemerkte Loder zufrieden und nickte Roger zu. »Auf dieser Basis können wir über die nächste Stufe der Erweiterung sprechen.«

»Dafür brauchen wir deutlich mehr Geld«, erwiderte Roger, »um unsere Serverkapazität massiv auszubauen.«

»Kein Problem. Wir stocken die Kreditlinie auf und dann machen wir uns strategisch an eine Kapitalerhöhung.«

»Entscheidend ist auch, Ihre Netzwerke in der Bankenwelt zu integrieren.«

»Selbstverständlich«, antwortete Loder und grinste anzüglich. »Schließlich müssen wir *cashpaper* aus der Schmuddelecke holen. Wie geht es übrigens Juliette?«

Roger reckte den Daumen nach oben. Im selben Moment servierte der Sommelier den Champagner und fragte nach ihren Weinpräferenzen. Loder entschied sich für einen kühlen Chablis. Roger winkte ab. Es war immer gut, in den Gesprächen mit dem Banker einen klaren Kopf zu behalten. Das half, Loders Schwächen auszunutzen. Davon hatte der Wertpapierchef drei: Geld, Kunst und Frauen. Wobei er seit einigen Monaten ein beinahe unheimliches Faible für Juliette entwickelt hatte.

»Ein perfekt arrangiertes Dinner an einem der nächsten Abende«, flüsterte Loder und erhob sein Glas, »würde zu unserem Etappensieg gut passen.«

»Santé«, prostete Roger. »Wie wäre es am Donnerstag im Denkmal?«

Loder überprüfte seinen Terminplaner und nickte. »Wunderbar. 19 Uhr?«

»Wir schicken Ihnen heute Nachmittag die Reservierungsbestätigung.«

Roger sandte seiner Mutter sofort eine WhatsApp-Nachricht mit Loders Wünschen. Das war eine der Besonderheiten von *BestRosies*, dass sie nicht nur einen umfassenden Escort-Service mit attraktiven, gesellschaftlich gewandten und für alles aufgeschlossenen Damen anbot, sondern auch Reservierungen in diversen anspruchsvollen Lokalitäten zu fast jedem Wunschtermin vornehmen konnte. Rogers Mutter hatte sich über die Jahre ein äußerst gewinnbringendes Netzwerk aufgebaut, und diesen Wettbewerbsvorteil wusste *BestRosies* zu nutzen.

»Zuverlässigkeit und Diskretion sind ein hohes Gut«, dozierte Loder zweideutig. »Sichere Zahlungswege, die von Dritten nicht nachverfolgt werden können, werden von vielen unserer Investmentkunden äußerst geschätzt. Hier, lieber Risse, liegt das Potenzial für den nächsten Schritt.«

»Unser System kann das leisten, man muss es nur geschickt implementieren.«

»Da habe ich einige Ideen. Fragt sich nur, wieviel sie Ihnen wert sind.«

»Hier kommt der Gruß aus der Küche«, lenkte Roger das Gespräch in eine neue Richtung und lauschte der Erläuterung des Gastgebers zum Spezial-Mini-Hamburger auf Kräuterschaum.

Bis zum Espresso nach dem Dessert unterhielten sie sich über Belangloses. Dann fragte Roger: »Wie haben Sie sich den Ausdruck meiner Wertschätzung vorgestellt?«

»Um ins Bankgeschäft einzusteigen, gründen Sie gemeinsam mit mir eine Tochtergesellschaft, die wir in einigen Monaten unter dem Konzerndach an die Börse bringen.«

»Interessant.«

»Zehn Prozent der Anteile gehören dann mir.«

»Arbeiten Sie das Modell aus?«

»Sie akzeptieren?«

Roger schüttelte den Kopf und amüsierte sich über Loders staunende Augen. Für eine Minute herrschte gespanntes Schweigen, ehe Roger die Situation auflöste. »Wenn es ein Erfolgsmodell gibt, will ich Sie als vollwertigen Partner. Vier Gründungsgesellschafter: meine Mutter, Michael Trunk, Sie und ich. Später behalten wir uns gemeinsam die Sperrminorität. Ist das ein Angebot?«

Loder strahlte und bestellte zwei Gläser Champagner.

Nach dem Treffen mit Loder ging Roger nach Hause und überprüfte die Börsendaten; der Kurs hatte sich bei rund 58 Euro eingependelt. Zufrieden legte sich Roger ins Bett und schlief ein. 40 Minuten später weckte ihn sein Handy. Er stand auf und trank einen Espresso. Der Mittagsschlaf hatte ihn erquickt. Roger lobte sich selbst dafür, das mittägliche Nickerchen eingeführt zu haben; inzwischen war es ihm liebe Gewohnheit, obwohl ihn seine Freunde damit neckten. Wer legte sich schon mit 36 Jahren täglich mittags ins Bett? *Ich kann es mir leisten*, dachte Roger mehr trotzig als selbstbewusst. Dann rief er Michael an, um ihn über den Börsenkurs und den Deal mit dem Investmentbanker zu informieren.

»Dann müssen wir unsere Server-Kapazitäten ausbauen«, war Michaels Antwort auf die positive Nachricht. »Und ich muss unseren Algorithmus für die Anonymisierung nochmal verbessern.«

»Kriegst du das hin?«, fragte Roger.

»Logisch«, erwiderte Michael. »Besorg du die Server.«

»Yes«, bestätigte Roger und legte auf. So war er, sein Kumpel Michael: Voll auf seine Programme und Computer fixiert, der finanzielle Erfolg schien ihn nicht zu interessieren. *Umso besser,* dachte Roger, *dann kann ich mich ungestört ums Geldverdienen kümmern.* Denn damit kannte sich Roger inzwischen aus, und darauf kam es ihm in seinem Leben an: Er wollte reich werden, richtig reich.

Jetzt hatte er endlich den passenden Hebel in der Hand, um sein Ziel zu erreichen. Was für ein Glück, dass er vor drei Jahren mit Michael über das Problem seiner Mutter gesprochen hatte. Das Agentur-Geschäft verlagerte sich immer mehr ins Internet, die Kunden wollten höchste Diskretion und trotzdem bargeldlos zahlen. Die Transparenz, die die großen Kreditkartenunternehmen boten, war vielen Kunden ein Dorn im Auge, und gerade das Geschäft mit Live-Video-Chats, in das seine Mutter dank Jessicas Ideenreichtum eingestiegen war, verlangte nach sicheren und anonymen Zahlungswegen.

Michael hatte schnell einen Geistesblitz gehabt. Computer-Nerd, der er war, machte er sich daran, seine Idee in einem Programmcode umzumünzen, und ein halbes Jahr später gründeten sie ihren eigenen kleinen Zahlungsdienstleister. Rogers Mutter zeigte sich sehr zufrieden, und dank ihrer Kontakte schlossen sich nach und nach erst in Deutschland, dann in Europa immer mehr Anbieter von erotischer Unterhaltung *cashpaper* an. Michaels Algorithmen sorgten zuverlässig dafür, dass die Serviceleister und die Kunden den Zahlungsfluss nicht mehr anhand von Buchungsbelegen nachvollziehen konnten, und das *cashpaper*-Serviceprogramm garantierte ordnungsgemäßen Vollzug in beide Richtungen. Gegen eine geringe zusätzliche Gebühr konnten sich die Kunden ihre Zahlungen mit einem von ihnen formulierten Verwendungszweck quittieren lassen. Dieser Service wurde von erstaunlich vielen in Anspruch genommen, was Roger in seiner Auffassung bestärkte, besser unverheiratet zu bleiben, denn allzu viele Ehemänner hatten misstrauisch kontrollierende Ehefrauen zuhause sitzen. Und genau dieser Service, so hatte sein Gespräch mit Loder ergeben, würde *cashpaper* zu einem *Outperfomer* machen. Darüber hinaus plante Roger, in das Geschäft mit virtuellen Kreditkarten einzusteigen, um mittelfristig in der gesamten Bandbreite des Internetshoppings vertreten zu sein. Für diese Sparte suchte er jedoch einen anderen Geschäftspartner, da er dieses Geschäft nicht mit Loder teilen wollte. Auch wenn ihm sein Studium der Geschichte des Mittelalters und der Frühen Neuzeit wenig Gewinn eingebracht hatte, eines hatte er doch gelernt: Für den großen Erfolg benötigt man mehrere Verbündete.

»Ich brauche deine Hilfe«, bat seine Mutter aufgeregt am Telefon, und Roger bereute bereits, das Gespräch entgegengenommen zu haben. Heute hatte er keine Lust mehr, Probleme zu wälzen, heute wollte er seinen Etappensieg an der Münchner Börse feiern. Andererseits konnte er seiner Mutter kaum einen Wunsch abschlagen, schließlich verdankte er ihr fast alles.

»Um was geht es?«

»Eine meiner Damen verweigert einen Auftrag.«

»Das ist doch nicht so schlimm, das hat dich bisher selten aus der Ruhe gebracht.«

»Sie verweigert deinen Auftrag«, zischte sie.

»Juliette?«

»Genau. Sie will am Donnerstag nicht mit deinem Banker dinieren.«

»Blöde Zicke«, fluchte Roger. »Gib mir ihre Adresse.«

Bei jedem sonstigen Kunden hätte er seiner Mutter geraten, eine andere Escort-Dame anzubieten oder das Arrangement abzusagen, aber ausgerechnet bei Loder ging das nicht. Er hatte einen Narren an Juliette gefressen, es musste unbedingt Juliette sein, immer Juliette. *Ich muss das nicht verstehen*, dachte Roger, dem fast alle von Mutters Damen gefielen außer Juliette. Die war ihm viel zu mager, auch wenn andere Männer offensichtlich auf androgyne Frauen standen. Juliette war jedenfalls die einzige Begleitdame im Agenturangebot, die mit einem knabenhaften Körper betörte. Seine Mutter konnte Loder also keinen gleichwertigen Ersatz anbieten, und Loder musste diese Woche seine Belohnung erhalten. Loder musste bei der Stange bleiben, denn noch brauchte Roger den Banker und dessen Verbindungen. Also schlüpfte Roger in seine Schuhe und machte sich auf den Weg ins Olympiadorf, um Juliette zur Vernunft zu bringen.

3

»Du hast die Studentin abblitzen lassen?«, fragte Sonja am Nachmittag überrascht, nachdem Olga ihr von Caroline erzählt hatte.

»Vielleicht habe ich mein Helfersyndrom überwunden«, bejahte Olga mit sanfter Ironie. »Wie soll ich denn einer Escort-Dame helfen, auf die ein Kunde besonderen Appetit hat?«

»Lauter Euphemismen«, echauffierte sich Sonja. »Hast du sie gefragt, ob sie das freiwillig macht?«

Olga schüttelte den Kopf.

»Das hättest du machen sollen. Seit *Pretty Woman* glauben allzu viele an die Romantik in der Prostitution. Ich nicht. Das Geschäft der Sexarbeiterinnen ist fast immer pure Ausbeutung von Frauen. Ich wollte, du hättest den Hilferuf deiner Studentin ernster genommen.«

»Mach mir kein schlechtes Gewissen.«

»Ist ja gut«, zeigte sich Sonja versöhnlich. »Trotzdem: Die junge Dame ist vermutlich in Not und braucht deine Hilfe vielleicht mehr als alle, für die du dich bisher stark gemacht hast.«

»Geholfen hat es eigentlich nichts. Und an Alex' Tod habe ich immer noch zu beißen. Ach Sonja, ich will nie wieder etwas mit Kriminalfällen zu tun haben, nicht mal mit einem Ladendiebstahl.«

»Mir fehlt Alex auch«, flüsterte Sonja traurig. »Es war Schicksal, es war nicht deine Schuld.«

Wie oft, fragte sich Olga, *hat Sonja das in den letzten Monaten gesagt?* Es war die Wahrheit. Trotzdem haderte Olga damit, ihren Privatermittler in diesen Fall von Forschungsspionage und Wissenschaftsfälschung rund um die dubiose Ärztin Nina Kaul hineingezogen zu haben. Doch was geschehen war, war geschehen und nicht mehr zu ändern. Olga schluckte die aufkommende Traurigkeit hinunter.

»Danke«, sagte sie. »Es wird leichter mit der Zeit, aber es dauert.«

Sonja nahm sie in den Arm, und Olga genoss diesen Trost, der ihr inzwischen vertraut geworden war. Sonja tat ihr gut, Olga liebte diese Mischung aus Bodenständigkeit und Leichtigkeit. So abenteuerlustig Sonja immer wieder war, so zuverlässig erlebte Olga sie auch, und dass sie gemeinsam die Liebe zu den Bergen ausleben konnten, erfüllte ihre Beziehung auf besondere Weise.

»Lass uns kochen«, schlug Sonja vor. »Ich habe Gemüse und frische Nudeln besorgt.«

Paprika in kleine Würfel schneiden, Zucchini in feine Streifen und die Zwiebel fein hacken, alles in einem Weißweinsud andünsten und einen Schuss Sahne dazugeben, das lenkte von den düsteren Gedanken ab und belebte die Sinne. Als Sonja einen trockenen Blanc de Blanc von Jean Velut entkorkte, hatte sich Olgas Stimmung wieder aufgeheitert und die leichten Tagliolini mit der Gemüsesoße taten ihr Übriges, den Abend beschwingter zu gestalten. Zu Olgas Überraschung schaltete Sonja später den großen Bildschirm ein und spielte den Film von ihrem Skitourenwochenende ab. Strahlend blauer Himmel, weiß glänzender Pulverschnee, tief verschneite Hänge und raue Felsgrate im Gegenlicht – die Stubaier Alpen zum Greifen nah, die Unbeschwertheit von Samstag und Sonntag kehrte in ihr Wohnzimmer ein und die Gedanken an Alex und Caroline verflüchtigten sich.

Als Olga am nächsten Vormittag in ihrem Assistentenzimmer den E-Mail-Account öffnete, schrie ihr ein Betreff förmlich entgegen: *Help me!* Absender: Caroline Pohl.

Olga erschrak. Im ersten Reflex wollte sie die E-Mail ungelesen löschen, besann sich eines Besseren und öffnete die Nachricht: *Aussteigen geht nicht, und mit der Chefin reden ist auch nicht so einfach. Helfen Sie mir, bitte, rufen Sie mich an!*

Etwas ratlos las Olga diese beiden Sätze. Was erwartete die Studentin von ihr? Wie sollte, wie konnte sie helfen? Ihre innere Stimme meldete sich wieder und raunte: *Lass die Finger davon, lösch die E-Mail.* Sie tat es nicht, starrte auf die beiden Sätze und die Betreffzeile und kam zu keinem Ergebnis. Schließlich klickte sie auf *Weiterleiten* und sandte die Nachricht an Sonja mit der Frage: »Was soll ich tun?«

Wenige Minuten später erklangen auf ihrem Handy die ersten Takte von *a-ha, Summer Moved On*, dem Klingelton, den Olga für Sonjas Anrufe programmiert hatte. Olga nahm den Anruf an.

»Was will sie von dir?«

»Keine Ahnung.«

»Sie klingt, als wäre sie in Not.«

»Ja, schon ...« Olga zögerte. »Sonja, ich kann nicht helfen, wirklich nicht.«

»Ich weiß, ich weiß.« Sonjas beruhigende Stimme tat Olga gut. »Hättest du etwas dagegen, wenn ich mich um die junge Dame kümmere?«

Olga spürte einen Stich in der Brust. Sie hatte einen Kloß im Hals und konnte nicht antworten. Alles in ihr wollte *Ja* sagen; ja, sie hatte etwas dagegen, dass sich Sonja um Caroline kümmerte, ja, sie hatte Angst vor dem, was kommen würde, obwohl sie nicht wissen konnte, was es war. Wie sollte sie Sonja das sagen? Sonja, die immer auf Abenteuer aus war, die sich von Anfang an mit Eifer in jede Ermittlung hineingestürzt hatte, ihre lebhafte Lebensgefährtin, wie sollte sie sie davon abhalten, einer Frau zu helfen, die um Hilfe bat? Das brachte Olga nicht zuwege. Wider Willen sagte sie: »Nein.«

»Gut. Ich schau, was ich tun kann.«

»Sonja ...?« Olga ließ den Namen wie eine Frage ausklingen. Sie schluckte ihre Aufregung hinunter und bat leise: »Pass auf dich auf.«

»Das tu ich, meine Liebe«, beschwichtigte Sonja und legte auf.

In den folgenden Stunden konnte sich Olga kaum auf ihre Arbeit konzentrieren. Vor ihr lagen knapp 200 Klausuren aus dem Grundkurs Strafrecht, jede von einem Korrekturassistenten bearbeitet und mit einem Notenvorschlag versehen. Jede dieser Klausuren sollte sie gegenlesen und schlussbewerten, eine zeitraubende und ermüdende Arbeit. Immer wieder verschwammen die Zeilen vor ihren Augen und Carolines Gesicht tauchte aus der Erinnerung auf. Fast gehetzt kontrollierte Olga alle paar Minuten ihr Smartphone, ob eine Nachricht von Sonja eingegangen war; stets vergeblich. Sie rief Sonja an, landete jedoch nur auf der Mailbox. Sie schrieb ihr eine Nachricht auf Telegram, aber die Mitteilung wurde nicht gelesen. Wo war Sonja, was hatte sie unternommen? Auf was ließen sie sich ein, wenn sie versuchten, Caroline zu helfen? Olga war beunruhigt. Schließlich hielt sie es nicht mehr in dem engen Universitätsbüro aus. Sie programmierte Carolines Telefonnummer in ihr Smartphone und ging hinunter in den schneebedeckten Innenhof vor der Cafeteria. Dort wählte sie Carolines Nummer. Nach einer Minute meldete sich eine Computerstimme: *Der Teilnehmer ist vorübergehend nicht erreichbar.* Frustriert steckte Olga das Handy in ihren Anorak und machte sich auf den Weg nach Hause. Als sie den Schlüssel in das Haustürschloss steckte, ertönte mit *Summer Moved On* der ersehnte Klingelton ihres Handys.

»Gott sei Dank«, stammelte Olga aufgeregt ins Telefon. »Wo bist du? Ist alles in Ordnung?«

»Wie man's sieht. Hast du was dagegen, wenn ich die junge Dame mit nach Hause nehme?«

Natürlich hast du was dagegen, raunte Olgas innere Stimme. Trotzdem konnte sie ihrer Freundin die Bitte nicht abschlagen, außerdem gehörte die Wohnung Sonja.

»Nein«, antwortete Olga und schluckte ihren Widerstand hinunter.

»Gut, dann werde ich in einer Viertelstunde da sein. Wo bist du?«

»Schon zu Hause.«

»Fein. Bis gleich.« Sonja legte auf.

Nachdenklich stieg Olga die alte Holztreppe hinauf. Was würde sie wohl erwarten, wenn Sonja mit Caroline nach Hause kam? Sie ahnte, dass Schwierigkeiten auf sie zukamen. Welcher Art würden sie sein? Drohte Gefahr oder lediglich Ungemach? Olgas Puls beschleunigte sich mehr, als dem Treppensteigen allein zuzuschreiben war, und ihre innere Stimme meldete sich mit warnenden Worten: *Halte dich fern, halte dich heraus.* Doch Olga wusste: Die Entscheidung war gefallen, Sonja würde der Studentin helfen, egal, wie diese Hilfe aussehen würde. *Dann bin ich mit von der Partie,* beschloss Olga und stellte ihre Bedenken zurück, *schließlich kann ich Sonja nicht im Stich lassen.*

Sie saßen zu dritt im Wohnzimmer, tranken Kaffee und berieten über das weitere Vorgehen. Caroline berichtete von dem Besuch des Sohnes der Agenturchefin, der sie mit massiven Drohungen zwingen wollte, am kommenden Donnerstag ein Engagement anzunehmen, das sie abgelehnt hatte.

»Es geht um diesen Stammkunden, von dem ich Ihnen gestern erzählt habe«, erklärte sie. »Wenn die Chefin so massiv wird, kann ich mich in meinem Appartement nicht mehr sicher fühlen. Und Roger, ihr Sohn, ist vermutlich zu allem fähig. Ich habe Angst vor ihm.«

»Wollen Sie aussteigen?«, fragte Olga.

Caroline zögerte mit der Antwort. »Eigentlich ...« Sie stockte und errötete. »Eigentlich kann ich mir das nicht leisten«, gestand sie schließlich.

»Wir müssen Sie jetzt aus der akuten Bedrohung herausholen«, zeigte sich Sonja entschlossen und wandte sich Olga zu. »Sie könnte vorübergehend in deiner alten Wohnung bleiben. Später suchen wir eine langfristige Lösung.«

Olga trank ihre Kaffeetasse leer und versuchte, die Enttäuschung hinunterzuspülen, die sie bei Sonjas Bemerkung empfand. Sie fühlte sich übergangen, hätte sich gewünscht, dass Sonja das zunächst mit ihr unter vier Augen besprochen hätte. Jetzt stand dieser Vorschlag im Raum. Wie sähe es aus, würde sie sich widersetzen? Trotzdem sträubte sich alles in ihr, in Carolines Schwierigkeiten hineingezogen zu werden. Wozu hatte sie ihre Kanzlei aufgegeben? Sie wollte weder sich noch Sonja noch einmal einer unkalkulierbaren Gefahr aussetzen. Die Drohung der Agentur und der Angriff auf die freie Entscheidung Carolines, das war Nötigung und zeigte das kriminelle Potential, das in jeder Form von Prostitution steckte. *Nein, nein, nein, damit sollst du nicht zu tun haben*, raunte ihre innere Stimme. Aber Olga wollte Sonja nicht enttäuschen.

»Ist in Ordnung«, gab sie ihre Zustimmung. »Dann brauchen wir einen Plan.«

»Danke«, flüsterte Caroline erleichtert.

»Als erstest ist es wichtig, dass die Agentur keinen direkten Zugriff mehr auf Caroline hat«, nahm Sonja das Heft in die Hand. »Dann muss jemand mit der Agentur verhandeln – und wer könnte das besser als du, Gamserl.«

Olga zuckte zusammen. Sonja war schon in die Vollen gegangen, während Olga gern abgewartet und mögliche Optionen abgewogen hätte. »Nicht so hastig«, wehrte sie ab. »Das will gründlich überlegt sein. Ein paar Tage Unterschlupf in meiner Wohnung, ja, aber dann sehen wir weiter.«

»Wir müssen die Agentur zum Einlenken zwingen«, beharrte Sonja. »Warum«, fragte sie Caroline, »haben Sie sich mit denen eingelassen?«

»Mein Vater«, begann Caroline, »ist seit einem schweren

Bergunfall vor drei Jahren ein Pflegefall. Bei einem Sturz im Dachsteingebirge hat er sich den sechsten Halswirbel und zwei Lendenwirbel gebrochen. Er ist vollständig gelähmt. Seine Frau hat ihn nach einem Jahr verlassen, außer mir hat er keine Angehörigen. Nachdem seine Frau das Weite gesucht hat, konnte ich ihm einen guten Platz in einem Pflegeheim besorgen, den die Versicherung niemals bezahlen würde. Wenn er zurück muss in die Einrichtung, in der er vorher untergebracht war – das hält er nicht durch. Ich muss als Escort-Dame arbeiten, um ihm den Heimplatz zu erhalten.«

Mit der Freiwilligkeit ist es also so eine Sache, erkannte Olga die wirtschaftlichen Zwänge und spürte, wie ihr Caroline leidtat. Trotzdem sträubte sie sich noch, in die Sache hineingezogen zu werden.

»Kennt Ihre Chefin Ihre persönlichen Umstände? Familie, Studium?«, wollte Sonja wissen.

»Von meiner Familie weiß sie nichts«, erklärte Caroline. »Mein Studium ist ihr bekannt.«

»Haben Sie mit diesem ...« Olga zögerte. »... Job ... freiwillig angefangen?«

Das Zucken von Carolines Mundwinkeln blieb ihr nicht verborgen. Diese Frage war ihr also unangenehm, stellte Olga fest.

»Es war mein eigener Entschluss, in dieses Gewerbe einzusteigen, und doch habe ich es nicht nur aus freien Stücken getan. Es ist der Fluch meiner Kindheit, der mich in die Prostitution getrieben hat. Nur meinem Verstand verdanke ich die Entscheidung, diesen .... *Job*, wie Sie es genannt haben, auf hohem Niveau auszuüben.« Die Studentin wischte sich eine Träne aus dem Augenwinkel und fragte Sonja, ob sie noch Kaffee haben könne. »Wollen Sie wirklich mehr wissen? Helfen Sie mir nur, wenn ich vor Ihnen einen Seelenstriptease hinlege?«

Olga schüttelte den Kopf und flüsterte: »Ich will Sie verstehen. Mir ist dieses Metier fremd und ...« Sie hielt inne und suchte nach den richtigen Worten. »... suspekt«, sagte sie schließlich.

Caroline nickte. »Wenn Sie mir etwas Zeit geben, erzähle ich Ihnen alles. Jetzt hätte ich gern einige Stunden für mich allein.«

Nachdem sie Caroline in Olgas ehemalige Wohnung gebracht hatten, saßen Olga und Sonja im Wohnzimmer und überlegten, wie sie am besten vorgehen sollten.

»Ich verstehe immer noch nicht«, machte Olga ihrer Enttäuschung Luft, »warum du ihr unbedingt helfen willst. Hast du noch nicht genug davon, was zuletzt alles geschehen ist?«

»Gerade, weil Alex in seinem Kampf um Gerechtigkeit ums Leben gekommen ist, will ich der Kleinen helfen. Wir dürfen die Augen nicht vor dem Unrecht verschließen, das in der Welt geschieht.«

»Ich muss mich nicht in alles einmischen«, begehrte Olga auf. »Warum glaubst du, habe ich meine Kanzlei aufgegeben?«

»Du bist einen mutigen Schritt gegangen. Für den Sprung in die wissenschaftliche Laufbahn bewundere ich dich, das weißt du. Ich verstehe auch deine Ängste. Aber du darfst deine Ideale nicht verraten. Du bist immer noch eine Kämpferin für Gerechtigkeit.«

»Du brauchst nicht auf diesen Knopf zu drücken – und du sollst mir keinen Honig ums Maul schmieren. Ich habe Angst vor gefährlichen Verwicklungen, Gerechtigkeit hin oder her.«

»Ach Gamserl«, schnurrte Sonja.

»Nix Gamserl«, erwiderte Olga verärgert. »Du hättest vorher mit mir reden sollen. Du kannst nicht einfach über meinen Kopf hinweg entscheiden. Auch das mit der Wohnung ...«, schnaubte sie.

»Sorry, da war ich spontan«, entschuldigte sich Sonja, umarmte Olga und zog sie an sich. »Bitte, sei nicht hartherzig.«

»Sei nicht ungerecht«, beschwerte sich Olga. »Immerhin wohnt sie jetzt in meiner alten Wohnung.«

»War nicht so gemeint. Bitte: Hilf ihr, sprich mit ihrer Chefin.«

»Ich habe ein ungutes Gefühl. Besser wäre es, Caroline würde sich an die Polizei wenden.«

»Die werden ihr nicht helfen«, gab sich Sonja überzeugt. »Was hätte die Polizei für eine Handhabe?«

»Die Drohung vom Sohn der Chefin wäre ein Ansatzpunkt«, gab Olga zu bedenken.

»Glaubst du wirklich, dass die Polizei ausrückt, um diesen Zuhälter einzubremsen? Und die Chefin, wie soll die Polizei die Chefin davon abbringen, Caroline solche Aufträge zu geben?«, widersprach Sonja. »Nein, wir müssen das in die Hand nehmen.«

»Du weißt nicht, was du von mir verlangst«, sagte Olga und fühlte sich auf eine gewisse Art wehrlos. Sie wollte nicht zu tief in Carolines Probleme verstrickt werden, aber sie wollte Sonja auch nicht enttäuschen.

»Doch, ich kann es mir vorstellen. Ich wollte nicht über deinen Kopf hinweg entscheiden, wirklich, das tut mir leid. Aber ich will dem Mädchen helfen, du siehst doch, dass sie Hilfe braucht.«

»Okay, ich werde mich darum kümmern. Hoffentlich bereuen wir es nicht«, sagte Olga und seufzte.

»Danke, Gamserl«, flüsterte Sonja und gab Olga einen Kuss.

4

Cathrin Thaler stand vor dem Spiegel und fuhr mit dem grobzinkigen Kamm ein letztes Mal durch ihre Locken. Die krausen Haare und ihr bronzener Teint waren das sichtbarste Erbe ihres Vaters. Stehvermögen und Kampfeslust hatte ihr Colonel David Prem ebenfalls vererbt. Die strahlend blauen Augen, die Schlagfertigkeit und der Humor dagegen kamen von Irma Thaler, ebenso die Vorliebe für das geschriebene und gesprochene Wort. Jetzt trug sie noch den silbrigen Lidschatten auf, zog die Lippen mit bordeauxrot nach und war mit ihrem Outfit zufrieden. Aus dem Spiegel blickte ihr eine attraktive Frau mit hoch angesetzten Wangenknochen, üppigen Lippen und einer niedlichen Stupsnase entgegen. Ihr etwas zu breites Kinn wirkte genau so energisch, wie sie es mochte; in ihrem derzeitigen Job als Pressesprecherin der Münchner Dependance von *CooperPepper-Consultation* jedenfalls war das markante Kinn sehr hilfreich. Das und der harte Blick aus ihren blauen Augen zwangen so manchen aufdringlichen Journalisten nieder, und derer erlebte sie in den letzten Monaten mehr als ihr lieb war. Einige Wirtschaftsskandale hatten *CPC* viel Kritik eingebracht, vor allem, weil die Abteilung für Wirtschaftsprüfung in zwei Fällen kapitalen Bilanzfälschungen auf den Leim gegangen war und den geprüften Unternehmen Testate erteilt hatte, die sich letztlich als unhaltbar erwiesen hatten. Cathrins Arbeitstage waren seitdem spannend; das mochte sie, denn sie stand gern unter Strom.

Das war nicht immer so gewesen. Als ihr leiblicher Vater Deutschland und ihre Mutter verlassen hatte, hatten sie unerklärliche Schuldgefühle geplagt. Jahrelang glaubte sie, es sei ihre Schuld gewesen, dass Colonel David Prem in die Vereinigten Staaten zurückgekehrt war und ihre Mutter nicht mitgenommen hatte. In dieser Zeit entwickelte Cathrin einen regelrechten

Selbsthass, der mit fortschreitender Pubertät in einer massiven Magersucht gipfelte. Cathrin wollte weder mit der Welt noch mit sich selbst etwas zu tun haben. In der Schule von all den halbstarken Jungs, die sie abblitzen ließ, wegen ihrer Hautfarbe beschimpft zu werden, verstärkte ihren Weltekel zusätzlich. Woher der Ehrgeiz kam, trotzdem in der Schule erfolgreich zu sein, wusste sie nicht. Aber als sie mit wenigen Pfunden oberhalb der 40-Kilo-Marke das beste Abitur ihres Jahrgangs geschafft hatte, ging ein Ruck durch ihre Seele. Sie ernährte sich wieder normal, wenn auch vegetarisch, und startete in Tübingen ihr Studium der Humanmedizin. Nach dem Physikum erlahmte ihr Interesse am menschlichen Körper. Sie tauschte mit einer Studentin aus Halle an der Saale gegen eine nicht unwesentliche Prämie den Studienplatz, absolvierte dort noch zwei klinische Semester, orientierte sich jedoch schon auf ihr neues Interessengebiet hin: Journalismus. Im Sommersemester bestand sie die Aufnahmeprüfung an einer renommierten Journalistenschule, exmatrikulierte sich aus der Medizin und begann ihr neues Studium in Köln. Jetzt nahm ihr Leben Fahrt auf, und seit ihrem ersten Volontariat bei einem großen Privatsender standen ihre Tage unter Hochspannung.

Nachdem sie sich mit ihrem Mini durch den morgendlichen Berufsverkehr gequält und mit einer gewissen Beunruhigung im Autoradio die neuesten Nachrichten aus Wuhan gehört hatte, lief sie etwas gestresst durch die Tiefgarage zum Aufzug, als ihr ein dunkel gekleideter Mann entgegenkam. Cathrin stutzte. Dann erkannte sie ihn. Es war Detlev Zönte, Journalist bei Münchens größter Boulevardzeitung, ein penetranter Zeitgenosse. Warum lauerte er ihr in der Tiefgarage auf? Wie kam er hier herein? Für einen Moment beschleunigte sich ihr Puls. Sie zwang sich, ruhig auszuatmen und blieb stehen.

»Gut, Sie zu treffen«, sagte er mit einem schiefen Grinsen. »Haben Sie einige Exklusivminuten für mich?«

»Wohl kaum in der Tiefgarage«, antwortete Cathrin kühl und setzte ihren Weg zum Aufzug fort.

»Gern in dem netten Café um die Ecke – und glauben Sie mir: Was ich Ihnen zu sagen habe, wollen Sie nicht in Ihrem Büro hören.«

»Was ich in meinem Büro nicht hören kann, will ich auch nicht hören. Guten Tag.«

»Dann stecken Sie also auch mit denen unter einer Decke?«

Cathrin drehte sich um und zischte ihn an: »Was soll das heißen?«

»Bisher habe ich Sie trotz Ihres Jobs für eine der Guten gehalten.«

»Gewäsch!«

»Kommen Sie in einer Viertelstunde ins Café und hören Sie mir zu. Oder kriechen Sie unter die kratzige Decke!« Sagte er und ging zur Rampe, ohne sich nochmal umzudrehen.

Im Büro angekommen, schaltete Cathrin den Computer an und überprüfte ihre E-Mails. Dabei überlegte sie fieberhaft, was für eine Geschichte Detlev Zönte zu erzählen hatte. Obwohl sie ihn interessant und auf seine Art gutaussehend fand, mochte sie ihn nicht besonders, und das aus zwei Gründen. Zum einen stach er mit seinen zugespitzt unfairen Fragen aus jeder Pressekonferenz heraus, zum anderen hatte er einmal auf eher unangenehme Weise versucht, sie anzubaggern. Zönte gehörte ihrer Meinung nach zu der Sorte Männer, die meinen, eine schwarze Frau sei leicht für einen One-Night-Stand zu haben. Diese Sorte Männer verabscheute Cathrin. Trotzdem war Zönte ein sehr guter, wenn nicht sogar hervorragender investigativer Journalist. Er legte oft den Finger in offene Wunden.

Jedenfalls war er ein interessanter Mann. Vielleicht sollte sie ihm doch eine Chance geben? Cathrin zögerte, war hin- und hergerissen. Ein Blick in den Outlook-Kalender zeigte ihr das freie

Zeitfenster bis kurz vor der Mittagspause. Die Neugier überwog; Cathrin verließ ihr Büro und ging die wenigen Meter hinüber zu dem kleinen Café an der Ecke.

Das Café war überheizt. Sofort beschlug Cathrins Brille. Sie blickte suchend umher, nahm die Brille ab und entdeckte Zönte in der hintersten Ecke. Er saß vornübergebeugt an einem Rundtisch und blickte nicht zur Tür. Vor ihm standen eine Tasse Kaffee und ein Glas Wasser in der alten Wiener Kaffeehaustradition, die hier gepflegt wurde. Langsam näherte sich Cathrin und wunderte sich, dass der eigentlich immer zappelige Journalist so leblos wirkte. Schließlich stand sie neben ihm und tippte ihm auf die Schulter. »Sie haben mich neugierig gemacht.«

In diesem Augenblick neigte sich der Körper wie in Zeitlupe zur Seite und fiel mit einem dumpfen Aufprall zu Boden. Cathrin sprang erschrocken einen Schritt zurück, eine ältere Dame am Nebentisch stieß einen hellen Schrei aus. Eine Bedienung kam herbeigeeilt, schüttelte den Kopf und schimpfte derb: »In aller Herrgottsfrüh schon stockbesoffen!«

Cathrin beugte sich zu Zönte hinunter und fühlte an der Halsschlagader seinen Puls. Er war leicht und flattrig. Da sah sie einen winzigen Einstich. *Eigenartig*, dachte sie, lagerte seine Füße auf den Stuhl, auf dem er eben noch gesessen hatte, legte den Oberkörper leicht schräg, überstreckte das Kinn und schaute, ob er erbrochen hatte. Das war nicht der Fall. Sie zückte ihr Handy und rief die Notrufnummer. Ruhig gab sie durch, wo sie sich befand, was passiert war, dass ein Notarzt und eine Polizeistreife benötigt würden. Die Nachfrage, was genau geschehen sei, konnte sie nicht beantworten.

Hoffentlich, dachte Cathrin, *kommt der Notarzt rasch.* Sie betrachtete nachdenklich Zöntes Hals. Da war eindeutig ein Einstich, und um die winzige Stichstelle hatte sich ein kleiner rötlicher Kreis gebildet. *Schaut beinahe aus wie ein Zeckenbiss,* dachte

Cathrin und fragte die missbilligend brummelnde Bedienung, ob sie heute Morgen schon Wespen im Café bemerkt habe. Sie schüttelte den Kopf und ging zurück zum Tresen. Wenn es kein Stich war, was dann? Jedenfalls würde sie den Notarzt darauf aufmerksam machen. Einer spontanen Eingebung folgend, fotografierte sie Zöntes Hals, dann kontrollierte sie erneut seinen Puls; er wurde flacher.

Cathrin winkte der Bedienung. »War in den letzten Minuten jemand bei diesem Herrn am Tisch?«

»Dagesessen ist niemand, mehr kann ich nicht sagen.«

»Doch«, meldete sich die ältere Dame vom Nebentisch, »da war ein junger Mann im dunklen Anzug, der hat kurz mit dem Herrn da gesprochen.«

»Wie sah der junge Mann aus?«

»So genau habe ich den nicht angeschaut«, bedauerte die Nachbarin. »Er war ziemlich groß und blond, fast wie dieser berühmte Schauspieler aus Amerika.«

Cathrin dankte der Dame. Inzwischen standen einige Gäste um sie herum und gafften den am Boden liegenden Journalisten an. Die Bedienung bat die Umstehenden, sich wieder an ihre Plätze zu begeben; vergeblich.

Endlich ging die Eingangstür auf und der Notarzt in Begleitung eines Sanitäters betrat das Café. Sofort war er bei dem Bewusstlosen, prüfte den Puls, legte eine Blutdruckmanschette an und gab dem Sanitäter einsilbige Kommandos. Dieser zog eine Spritze auf, der Arzt suchte eine Vene und verabreichte Zönte eine Injektion. Der zweite Sanitäter kam mit der Bahre und sofort stülpte der Arzt Zönte eine Atemmaske über.

Wenige Minuten später war der Journalist abtransportiert. Erst jetzt traf die Polizei ein. Cathrin schilderte dem Streifenführer den Vorfall, sein Kollege nahm die Aussage der älteren Dame vom Nachbartisch auf. Die Polizisten notierten Namen und Kontaktdaten und verließen das Café. Sie würden Kontakt mit dem Krankenhaus aufnehmen, in welches Zönte eingeliefert worden war.

Cathrin stand noch einen Moment unschlüssig an Zöntes Tisch. Da entdeckte sie eine dünne Collegemappe, die an den Tisch angelehnt war. Sie hob die Tasche auf und sah die eingravierten Initialen *D. Z.* Ohne weiter nachzudenken, nahm sie die Tasche an sich.

Zurück in ihrem Büro öffnete Cathrin die Tasche. Ein Tablet, ein Notizblock, eine Dose Fisherman's Friend Mint und zwei Kugelschreiber, mehr enthielt die Mappe nicht. Cathrin schlug den Notizblock auf. Die ersten Seiten waren voll mit kreuz und quer notierten Stichworten, aus denen sie nicht schlau wurde. *Was wollte Zönte von mir?*, fragte sich Cathrin und hoffte, dass sich der Journalist bald von seinem Anfall oder was auch immer er hatte, erholte. Sie klappte den Schutzdeckel des Tablets auf und blickte auf das Ziffernfeld für die Code-Eingabe. Wie viele Versuche ließ das Gerät zu? *Zunächst drei, ehe es sich erstmals sperrt,* vermutete sie, *und anschließend wird es wohl zum Geduldsspiel.* Welche Kombination sollte sie auch eingeben? Sie wusste viel zu wenig über Zönte, um eine Chance zu haben, seinen Zugangscode zu erraten. Trotzdem gab sie seinen Namen in die Google-Suchmaske bei ihrem Computer ein. Zu Detlev Zönte gab es einen Wikipedia-Eintrag. Er war älter, als sie geschätzt hatte, und hatte einen interessanten und ungewöhnlichen Lebenslauf, stellte Cathrin erstaunt fest. 10. Januar 1974, in München geboren, gelernter Bäcker, über Umwege zum Boulevardjournalismus gekommen.

Ob sie es mit seinem Geburtsdatum versuchen sollte? Cathrin zuckte die Achseln. *So banal wird ein Investigativjournalist sein Tablet nicht schützen.* Trotzdem versuchte sie es erst mit 1001, dann mit 1974, vergeblich. Nun schrieb sie die Ziffern auf einen Schmierzettel und bildete die Quersumme:

1+0+1+1+9+7+4=23, 2+3=5.

»Hm«, brummte sie und tippte spontan: 5235. Das Tablet entsperrte sich. Cathrin lachte schallend und öffnete das Icon für *Notizen*. Bereits der erste Eintrag fesselte sie so sehr, dass sie das schellende Telefon nicht hörte.

»Cathrin«, platzte ihre Sekretärin aufgeregt ins Zimmer. »Du gehst nicht ans Telefon. Die Kriminalpolizei ist am Apparat!«

Cathrin nahm das Gespräch entgegen, angenehm überrascht von der weichen Stimme eines Kriminalkommissars, der sie fragte, ob sie nach dem Mittagessen auf dem Kommissariat vorbeikommen könne.

»Selbstverständlich«, erwiderte Cathrin. »Gibt es Neuigkeiten zu Herrn Zönte?«

»Sein Zustand ist derzeit stabil. Über das alles würde ich gern persönlich mit Ihnen sprechen.«

Cathrin schrieb sich Namen, Adresse und Zimmernummer auf und versprach, pünktlich zu sein. Dann vertiefte sie sich wieder in Zöntes Notizen und mochte zunehmend weniger glauben, was sie las. Wenn es stimmte, was der Journalist bisher recherchiert hatte, stand *CPC* der größte Skandal erst noch bevor. Von den Vorgängen, denen Zönte auf der Spur war, las sie zum ersten Mal. Cathrin schauderte; sie würde sich die nächsten Tage warm anziehen müssen. Wollte er sie warnen? Warum wollte er unbedingt mit ihr sprechen? Oder glaubte er, sie könne ihm die letzten Puzzleteile liefern, die ihm noch fehlten, um das Bild zu vervollkommnen? Selbst wenn sie es könnte – ihre Loyalität gehörte ihrem Arbeitgeber.

Nach der Zeugeneinvernahme bei der Kriminalpolizei kehrte Cathrin nicht mehr in ihr Büro zurück, sondern fuhr direkt nach Hause. Ihr Häuschen an der Stadtgrenze flößte ihr, kaum hatte sie sich mit Zöntes Tablet vor den alten Kanonenofen gesetzt, Ruhe und Geborgenheit ein – wohltuend nach der Aufregung um den Anschlag auf den Journalisten. Irritierend allerdings die Lektüre von Zöntes Notizen, denen zufolge eine Bank, die zu den besten Klienten der Münchner Dependance von *CooperPepperConsultation* gehörte, eine Vielzahl von dubiosen Finanztransaktionen tätigte. Akribisch hatte der Journalist eine ganze Reihe von Treuhandkonten in Asien und Lateinamerika aufgelistet, auf denen zum Teil Eigenkapital der Bank hinterlegt war und über die beträchtliche Kapitalströme flossen, deren Herkunft offenbar nicht feststellbar war. So weit, so gut. Problematisch an der Sache schien zu sein, dass die Bücher der Broderschen unbedenklich von der Prüfgruppe von *CPC* testiert wurden, obwohl den Experten hätte auffallen müssen, wie ungewöhnlich es für eine deutsche Bank war, gleich auf mehreren Treuhandkonten in Asien und Lateinamerika Eigenkapital zu hinterlegen.

Sollte hier tatsächlich geschlampt worden sein? Noch einen Skandal konnte sich *CooperPepperConsultation* gerade nicht leisten, dachte Cathrin und überlegte, wo Zönte mit seinen Überlegungen faslch liegen könnte. *Es kann nicht sein, was nicht sein darf, oder?*, fragte sich Cathrin. Während der alte Kanonenofen gemütlich bullerte, spürte sie, wie ihre Zweifel an der Zuverlässigkeit der Arbeit der Kollegen in der Prüfgruppe wuchsen. *Was hätte mir Zönte noch alles erzählt?*, fragte sie sich und fröstelte bei der Erinnerung an das Bild des leblos am Tisch sitzenden Journalisten. Wer unternahm so einen Anschlag auf die Gesundheit und möglicherweise das Leben eines Menschen und warum? Der junge Kommissar jedenfalls tappte im Dunkeln. *Hätte ich ihm von den Materialien aus Zöntes Collegemappe erzählen sollen?*, haderte sie kurz mit ihrer Entscheidung, dies bei ihrer Zeugenaussage verschwiegen zu haben. Diese Zweifel verwarf sie rasch wieder. Es hatte einen tieferen Sinn, dass Zönte sich geheimniskrämerisch gegeben hatte, schließlich ging es ihm um eine fette Schlagzeile. Angesichts der Brisanz des Materials, das vor ihr lag, hatte Cathrin keine schlafenden Hunde wecken wollen. Jetzt hoffte sie auf die baldige Genesung des Journalisten, denn sie wollte mit ihm schnell über seine Recherchen sprechen.

5

Das Büro der Agentur *BestRosies* befand sich im obersten Stockwerk eines edel sanierten Jahrhundertwendehauses und vermittelte einen gediegenen bürgerlichen Eindruck. Olga wurde von einer dezent gekleideten attraktiven Frau empfangen.

»Sie haben einen Termin bei Frau Risse«, grüßte die ungefähr 40-jährige Empfangsdame. »Darf ich Sie bitten, mit mir zu kommen?« Sie ging einen nüchternen Flur voraus und wies in einer Diele auf den Kleiderständer. »Vielleicht möchten Sie hier Ihren Anorak ablegen. Kann ich Ihnen behilflich sein?«

Olga dankte, schlüpfte aus der Daunenjacke und folgte in ein großzügiges, spärlich eingerichtetes Büro. Beinahe wie das Besprechungszimmer meiner früheren Kanzlei, stellte Olga fest. Die Räume einer Agentur für Escort-Damen hatte sie sich anders vorgestellt, irgendwie schmuddeliger, wenn sie ehrlich war. In diesem Augenblick betrat die Leiterin der Agentur den Raum. Schlank und hochgewachsen mit stahlgrauen Haaren, die ihren Pagenschnitt perfekt zur Geltung brachten. Ein hageres, von feinen Falten durchzogenes Gesicht, dünn gezupfte Augenbrauen über blauen Augen. Unter der etwas zu großen Nase ein rot geschminkter Mund, die Lippen schmal und in den Winkeln eine Idee hängend. Der faltige Hals verriet das Alter; diese Frau ging auf die 60 zu, mindestens.

»Grüß Gott, Frau Rechtsanwältin«, sagte sie mit rauchiger Stimme. »Ich bin Rebecca Risse. Bitte, nehmen Sie Platz. – Danke, Jessica, Du kannst uns allein lassen.«

In ihrem dunkelblauen Hosenanzug sah Rebecca Risse aus wie eine Geschäftsfrau in einer angesehenen Branche. Olga tat sich schwer, dieses Erscheinungsbild mit der Homepage von BestRosies in Einklang zu bringen, auf der unzweideutig für den vollumfänglichen Service, den die Escort-Damen der Agentur feilboten, geworben wurde. Aber vielleicht war das das Erfolgsrezept für Prostitution auf höchstem Niveau, die Preise sprachen jedenfalls für ein echtes Premiumangebot.

Olga versuchte, ihre Irritation zu unterdrücken, und legte eine Visitenkarte auf den Tisch. Jetzt zahlte es sich aus, dass sie ihre Restbestände nicht weggeworfen hatte.

»Sie vertreten Juliette«, stellte Risse emotionslos fest. »Was ist ihr Begehr?«

»Lassen Sie es mich einmal geschraubt ausdrücken: Es geht um die Gestaltung des Agenturvertrags und die Frage des Kontrahierungszwangs.«

Risse brach in ein kehliges Lachen aus. »Das liebe ich an euch Juristen, dass ihr so geschwollen daherreden könnt. Glauben Sie mir: Damit beeindrucken Sie mich nicht. Reden wir nicht lange um den heißen Brei herum! Juliette weigert sich, ein Engagement zu übernehmen, das ihr meine Agentur vermittelt hat. Sie will sich die Rosinen herauspicken. Das geht nicht, deshalb habe ich sie gefeuert. Wo ist da das Problem?«

»Wenn ich es recht verstehe, gibt es zwischen Ihnen und Ihren Escort-Damen ein auf Dauer angelegtes Vertragsverhältnis. Auf Ihrer Homepage präsentieren Sie die Dienstleistungen der Damen und vermitteln den Eindruck von Nachhaltigkeit. Schließlich wechseln Sie Ihre Damen nicht täglich.«

»Papperlapapp«, regte sich Risse auf. »Bleiben Sie mir vom Hals mit dem juristischen Gewäsch. Wenn Juliette am Donnerstag ihren Job macht, ist alles okay, und wenn nicht, muss sie sich eine andere Agentur suchen. So einfach ist das.«

»Heißt das also, dass Sie Ihre Damen zwingen, Aufträge anzunehmen?«, fragte Olga scharf.

»Niemals!«, protestierte die Agenturchefin entrüstet. »Meine Damen sind selbständige Unternehmerinnen. Sie erhalten von *BestRosies* Auftragsangebote, wir arbeiten wie ein Maklerbüro. Keine meiner Damen muss ein Angebot annehmen.«

»Wieso feuern Sie Juliette dann, wenn sie einen Auftrag ablehnt?«

»Meine Kunden erwarten Zuverlässigkeit. Also muss ich mich auf meine Damen verlassen können.«

»Man nennt das indirekten Zwang«, hielt Olga dagegen und spürte, wie sich das Gespräch verhärtete.

»Kommen Sie mir nicht damit«, wehrte die Agenturchefin ab. »Meine Damen erhalten einen hervorragenden Service. Meine Kunden sind Männer mit hohem Niveau. Wir vermitteln nur erstklassige Angebote, in beide Richtungen. Wir prüfen die Kunden, wir prüfen die Damen. Das funktioniert seit 20 Jahren ohne Probleme. Es gibt Regeln, und wer sich nicht daran hält, wird von mir nicht bedient. Punkt.«

»Halten Sie sich an die Regeln?«

»Selbstverständlich!«

Sie legte so viel Nachdruck in dieses eine Wort, dass bei Olga alle Alarmglocken schrillten. Diese Frau war eine gerissene Geschäftsfrau und vermutlich lange in dieser Branche tätig. Die wusste ihre Pfründe zu sichern und ihren Willen durchzusetzen. Caroline hatte gesagt, dass nicht alle Escort-Damen von *BestRosies* freiwillig für die Agentur arbeiteten, erinnerte sich Olga.

Doch sie wollte im Augenblick eine knallharte Konfrontation vermeiden und fragte deshalb eher freundlich: »Also absolute Diskretion in beide Richtungen? Die Privatsphäre Ihrer Damen bleibt geschützt?«

»Absolut.«

»Sie geben keinem Ihrer Kunden jemals die Kontaktdaten der Damen?«

»Niemals«, antwortete Risse mit dem Brustton der Überzeugung.

Sie spielt ihre Rolle gut, dachte Olga und ahnte, dass sie mit diesem Gespräch nichts erreichen würde. Aber sie musste wenigstens versuchen, eine Sicherheitsgarantie für Caroline zu bekommen und fragte: »Wären Sie bereit, dies zu verschriftlichen?«

»Wenn Sie sich die Homepage von *BestRosies* angeschaut haben, konnten Sie lesen: Diskretion ist unser oberstes Prinzip. Das reicht als ...« Das nächste Wort dehnte sie verächtlich in die Länge: » ... Verschriftlichung.«

»Vielleicht«, unternahm Olga einen letzten Anlauf, »sollten Sie mir die Kontaktdaten Ihres Anwalts geben. Das könnte es vereinfachen, zu einer vernünftigen Lösung zu kommen.«

»Jetzt machen Sie mal halblang«, erwiderte Risse ungehalten. »Was will Juliette eigentlich? Sie hat ein lukratives Engagement ausgeschlagen und damit unsere Regeln verletzt. Sie ist bei mir raus aus dem Geschäft. Nicht mehr und nicht weniger. Wir gehen getrennte Wege. Basta.«

»Sie will nur diesen einen Kunden nicht.«

»Papperlapapp. Das ist ein seriöser Stammkunde. Wenn sie ihn bedient, kann sie zurückkommen, wenn nicht, soll sie bleiben, wo der Pfeffer wächst.«

»Sie hat Angst, dass Sie diesem Kunden Juliettes Kontaktdaten vermitteln.«

»Ich werde das nicht tun.«

»Nicht Sie persönlich«, nickte Olga. »Dafür haben Sie Ihre Leute!«

»Unterstellen Sie mir nichts«, zischte Risse. »Ich führe meinen Laden sauber und habe nichts zu verbergen.«

»Warum haben Sie Juliette dann gestern einen Mann geschickt? In Juliettes Wohnung?«

»Mir liegt an meinem Kunden ...« Nun wurde Risses Stimme plötzlich sanft. »Und auch an Juliette. Sagen Sie ihr, sie soll den Job übermorgen machen, dann ist alles verziehen.«

Olga ärgerte sich über die selbstgefällige und selbstbewusste Art, die Risse an den Tag legte. Sie wollte dagegenhalten und gab sich kämpferisch: »Dieser seriöse Kunde hat meiner Mandantin bereits nachspioniert. Ich bin beauftragt, jede Form von Stalking mit allen juristischen Mitteln zu unterbinden.«

»Falls das zutreffen sollte, werde ich dafür sorgen, dass es unterbleibt. Und sagen Sie Juliette, ich lege übermorgen eine Extraprämie obendrauf.«

Olga schwieg. Was sollte sie auch sagen? Konnte sie dem Wort einer Kupplerin vertrauen? Insgeheim musste sie schmunzeln, denn dass ihr das Wort *Kupplerin* in den Sinn gekommen war, empfand sie angesichts der modernen Professionalität dieses Prostitutionsbetriebs als besonders altmodisch.

»Sie vertrauen mir nicht«, stellte Risse fest. »Weil ich dieses Gewerbe betreibe, oder? Sie haben Vorbehalte, verurteilen das Geschäft vermutlich. Habe ich recht?«

Olga blickte überrascht in Risses Gesicht und sah darin eine harte Unnachgiebigkeit, aber auch Lebenserfahrung und vielleicht sogar ein wenig Weisheit. Jedenfalls wurde sie nicht recht schlau aus ihr. Würde sie bei Juliette ihr Wort halten? Konnte man einer Frau, die ihr Geld damit verdiente, dass andere Frauen ihre Körper verkauften, überhaupt vertrauen? Allein der Gedanke widerstrebte Olga. Sie antwortete Risse nicht. Sie verachtete Menschen, die mit der Prostitution anderer ihr Geld verdienten. Ob sie das *älteste Gewerbe der Welt* an sich verachtete, wusste sie nicht, darüber hatte sie sich noch keine Gedanken gemacht.

Risse nickte. »Ich sehe es Ihnen an und kann Sie sogar verstehen. Glauben Sie mir, ich kenne das Geschäft in- und auswendig. Ich könnte Ihnen viel erzählen über dieses Gewerbe. Das würde Ihnen die Augen öffnen. Sei's drum, ich werde Ihre Einstellung nicht ändern. Aber ich versichere Ihnen: Meine Agentur gehört zum Saubersten, was Sie in dieser Branche finden. Wenn Sie etwas für Juliette erreichen wollen, dann vertrauen Sie mir.« Risse blickte Olga fest an und bat schließlich mit ruhiger Stimme: »Schicken Sie Juliette am Donnerstag zu diesem Job.«

»Mir graust es vor diesem Job«, flüsterte Caroline, nachdem Olga ihren Bericht vom Besuch bei Rebecca Risse beendet hatte. »Aber ich muss im Geschäft bleiben. Glauben Sie der Chefin?«

»Ich weiß es nicht«, antwortete Olga. »Sie kennen sie besser als ich. Jedenfalls fand ich sie überzeugend. Sie versteht dieses Geschäft.«

»Das tut sie.«

»Können Sie zu einer anderen Agentur gehen? Oder auf eigene Faust arbeiten?«

Caroline schüttelte den Kopf. »Auf eigene Faust heißt, ich verliere den Schutz der Anonymität. Außerdem komme ich in keines der noblen Restaurants und Hotels. Der Rundum-Service, den *BestRosies* bietet, ist unschlagbar. Die wenigen Agenturen, die es gibt, haben untereinander so eine Art Burgfrieden und werben sich die Damen nicht gegenseitig ab. Wenn man frei arbeitet, hat man früher oder später einen Zuhälter an der Backe. Es ist echt scheiße.«

»Was machen Sie jetzt?«

»Was bleibt mir schon? Ich werde übermorgen für den Stammkunden da sein. Aber Sie müssen mir weiterhin helfen. Tun Sie das?«

»Zunächst können Sie in meiner Wohnung bleiben. Wir werden sehen, ob Ihre Chefin ihr Wort hält.«

»Danke.«

»Hm«, brummte Olga. »Eines müssen Sie mir sagen: Warum machen Sie das eigentlich?«

»Ich brauche das Geld für das Heim meines Vaters.«

»Das haben Sie bereits erzählt. Trotzdem steckt noch etwas dahinter, das haben Sie gestern zumindest angedeutet.«

»Das stimmt. Es ist schmerzhaft. Ich spreche nicht gern darüber.«

»Ist gut. Das müssen Sie auch nicht, fühlen Sie sich frei. Ich werde Ihnen die nächsten Tage beistehen, dann sehen wir weiter.«

»Lassen Sie mir Zeit«, bat Caroline. »Und wenn, dann würde ich es gern Ihnen und Sonja gemeinsam erklären.«

Es gab Olga einen kleinen Stich, dass die Studentin Sonja beim Vornamen nannte und duzte. Olga würde trotzdem beim Sie bleiben, schließlich war sie Carolines Dozentin im rechtsphilosophischen Seminar und außerdem hatte sie ihr gegenüber Vorbehalten, weil sie nicht verstand, warum sich die Studentin freiwillig – zumindest teilweise freiwillig – prostituierte.

6

Als Roger die Verbindung beendete, rieb er sich zufrieden die Hände. Das Date übermorgen würde stattfinden, Loder würde glücklich und zufrieden sein und weiterhin alles tun, um die Expansion von *cashpaper* in den lukrativen Investmentmarkt voranzutreiben. *Manchmal muss man diesen Ludern zeigen, wo es langgeht,* bestätigte sich Roger darin, Juliette gestern kräftig den Marsch geblasen zu haben. Immerhin hatte ihm seine Mutter gerade mitgeteilt, dass die Hure reumütig zurückgekrochen sei und den Auftrag angenommen hatte. Trotzdem freute er sich, aus diesem Milieu herauszuwachsen. Mit dem Agentur- und Pornogeschäft war *cashpaper* ein guter Start geglückt, aber das große Geld war an ganz anderer Stelle zu verdienen. Und ja, eine *cashpaper*-Aktie wurde heute bereits für 67 Euro gehandelt. Wunderbar, diese Geldvermehrung.

Doch um diese mit größtmöglichem Erfolg fortzuschreiben, konnte er sich nicht allein auf seine Hausbank und deren Anlagechef Loder verlassen. War es nicht seit einigen Jahren Loders Credo zu diversifizieren? *Sie müssen unterschiedliche Branchen und verschiedene Unternehmenstypen im Portfolio haben*, hatte er Roger gebetsmühlenartig in den Ohren gelegen und dann die exotischsten Aktien und Anleihen gekauft. Wie recht er hatte. Roger hatte nicht vergeblich mittelalterliche Geschichte studiert, denn von den Augsburger Fuggern konnte man auch heute noch lernen, wie man seine Investitionen streut.

Daher bereitete sich Roger jetzt auf das Treffen mit dem Technikchef der deutschen Großbank vor, die ihm den Eintritt ins Geschäft mit den virtuellen Kreditkarten ermöglichen sollte. Er musste Rudolf Alborn für sich gewinnen. Da war es gut, seine Vorlieben und Schwächen zu kennen. *Wikipedia, Facebook, Instagram und die Eitelkeit der Menschen sind ein Segen*, dachte

Roger und studierte das Dossier, das er sich über den Bankfachmann zusammengestellt hatte. Wenig überraschend gehörten exquisites Essen, hervorragender Champagner und attraktive Frauen zu Alborns Vorlieben; außerdem hatte er eine Schwäche für schnelle Autos. *Dir kann geholfen werden,* dachte Roger voller Vorfreude auf das anstehende Abendessen in Münchens Drei-Sterne-Tempel.

Alborn entsprach in keiner Weise dem Bild, das sich Roger von ihm gemacht hatte. Zwar erschien der Banker in feinem schwarzen Tuch, aber lässig mit weißem Rollkragenpullover und ohne die Insignien des Geldes wie dezent-teure Manschettenknöpfe oder edle Armbanduhr. Er verstand es, geistreich zu plaudern und dabei all die Themen zu vermeiden, auf die sich Roger vorbereitet hatte. Trotz eines Doppelkinns und des weit zurückweichenden Haaransatzes wirkte Alborn erfrischend jugendlich, und das Bäuchlein, das sich im Verlauf des Sieben-Gänge-Menüs über dem Hosenbund deutlicher abzeichnete, unterstrich seltsamerweise eher den juvenilen Eindruck.

Alborn erwies sich als profunder Kenner von Karl dem Großen und widmete einen Großteil der Konversation Abul Abaz, dem legendären Elefanten, der Karl von Harun-ar-Raschid zum Geschenk gemacht worden war. Roger bewunderte den Banker; Alborn hatte seine Hausaufgaben verdammt gut gemacht. Und Roger wäre ein Elefant im Prozellenladen gewesen, hätte er während des Dinners die Sprache auf das Geschäftliche gebracht. Obwohl Roger sich in der Zeit Karls des Großen zu Hause fühlte, wurde er gegen Ende des Menüs immer nervöser. Er musste mit Alborn noch an diesem Abend über die virtuelle Kreditkarte reden, schließlich sollte sich das Investment in so ein Abendessen lohnen. Wenn Alborn die Chance, mit *cashpaper* ins Geschäft zu kommen, nicht wahrnehmen wollte, könnte Roger auch die später an der benachbarten Bar arrangierte Überraschung abblasen.

Zunehmend missmutig lauschte Roger der sonoren Stimme des Bankers, der sich darin gefiel, seinen Gastgeber mit Anekdoten über den großen Kaiser zu unterhalten; Karls Konkubinen und der Widerwille seiner Biografen, diese zu erwähnen, amüsierte Alborn. Immerhin kamen sie nach dem fünften Glas Wein damit einer Vorliebe des Bankers näher, und schließlich sprach Alborn beim Dessert von sich aus die Verwaltung der Königsgüter an und gelangte *vom Capitulare de Villis* elegant zur modernen Vermögensverwaltung.

Endlich, dachte Roger und entspannte sich.

Als sie sich in die benachbarte Bar begaben, hatten sie alle wesentlichen Punkte besprochen. Alborn würde die geplante Kooperation seiner Bank mit *cashpaper* in der nächsten Vorstandsitzung zur Sprache und dann alle technischen Vorbereitungen auf den Weg bringen.

Gut gelaunt bestellten sie ihre Cocktails, als eine Frau in einem enganliegenden schwarzen Kleid freudestrahlend auf sie zukam.

»Roger, was für eine Überraschung«, rief sie beschwingt und gab ihm rechts und links ein Küsschen, ehe sie sich Alborn zuwandte. Sie zog eine Augenbraue hoch und setzte ihr strahlendstes Lächeln auf. »Wen haben wir denn da?«, fragte sie und streckte dem Banker die Hand entgegen. »Ich bin Jessica. Und Sie?«

»Rudolf, freut mich«, erwiderte er charmant, und Roger stellte zufrieden fest, dass es bei Alborn bereits Klick gemacht hatte.

»Darf ich euch Gesellschaft leisten?« Jessica wartete Rogers Antwort nicht ab, sondern zog einen Barhocker heran und setzte sich zwischen die beiden Männer, dabei eine Nuance mehr Alborn als Roger zugewandt. »Wie geht es dir, alter Knabe?«, fragte sie Roger und zwinkerte Alborn mit erhobener Augenbraue zu. »Hast du wieder Geschäfte gemacht oder es doch einmal geschafft, mit einem guten Bekannten den Abend zu genießen?«

»Letzteres«, antwortete der Banker an Rogers Stelle. »Wir haben uns fast ausschließlich über Karl den Großen unterhalten.«

»Oh, Rogers Steckenpferd. Hoffentlich hat er es mit seiner wissenschaftlichen Begeisterung nicht übertrieben?«

Alborn lachte. »Ganz und gar nicht. Aber vielleicht sollten wir uns für dich ein anderes Thema suchen? Was darf ich dir bestellen?«

»Das kommt darauf an, ob du mich nüchtern oder heiter erleben willst.«

»Beides selbstverständlich, in genau dieser Reihenfolge.«

»Dann nehme ich einen Gin Tonic.«

Als Jessica um zwei Uhr morgens mit Alborn in ein Taxi stieg, winkte Roger den beiden mit gemischten Gefühlen zu. Sein Plan war aufgegangen, und Jessica würde den Banker bis in die Morgenstunden um den Finger wickeln; darüber freute er sich. Andererseits fühlte er beinahe so etwas wie Eifersucht; gern hätte er selbst den Rest der Nacht mit Jessica verbracht. Obwohl sie in seinem Sinne und seinem Auftrag mit Alborn geflirtet hatte, was das Zeug hielt, gab es ihm einen Stich, dass der Banker sich so sehr hofiert fühlte. Roger nahm sich vor, Alborn zu gegebener Zeit spüren zu lassen, wie wenig er selbst von Interesse war. Es ging nur um seine Position und um das Geschäft. *Wenn das erst einmal läuft,* beschloss Roger, *wird der eitle Pfau abserviert.*

Auf dem Nachhauseweg ärgerte sich Roger über Alborns zur Schau gestelltes Wissen über Karl den Großen. Er ärgerte sich auch über sich selbst, denn er hatte das Gefühl, Alborn in die Falle der Gesprächsführung getappt zu sein. Nein, das hatte er sich anders vorgestellt, obwohl er genau das erreicht hatte, was er wollte. Schließlich zuhause angekommen, musste sich Roger eingestehen, tatsächlich eifersüchtig zu sein. Und tief in seinem Herzen spürte er eine Sehnsucht nach einer Frau, die zu ihm gehörte und ihr Leben mit ihm teilte. Er ging an die Schrankbar und schenkte sich einen doppelten Talisker ein. *Werde jetzt nicht sentimental,* schalt er sich, atmete den rauchigen Duft des Scotch ein und kippte den Whisky hinunter. Bisher hatte er an Jessica und den anderen Escort-Damen von Mutters Agentur den gekonnten Sex ohne Gefühle und Verpflichtungen geschätzt. Warum sollte sich das ändern?

Am nächsten Vormittag wachte Roger mit einem dicken Kopf auf. Er verfluchte sich dafür, nach der Bar noch Whisky getrunken zu haben, und warf zwei Ibuprofen ein. Ehe er sich einen Espresso aus der Maschine ließ, trank er eine kleine Flasche Mineralwasser. Dann versuchte er, Jessica zu erreichen, doch es schaltete sich nur die Mailbox ein. Er verzichtete darauf, eine Nachricht zu hinterlassen. Wieder meldete sich seine Eifersucht. Er schüttelte den Kopf, verstand sich selbst nicht mehr. Jessica war, was Jessica war – eine gute Geschäftspartnerin für seine Mutter, eine komfortable Gespielin und auf gewisse Art eine Vertraute für ihn; nicht weniger, nicht mehr. Da gab es keinen Platz für weitergehende Gefühle. *Hör auf herumzuspinnen,* befahl sich Roger und trank seinen Kaffee.

Anschließend machte er sich auf den Weg in den Lesesaal des Mittelalterinstituts, um sich die Zeit mit ein paar Recherchen zu den Fränkischen Reichsannalen zu vertreiben. Zwar erlahmte sein Ehrgeiz, die vor Jahren begonnene Dissertation über die Hofbibliothek Karls des Großen fertigzustellen, aber restlos aufgeben wollte er das Projekt noch nicht. Gerade angesichts der jüngsten Erfolge von *cashpaper* und der weiteren Expansionspläne hielt Roger es für opportun, sich mit einem Doktortitel den Mantel höchster Seriosität umzuhängen. Wenn erst einmal die virtuelle Kreditkarte florierte und die Serviceleistungen von *cashpaper* im Investmentbanking gut angenommen wurden, sollte es gelingen, über das »Geschmäckle« der Gründungsjahre hinauszuwachsen. Richtig reich und erfolgreich, zudem gesellschaftlich anerkannt wurde man nicht als Spezialist im Erotikgeschäft; nein, die Krönung des angestrebten Erfolgs sah Roger darin, einen breit aufgestellten Zahlungsdienstleister zu etablieren.

Nachdem er durch die schwere Eichentür und eine Halbtreppe hinaufgegangen war, schlenderte er an den Porträts der früheren Präsidenten der 200 Jahre alten Forschungseinrichtung vorbei, die nun erstmals von einer Präsidentin geleitet wurde. Roger begrüßte die Bibliotheksaufsicht und bat um den Quellenband, in dem er sich einige alte Urkunden ansehen wollte. Die Studentin schenkte ihm ein verhaltenes Lächeln und holte den schweren Quartband aus der rückwärtig liegenden Bibliothek. Als sie ihm das Buch aushändigte, streiften sich kurz ihre Finger. Roger dankte eine Spur zu überschwänglich und blickte in die braunen Augen der jungen Frau.

»Sie habe ich noch nie hier gesehen«, versuchte er sich unbeholfen in Konversation. »Studieren Sie Mediävistik?«

»Ich bin erst seit Heilig-Drei-König hier«, antwortete sie mit etwas rauer Stimme. »Und nein, ich studiere Psychologie an der LMU.«

»Das ist ja interessant«, zeigte sich Roger interessiert. Die schlanke, schüchterne Studentin gefiel ihm. »Da würde ich mir gern was erzählen lassen, aber jetzt muss ich erst mal arbeiten.«

»Viel Erfolg«, wünschte sie ihm und setzte sich auf ihren Stuhl.

»Vielleicht haben Sie später Lust auf einen Imbiss in der Cafeteria?«

»Weiß nicht«, erwiderte sie unsicher und wich seinem Blick aus. »Vielleicht.«

»Mal schauen. Jetzt gehöre ich jedenfalls der Wissenschaft.«

Roger sagte es leichthin und verschwand im kleinen Lesesaal. Dort fiel es ihm schwer, sich zu konzentrieren. Immer wieder blickte er aus den Augenwinkeln Richtung Tür, ob er einen Blick auf die Studentin erhaschen könnte, und mehr als einmal fasste er den Entschluss, aufzustehen und hinauszugehen, um mit ihr zu plaudern.

Er hätte gar nicht sagen können, was ihn an dieser jungen Frau anzog, aber sie übte eine Anziehung auf ihn aus, die er so nicht kannte. Während er eher lustlos in den Fränkischen Reichsannalen nach Hinweisen zur Hofbibliothek blätterte, sinnierte er über die Attraktivität der Bibliotheksaufsicht. Es musste ihr unschuldiges Gesicht mit diesen braunen Rehaugen sein, folgerte Roger. Allen Frauen, mit denen er es in den letzten gut 15 Jahren zu tun gehabt hatte, fehlte diese Anmutung von Frische und Unschuld. Kein Wunder, schlief er doch ausnahmslos mit den Escort-Damen von *BestRosies*.

Überrascht stellte er fest, wie sehr ihn der Gedanke erregte, eine Frau zu erobern, anstatt zu bezahlen. Ungeduldig blickte er auf die Uhr. Er wollte keinesfalls zu früh aus dem Lesesaal gehen und die Studentin fragen, ob sie in die Cafeteria mitkäme. Als er endlich einige Fundstellen herausgearbeitet hatte, hielt er den Zeitpunkt für gekommen, den Lesesaal zu verlassen.

»Mit Dank zurück«, übergab er ihr den Quartband und versuchte, so charmant wie möglich seine Einladung in die Cafeteria zu wiederholen.

Sie schüttelte den Kopf. »Leider muss ich noch eine Stunde hier ausharren, bis der Lesesaal schließt, und danach habe ich arbeitspsychologisches Seminar.«

»Vielleicht ein andermal? Sind Sie jetzt öfter hier?«

»Immer Dienstag und Freitag«, antwortete sie leise.

Das ist immerhin kein Nein, dachte Roger und verabschiedete sich. Im Hinausgehen ärgerte er sich darüber, nicht auf die Öffnungszeiten des Lesesaals geachtet zu haben. Bestimmt war der

Studentin jetzt bewusst, wie selten er am Mittelalterinstitut vorbeischaute. *Das wird geändert, und an der Dissertation wird künftig mit mehr Nachdruck gearbeitet,* nahm er sich vor. Seltsam beschwingt ging er nach Hause.

Der Blick in die Kurstabelle der Münchner Börse verbesserte Rogers Laune weiter, denn wundersamerweise standen die *cashpaper*-Aktien nun bei 80 Euro. *Vielleicht hätte ich die Studentin ins Uni-Café einladen sollen anstatt in die Cafeteria,* grübelte Roger. *Nein, bei einem schüchternen Mädchen darf man nicht großspurig auftreten.* Er rieb sich die Hände, denn nicht nur seine Vorfreude auf die zweite Million wuchs, sondern auch die, übermorgen auf die Jagd zu gehen. Er wollte diese hübsche Psychologin erobern.

7

Die letzten beiden Tage hatte Olga erstaunlich entspannt verbracht, lediglich gestern Nachmittag war im Vorfeld von Juliettes Engagement etwas Nervosität im Wohnzimmer aufgeflammt, weil Caroline noch Kaffee mit Olga und Sonja getrunken hatte. Danach waren Olga und Sonja in die Kletterhalle gefahren und hatten sich am Kletterturm ausgetobt. Beim Klettern fokussierten sich Olgas Gedanken von jeher derart auf die jeweils nächste Bewegung, dass sie alles Außenherum völlig verdrängte. Nach dem Klettern waren sie beschwingt nach Hause gefahren und hatten keinen weiteren Gedanken an Caroline verschwendet.

Jetzt aber, an diesem Freitagmorgen, während leichter Schneefall die Dächer überzuckerte, gingen Olgas Gedanken zu ihrer Studentin. Ob der Termin gut gelaufen war? War Caroline unbehelligt nach Hause gekommen? Ohne verfolgt und ausspioniert zu werden? Olgas größte Sorge war, dass ihre alte Wohnung in den Fokus eines Stalkers geriet.

Während sie mit Sonja die erste Tasse Crema des Tages trank, schellte es. Sonja öffnete die Tür. Eine aufgelöste Caroline schlich ins Wohnzimmer und setzte sich weinend an den Tisch. »Das kann ich nicht noch einmal aushalten«, schluchzte sie und weinte hemmungslos.

Sonja legte ihr tröstend den Arm um die Schulter und sprach beruhigend auf sie ein: »Jetzt komm erst mal an. Ich mache dir einen Kaffee.«

Olgas Puls schnellte in die Höhe. Vorbei war es mit Ruhe und Entspannung, urplötzlich war diese unnennbare Angst vor einer Bedrohung wieder da, die sich nicht fassen ließ. Olgas Gefühle spielten verrückt; in einem Augenblick empfand sie Mitleid mit Caroline, im nächsten Moment war sie verärgert, dass sie sich mit ihren Problemen herumschlagen musste. Olga wollte ihr helfen und wäre gleichzeitig am liebsten weit weg. Nur gut, dass Sonja die Ruhe bewahrte.

»Schau, hier ist deine Crema.« Mit diesen Worten stellte sie Caroline die Tasse hin. »Und dann erzähl, was geschehen ist, wenn du magst.«

Caroline schlürfte ihren Kaffee, schniefte und begann zu erzählen: »Der Abend begann sehr gediegen im Restaurant. War nicht anders zu erwarten. Ist eines der besten Restaurants, die wir in München haben. Er bemühte sich um anspruchsvolle Gesprächsthemen, Mode, Filme, Bücher. Ich hatte das Gefühl, er will mir nahekommen, mich kennenlernen, ganz subtil. Also komme ich zu Filmen, die jeder kennt, und rede über Bücher, die in der Schule gelesen werden. Trotzdem versuchte er mit jedem Glas Wein, tiefer in mich einzudringen. Wer ich wirklich sei, was mein Leben ausmache. Schließlich sind wir in sein Hotel gefahren. Erste Adresse, eine kleine Suite. Auf dem Tisch steht schon Champagner im Kühler, zwei Gläser. Er schenkt ein und gibt mir einen Kuss.« Caroline stockte. »Das gehört natürlich zum Repertoire. Aber sein Kuss war drängend und seltsam intim. Er flüsterte, ich solle ihm meinen Namen sagen, er wisse doch, dass ich nicht Juliette heißen würde. Er trank Champagner und schaute mich eigenartig an. Deinen Namen, flehte er mich an und kniete nieder. Juliette, immer Juliette, antwortete ich ihm.«

In ihren Augen zeigten sich Scham und Ekel. Olga musste wegsehen. *Eigentlich will ich das nicht hören,* dachte sie und überlegte, wie sie aus der Sache herauskäme.

»Er beschimpfte mich, drohte mir. Dich kriege ich, du wirst schon sehen; du entkommst mir nicht. Er wurde böse, schlug nach mir, traf mich nicht. Dann weinte er. Ich tröstete ihn, besänftigte ihn, versprach ihm, mir alles zu überlegen. Er macht mir Angst, richtig Angst«, schluchzte Caroline und verstummte.

»Das verstehe ich gut«, murmelte Sonja und nahm Caroline in den Arm.

Kurz spürte Olga einen Stich in der Brust. Sie schluckte die Eifersucht hinunter, versuchte, sich in Carolines Situation zu versetzen und sagte: »Sie dürfen ihm Ihre Daten nicht geben, verstanden?«

»Klar, aber ich musste ihn beruhigen. Natürlich wird er mir jetzt erst recht keine Ruhe lassen«, resignierte Caroline.

Olgas Wut auf diesen Freier wuchs. Sie würde ihm das Spiel verderben, nahm sie sich vor.

»Am Morgen begleitete er mich aus dem Hotel, winkte ein Taxi herbei und steckte dem Fahrer 50 Euro zu. Ich ließ mich nach Obersendling fahren, stieg vor einem schäbigen 70er-Jahre-Mietshaus aus und blieb stehen, bis das Taxi wegfuhr. Der Fahrer drehte sich mehrfach um. Ich ging zu dem Hauseingang und hatte Glück; er war unverschlossen. Ich trat ein und wartete rund zehn Minuten, bis ich zum S-Bahnhof lief. Ich habe nicht gewagt, mir ein Taxi zu bestellen. Deshalb komme ich erst jetzt.«

»Du glaubst«, fragte Sonja, »der Taxifahrer wurde von deinem Kunden bestellt?«

Caroline nickte.

Olga fand das nachvollziehbar. Sie würde noch einmal mit der Risse reden. Sie durfte Caroline nie wieder mit diesem Mann verkuppeln.

Nach dem Frühstück brachten Olga und Sonja Caroline in Olgas alte Wohnung, ehe sie gemeinsam ins Fitnessstudio gingen und sich nebeneinander auf den Spinning-Rädern austobten. Olga erinnerte sich jedes Mal, wenn sie mit Sonja im Studio war, an ihr Kennenlernen, und dankte ihrem Schicksal für diese Begegnung. Auch heute, obwohl sie Sonja ein wenig gram war, weil sie sich so vehement für Caroline eingesetzt und ihnen beiden dieses Problem beschert hatte. Doch nun war ihr alter Kampfgeist wieder geweckt und ihr Thema, im Einzelfall für Gerechtigkeit zu sorgen, stand in leuchtender Schrift vor ihrem inneren Auge. Nur würde sie nicht mehr zu unerlaubten Mitteln greifen. Im Zweifelsfall konnte sie eine Staatsanwältin, mit der sie sich nach dem Tod ihres früheren Ermittlers angefreundet hatte, um Hilfe bitten. Immerhin ging es um die freie Willensentscheidung einer jungen Studentin, um ihre körperliche und seelische Integrität.

Olga spürte ihre inneren Vorbehalte gegen Carolines Betätigung als Escort-Dame, aber sie wollte nicht moralisieren, sondern Carolines freie Entscheidung respektieren. Dennoch musste diese Sexarbeit frei sein von jedem äußeren Zwang. *Vermutlich*, dachte Olga, *bin ich zu rigide.* Sie war unsicher und nahm sich vor, darüber vertieft nachzudenken. Jetzt nahm sie eine Reihe von Zwischensprints in Beschlag, und war bald außer Atem.

»Wenn das keine gute Vorbereitung auf unsere Skiwoche ist«, keuchte Sonja nach den Sprints und ließ ihr Schwungrad austrudeln.

Morgen in einer Woche wollten sie nach Davos fahren; jeden Tag stand eine Skitour auf dem Programm. Sie freuten sich beide darauf, zumal ihr letzter geplanter Urlaub, Klettern im Grödnertal, ins Wasser gefallen war.

»Hoffentlich klappt es diesmal«, antwortete Olga und stieg vom Rad. »Ich hole uns Papier und Desinfektionsmittel.«

»Es muss klappen, Gamserl.«

Eine Stunde später saß Olga wieder im Büro von *BestRosies* und erklärte Rebecca Risse, warum Juliette den gestrigen Freier nicht noch einmal bedienen könne. »Darüber müssen wir uns jetzt verbindlich verständigen«, forderte Olga von der zögerlichen Agenturchefin.

»Wenn nicht?«

»Komme ich mit der Staatsanwaltschaft wieder. Wegen des Verdachts der Zwangsprostitution.«

»Papperlapapp. Damit kommen Sie nicht durch.«

Olga bemerkte Risses Angespanntheit sehr wohl. »Das werden wir sehen«, erwiderte sie daher selbstbewusst. »Meine Mandantin hat Ihnen gestern Ihren dringenden Wunsch erfüllt. Jetzt sind Sie dran. Dieser Freier ist für Juliette künftig tabu, im Übrigen betreuen Sie Juliette wie bisher: seriös, korrekt, unvoreingenommen.«

»Kunde«, betonte Risse. »Kunde heißt das.«

»Er bezahlt nicht einmal. Warum ist er Ihnen so wichtig?«

»Das geht Sie gar nichts an.«

»Einigen wir uns?«

Die Agenturchefin knirschte hörbar mit den Zähnen. »Wenn Juliette nicht dieses besondere Etwas hätte, das sie einzigartig macht unter meinen Damen ... Okay, der Deal steht. Aber das ist der einzige Kunde, bei dem Juliette ein Engagement ablehnen darf.«

»Einverstanden.«

8

Sie trafen sich in einem versteckten Burger-Restaurant. Detlev Zönte sah müde und abgespannt aus, mit tiefen Augenringen und eingefallenen Wangen. Vor einer Stunde war er aus dem Krankenhaus entlassen worden. Er hatte sich durch die Tiefgarage aus dem Klinikum geschlichen, einige Umwege durch die Innenstadt genommen und den Hamburger-Laden durch den Hintereingang betreten. Das war das Erste, was er Cathrin erzählte.

»Wissen Sie, ich wollte weder der Kripo in die Hände laufen noch meinen speziellen Freunden, die mich am Dienstag außer Gefecht setzen wollten.«

»Die Kriminalpolizei ist doch auf Ihrer Seite.«

»Mag sein – vielleicht auch nicht. Selbst wenn ich mich auf die Polizei verlassen könnte: Schützen können die mich trotzdem nicht. Wenn meine Verfolger schlau sind, beobachten sie genau, was die Kripo macht. Ich habe sogar den Verdacht, dass es bei der Polizei einen Maulwurf gibt. Zu oft gehen in letzter Zeit Maßnahmen der Verfolgungsbehörden schief. Nein, ich habe kein Vertrauen in die Polizei. Daher muss ich erst einmal untertauchen.«

»Was kann ich für Sie tun?«

»Sie haben meine Unterlagen dabei?«

Cathrin nickte.

»Das ist schon mal der erste Gefallen. Geben Sie sie mir zurück, bitte.«

»Selbstverständlich. Lehnen am Tischbein.«

Zönte konnte sich ein anerkennendes Grinsen nicht verkneifen. »Ich weiß, dass Sie gut sind. Darauf baue ich. Seien Sie meine Verbündete. Ich bin einer großen Sache auf der Spur!«

Die Bedienung nahm ihre Bestellung auf, einen doppelten

Cheeseburger für den Journalisten, einen Veggieburger für Cathrin, dann sprach Zönte weiter: »Ihre Firma prüft die Brodersche Privatbank Aktiengesellschaft und attestiert dem Institut stets einwandfreies Geschäftsgebaren. Dabei machen die Broderschen seit Jahren ihren größten Reibach als Waschsalon. Und *CooperPepperConsultation* schaut weg; bestenfalls. Ich glaube, Ihre Kollegen stecken mit den Broderschen unter einer Decke. Es ist eine kratzige Decke.«

»Ich weiß«, bemerkte Cathrin. »Das haben Sie mir in der Tiefgarage gesagt. Leider waren Sie nicht mehr sprechfähig, als ich im Café ankam.«

»Immerhin sind Sie gekommen. Das ist gut.«

»Sie haben mich neugierig gemacht.«

»Kommen Sie auf meine Seite?«

»Erzählen Sie mir, was Sie wissen«, forderte Cathrin ihn auf. Sie hatte schon vor diesem Treffen beschlossen, ihm nicht zu verraten, dass sie seine Notizen auf dem Tablet kannte. Sie wollte mit eigenen Ohren hören, wen er wegen was in Verdacht hatte.

»Ich muss wissen, ob ich mich auf Sie verlassen kann.«

»Ich bin nicht unter einer kratzigen Decke, ich bin eine Gute. Sie können mir vertrauen.«

»Auch, wenn meine Informationen möglicherweise bedeuten, dass Sie Schwierigkeiten mit Ihrem Arbeitgeber bekommen?«

»*CPC* ist ein traditionsreiches, grundsolides Unternehmen mit seriöser Firmenphilosophie. Wenn bei *CPC* etwas schieflaufen sollte, ist es nicht im Sinne der Firmenleitung. Daher habe ich keine Angst vor Schwierigkeiten.«

Zönte blickte sie nachdenklich an. »Sie sind eine loyale Pressesprecherin.« Er wiegte den Kopf und kratzte sich auf seltsame Art hinter dem Ohr, indem er die rechte Hand über seinen Kopf schob und, mit dem rechten Unterarm auf dem schütteren Haupthaar, sein linkes Ohr kraulte.

Cathrin unterdrückte ein Lachen bei dieser Geste, das sah einfach zu komisch aus.

Schließlich nickte er. »Sie sind eine ernsthafte, anständige Person. Ich vertraue Ihnen.«

Die Bedienung brachte die Getränke und die Hamburger. Sie aßen schweigend. Cathrin betrachtete ihr Gegenüber. Sein Gesicht war hager, mit tiefliegenden Augen und eckigen Wangenknochen, einer hohen Stirn und weit nach hinten reichenden Geheimratsecken, dazu übergroße Ohren, alles in allem kein attraktives, aber ein sehr interessantes Gesicht. Der Adamsapfel hüpfte beim Schlucken in dem faltigen Hals auf und ab. Unwillkürlich musste Cathrin an einen Geier denken. *Dieser Vogel nagt an einem Kadaver auch alles ab, bis die Knochen blitzblank sind,* dachte sie und verlor den Appetit.

»Essen Sie Ihren Burger nicht auf?«

»Nein.«

»Darf ich?«

»Nur zu.«

Zönte nahm den angebissenen Hamburger und verschlang ihn mit einem Heißhunger, als hätte er tagelang nichts zu Essen bekommen.

Er schien ihren kritischen Blick zu verstehen, denn er sagte entschuldigend: »Sie glauben gar nicht, wie schlecht das Essen im Krankenhaus schmeckt.« Er wischte sich den Mund ab, trank von seiner Cola und berichtete von seinen bisherigen Erkenntnissen.

Das meiste hatte sich Cathrin bereits aus seinen Notizen erschlossen, einiges war neu.

»Der zentrale Punkt meiner Recherchen betrifft die Mechanismen der Verschleierung«, beendete Zönte seine Darstellung. »Hier kommt *CPC* ins Spiel, denn ohne die schützende Hand des Wirtschaftsprüfers funktioniert das nicht.«

»Das ist starker Tobak, den Sie da auftischen. Was erwarten Sie von mir?«

»Helfen Sie mir, die Strukturen aufzudecken.«

»Wie soll das gehen?«

»Bei Ihnen laufen eine Menge Informationen zusammen. Sie müssen vorsichtig sein.«

Cathrin erwiderte seinen lodernden Blick und fragte: »Wer hat Sie angegriffen?«

»Wenn ich das wüsste.« Er leerte den Becher. »Bis ich es weiß, mache ich mich unsichtbar.« Dann zog er ein unscheinbares altes Nokia-Handy aus seiner Tasche und schob es Cathrin über den Tisch zu. »Nehmen Sie das. Es hat keinen GPS-Empfänger, ein altes Betriebssystem und eine anonyme Prepaid-Karte. Meine Nummer ist unter ADAC gespeichert. Damit bleiben wir in Kontakt. Rufen Sie mich an, wenn Sie erste Erkenntnisse haben.«

Eine Stunde später saß Cathrin wieder in ihrem Büro und sortierte ihre Gedanken. Zönte hatte nicht nur ihre Vermutungen bestätigt, die sie aus seinen Notizen gezogen hatte, sondern noch einige weitere Ansatzpunkte aufgezeigt, die geeignet waren, einem perfiden Komplott auf die Spur zu kommen. Wenn das zutraf, war eine wichtige Arbeitsgruppe von *CPC* in kriminelle Machenschaften verstrickt. Dann wiederum könnte das gesamte Unternehmen in seiner Existenz bedroht sein. Bereits die beiden jüngsten Fälle, in denen den Prüfern der deutschen Niederlassung von *CPC* massive Bilanzfälschungen verborgen geblieben waren, nagten am integren Image von *CooperPepperConsultation*. Hier hatten interne und externe Prüfungen jedoch zweifelsfrei ergeben, dass die Fälschungen professionell und mit hoher krimineller Energie vorgenommen worden waren und es kaum eine Chance gegeben hatte, diese zu entdecken. Ein Zusammenwirken der Prüfer mit den Tätern konnte definitiv ausgeschlossen werden. Trotzdem blies *CPC* seitdem ein harter Wind ins Gesicht.

Es war eine der Hauptaufgaben von Cathrin, mit geschickter Presse- und Öffentlichkeitsarbeit diesen Imageschaden auszubügeln. Sollte Zönte Recht haben und sich *CPC*-Prüfer im kollusiven Zusammenwirken mit Investmentbankern an Geldwäscheaktivitäten bereichern, würde dies die Glaubwürdigkeit von *CooperPepperConsultation* unwiederbringlich zerstören. Wenn sie hier Aufklärungsarbeit betrieb, war dies auf jeden Fall im Sinne der Geschäftsleitung. Allerdings durfte sie nicht ohne handfeste Hinweise nach oben berichten, weil sie ansonsten die entsprechende Prüfgruppe beschädigte. Auch firmenintern musste die Unschuldsvermutung gelten. Ihr blieb also nichts anderes übrig, als zunächst auf eigene Faust Licht ins Dunkel zu bringen.

Wo sollte sie beginnen? Sie suchte die Prüfgruppe in der internen Geschäftsverteilung und schaute sich von jedem Teammitglied die persönliche Seite an. Den stellvertretenden Teamleiter Jo Gruber kannte sie persönlich, wenngleich sehr oberflächlich, und mit der jungen Teamassistentin Martina Kobell ging sie ab und zu Mittagessen. Vom Teamleiter Dr. Willibald Martens hatte sie immerhin schon gehört, die drei anderen Teammitglieder kannte sie nicht einmal dem Namen nach. Die Qualifikationen der Teammitglieder waren hoch. Cathrin kam rasch zu dem Schluss, dass diese Prüfgruppe so etwas wie eine Eliteeinheit von *CPC*-Deutschland war. Diesen Menschen unlautere Geschäftspraktiken vorzuwerfen, hatte das Odium von Majestätsbeleidigung.

Cathrin legte die ausgedruckten Lebensläufe in eine leere Hülle und dann in die unterste Schublade ihres Schreibtischs. Sie bekam Zweifel an Zöntes Anschuldigungen, obwohl sein Material eindeutig schien. Sie würde sich weitere Informationen besorgen müssen und wusste auch schon, mit wem sie sprechen konnte. *Ich werde nächste Woche mal wieder mit Martina lunchen*, nahm sie sich vor. Ehe sie nicht mit ihr gesprochen hatte, würde sie in dieser Angelegenheit gar nichts unternehmen.

Ein Blick auf die Uhr zeigte ihr, dass sie noch eine halbe Stunde Zeit hatte, ehe sie einen Interviewtermin für ein kleines Anlegermagazin geben musste. Also besorgte sie sich die Jahresabschlussbilanzen der Broderschen Privatbank aus den zurückliegenden fünf Jahren. Das Bankhaus war gut aufgestellt. Der Eigenkapitalanteil lag um gut drei Prozent höher als der Bundesdurchschnitt, die Kapitalrendite übertraf den Branchendurchschnitt sogar um knapp vier Prozent. Das war in Zeiten der Nullzinspolitik der Europäischen Zentralbank ein erstaunlich gutes Ergebnis. Für eine eher kleine Privatbank, die außer dem Haupthaus keine Filialen unterhielt und sich hauptsächlich der Vermögensbetreuung ihrer reichen Klientel widmete, war das allerdings kein besonders herausragendes Ergebnis. Allerdings verwaltete die Brodersche Privatbank AG bemerkenswert große Vermögen. Wenn die dortigen Investmentbanker mit modernen Finanzderivaten spielten, hatten sie einen wirkmächtigen Hebel in der Hand und konnten tatsächlich mit einigen der großen Fonds mithalten. Bei diesen Summen, da gab Cathrin dem Investigativjournalisten recht, ließ sicheiniges verstecken.

Warum, grübelte Cathrin, *ist Zönte angegriffen worden?* Hing es mit seinen Recherchen zur Borderschen Privatbank zusammen? Oder gab es einen anderen, womöglich privaten Grund? Was steckte hinter diesem Anschlag, den Zönte, so hatten es ihm die Ärzte erklärt, nur mit Glück überstanden hatte? Die Menge Muskelrelaxans, die ihm injiziert worden war, reichte normalerweise aus, einen erwachsenen Menschen zu töten. Nur dem schnellen Eintreffen des Notarztes und der sofortigen Beatmung verdankte Zönte sein Leben. Wer riskierte einen so dreisten Mordanschlag? Und warum?

Mit diesen Fragen verließ Cathrin ihren Schreibtisch und machte sich auf den Weg in den Interviewraum. Der Zufall wollte es, dass sie auf dem Flur Martina begegnete. Die Teamassistentin strahlte über das ganze Gesicht, als sie Cathrin sah.

»Wie geht es dir?«, fragte Cathrin. »Du siehst echt gut aus.«

»Danke, es geht mir auch gut. Es gibt neue Entwicklungen in meinem Leben. Würde ich dir gern erzählen, aber du bist ja meistens im Stress.«

»Ja, tut mir leid. Jetzt muss ich zu einem Interview. Aber …« Cathrin ließ das *Aber* einen Moment lang schweben. »Danach eben noch einen Kaffee vor dem Wochenende, das wäre drin.«

»Fein. Wo?«

»Ohne Kuchen bei mir im Büro, sonst drüben im Café.«

»Ohne Kuchen ist in Ordnung«, sagte Martina grinsend und fragte: »Wann?«,

»In neunzig Minuten?«

»Passt.«

Das Interview war perfekt gelaufen. Zufrieden ging Cathrin in ihr Büro zurück und schaltete den Kaffeevollautomaten ein. Sie holte die Flasche Milch aus dem Kühlschrank, um damit einen wunderbaren Cappuccino aufzuschäumen, und fragte sich, ob das Leben wirklich so viele Zufälle bereithielt. Oder war das Eintreffen des Unwahrscheinlichen doch Fügung? Zwar glaubte Cathrin durchaus, dass ein übergeordneter Sinn die Welt im Innersten zusammenhielt, aber von Schicksal und Fügung hielt sie relativ wenig. Der Mensch war seines eigenen Glückes Schmied, einerseits. Andererseits konnte man einfach Pech haben. Meistens waren die beiden Extreme normal verteilt. Wer wüsste das besser als sie selbst? Inzwischen war ihr klar, dass Colonel David Prem nicht ihretwegen in die Vereinigten Staaten zurückgegangen war; der Verlust des Vaters war Pech. Dass sie nach dem Abitur ihre Magersucht überwunden hatte, war ihr persönliches Glück, das sie sich bewusst erkämpft hatte. Vom Vater die Hautfarbe geerbt zu haben, erwies sich in dieser latent rassistischen Gesellschaft als Pech. Die von ihm erlangte Kampfeslust erwies sich dagegen als entscheidender Vorteil. Wenn das alles ihr

Schicksal war, nun denn, dann würde sie ihr Schicksal annehmen.

Als Martina an der Tür klopfte, beschloss Cathrin, ihre Begegnung auf dem Flur als glücklichen Zufall zu betrachten. Jetzt war sie neugierig, was die Teamassistentin zu erzählen hatte.

»Das ist nett, dass du Zeit hast. Wir müssten schon längst mal wieder essen gehen. Ich weiß gar nicht, wo ich anfangen soll«, plapperte Martina munter drauflos. »Also, das Wichtigste: Ich habe einen Freund. Einen ganz netten. So viel Glück kann ich noch gar nicht fassen. Und wie zuvorkommend und einfühlsam der ist, einfach klasse.«

Cathrin stellte Martina den Cappuccino hin und hörte ihr interessiert zu, beziehungsweise, sie tat so als ob. Wenn Martina so dahinplauderte, war das wie dahinflirrende Discomusik: nett anzuhören, nichts zum Nachdenken. Cathrin kannte Martinas Naivität gut genug. Sie wartete geduldig auf den Moment, in dem Martina wirklich Interessantes zu erzählen wusste. Bis dahin verriet Martina in ihrer Begeisterung manch sehr Intimes, und so wusste Cathrin nach einer Viertelstunde beinahe alles über die Vorzüge des wunderbaren Jürgen.

»Bei der Arbeit läuft es gerade super«, wechselte Martina schließlich zu dem Thema, das Cathrin wesentlich mehr interessierte. »Mein Gruppenleiter hat mir Anfang des Jahres eine großzügige Gehaltsaufstockung gewährt, und weißt du, was das Tolle daran ist?«

Cathrin schüttelte den Kopf.

»Er zahlt mir das Extra aus seinem Teamfonds. Das heißt, es ist ein Zeichen echter persönlicher Wertschätzung. Von der Firma hätte ich vermutlich höchstens 200 Euro obendrauf bekommen. Martens gibt mir 600. Stell dir vor: 600! Monat für Monat. Und auch noch außerhalb der Steuerkarte.«

Jetzt war Cathrin hellwach. Schwarzgeld also. Das widersprach sämtlichen Usancen bei *CPC*. Was ging da vor?

»Musst du dafür was Besonderes tun?«

»Nicht der Rede wert. Eine Spezialdatenbank ist es, die ich für Martens betreuen darf, die wenig Arbeit macht. Vielleicht 20 Buchungseinträge in der Woche, das ist geschenkt.«

»Mensch Martina«, bemerkte Cathrin begeistert. »Das sind ja super Neuigkeiten. Gratuliere. Du hast es auch verdient, wer wenn nicht du.«

»Danke, lieb, dass du das sagst. Deshalb erzähle ich es dir auch. Martens hat mich nämlich vor Neid und Missgunst gewarnt. Vielleicht behältst du es für dich.«

»Natürlich, Martina, natürlich.«

Als sie sich eine Stunde später bei leichtem Schneefall durch Münchens Freitagnachmittagsverkehr quälte, versuchte sie das Rätsel der Spezialdatenbank zu entschlüsseln. Was mochte es für einen Grund geben, eine Datenbank außerhalb der IT-Strukturen von *CPC* zu pflegen? Wie auch immer sie es von roter Ampel zu roter Ampel betrachtete, ihr fiel stets nur eine Motivation für solches Tun ein: Geheimhaltung. Das Team von Dr. Martens hielt gewisse Dinge vor der Firma geheim. Es gab also Geheimnisse. Das machte das Team verdächtig. Und dieser ominöse Teamfonds! Irgendetwas war tatsächlich faul in dieser Gruppe. Sie würde herausfinden, was.

9

Die Kletterhalle war am Sonntagmorgen um acht Uhr herrlich leer. Entspannt und geschmeidig arbeitete sich Olga Zug um Zug an ihrer Lieblingslinie zum Umlenker hinauf. Keine zusätzlichen Griffe und Tritte, nur die raue, Gestein nachempfundene Struktur der Kletterwand diente der Fortbewegung. Mit dem oberen siebten Grad für Olga eine klettertechnische Herausforderung, verschafften ihr diese und einige ähnliche Routen in der Halle sportliche Befriedigung, obwohl sie die Hallenkletterei nicht wirklich mochte. Aber was blieb einem im Winter schon anderes übrig, wenn man in Übung bleiben wollte? Außerdem war das Wetter an diesem Wochenende zu schlecht für Skitouren.

Sonja und Olga tobten sich an allen Routen des Struktur-Kletterturms aus, bis sich die Halle gegen zehn Uhr zu sehr füllte. Da verstauten sie das Seil, zogen ihre Winterklamotten über und fuhren nach Hause. Gemütlich duschen und frühstücken stand auf dem weiteren Sonntagsprogramm. Doch sie hatten die Rechnung ohne Caroline gemacht, die zitternd vor Sonjas Wohnungstür stand, als Olga und Sonja nach Hause kamen.

»Was ist denn mit dir los?«, fragte Sonja besorgt, sperrte die Tür auf und nahm die Studentin in den Arm.

»Er ist mir auf der Spur«, schluchzte Caroline und zog mit zittriger Hand ihr Handy aus der Tasche. »Schaut her.«

»Jetzt komm erst mal rein, setz dich hin und beruhige dich. Wir gehen duschen, dann sind wir für dich da.«

Zehn Minuten später lasen Olga und Sonja eine Mitteilung, die Caroline auf dem Facebook-Messenger erreicht hatte: *Liebe Juliette, Du weißt, dass ich Dich auf Händen tragen werde. Lass uns über unsere Zukunft sprechen. Jeder Terminvorschlag wird mein Herz erfreuen. Dein SummSumm.*

»Was soll denn das?«, fragte Sonja irritiert.

»Er hat mich gefunden, mein Stammkunde. Er nennt sich bei mir *SummSumm*, weil er gleich beim ersten Mal meinte, ich hätte ihn so glücklich gemacht, dass er das Summen des Himmels hörte.«

»Der Kerl ist ja abgrundtief kitschig!«, entfuhr es Sonja.

Olga lachte.

»Und klebrig ohne Ende«, fügte die Studentin seufzend hinzu.

»Wie hat er dich gefunden?«, wollte Olga wissen und war unbeabsichtigt beim »Du« gelandet. Als sie es bemerkte, hörte sie ihre innere Stimme mahnend wispern: *Jetzt bist du in der Geschichte drin.*

Caroline zuckte mit den Schultern.

»Du hast einen Facebook-Account«, folgerte Sonja. »Sonst könnte er dich nicht über den Messenger anschreiben. Postest du privat Fotos?«

»Ganz selten«, antwortete Caroline und wirkte dabei bereits ein wenig kleinlaut.

»Posten Freunde oder Bekannte Fotos mit dir?«

»Kann schon sein, weiß ich nicht.«

»Ein gutes Foto genügt«, stellte Sonja nüchtern fest, klappte ihr Tablet auf, gab die Adresse von *BestRosies* ein und scrollte durch die Liste der Escort-Damen. »Hier!«, rief sie und legte das Tablet auf den Tisch. »Ein wirklich gelungenes Foto von dir. Damit kann dein *SummSumm* auf Vergleichssuche gehen.«

Olga und Caroline blickten auf das Agenturfoto: Dieses mädchenhafte Gesicht war unverwechselbar, dieses Gesicht würde jede Gesichtserkennungssoftware zuordnen können.

Stolz auf ihren Geistesblitz, tippte Sonja einige Befehle in ihr Tablet. Schon füllte sich der Bildschirm mit Fotos, und die meisten zeigten Caroline mit anderen Menschen. Sonja tippte auf ein Bild, es poppte auf und zeigte einen Facebook-Eintrag einer

Tanja Bauer*: Seminarabschluss Rechtsgeschichte 2019 mit Carol.* Mit flinken Fingern sprang Sonja in ihren Facebook-Account, suchte Tanja Bauer und fand in Sekundenschnelle unter den drei Treffern anhand des Profilfotos die Richtige. Schnell noch in die öffentliche Freundesliste geklickt, kurz gescrollt undschon war Sonja bei Carol Lex gelandet.

»Siehst du, so einfach findet man dich im Internet. Zum Glück warst du so schlau, nicht deinen Klarnamen zu verwenden, sonst hätte er dich jetzt voll am Wickel.«

Am Wohnzimmertisch herrschte betretenes Schweigen.

»Scheiße«, entfuhr es Caroline schließlich. »Was soll ich jetzt tun?«

»Lösch deinen Facebook-Account«, riet Sonja, stand auf und machte noch einmal Kaffee für alle drei.

»Er kennt nun meinen Spitznamen«, flüsterte Caroline ängstlich.

Olga nickte. »Das ist schlecht.«

»Damit wirst du jetzt leben müssen«, bemerkte Sonja lakonisch und stellte jedem von ihnen eine Tasse Kaffee hin. »Immerhin ist der Spitzname noch nicht der Klarname. Trotzdem solltest du deinen Account löschen und dich von den sozialen Medien fernhalten. Sonst öffnest du deinem Stalker Tür und Tor. Und dann musst du zum Gegenangriff übergehen.«

»Wie meinst du das?«, fragte Olga, als sie sah, dass Caroline ratlos an ihrem Getränk nippte.

»Ganz einfach: Wir müssen herausfinden, wer *SummSumm* ist und wo er seine empfindlichen Stellen hat. Ein Mann, der die Dienste einer Escort-Dame in Anspruch nimmt, ist meistens verwundbar«, führte Sonja aus.

»Das verstehe ich nicht«, wunderte sich Caroline.

»Ist doch logisch«, erklärte Sonja. »Welcher Mann will schon, dass bekannt wird, welche Liebesdienste er in Anspruch nimmt? Also schauen wir, dass wir ihn packen können.«

»Was weißt du über ihn?«, richtete Olga ihre Frage an Caroline. Bei Sonjas Vorschlag war ihr nicht ganz wohl; das war ein guter, jedoch ein gewagter Ansatz.

»Wenig«, antwortete Caroline unsicher. »Er ist gebildet und wohlhabend, er scheint einflussreich zu sein. Meiner Agenturchefin ist er auf jeden Fall äußerst wichtig.«

»Kinder, Familie?«, wollte Sonja wissen.

Caroline zuckte mit den Achseln.

»Über was sprecht ihr beim Essen?«

»Über Kinofilme und Bücher, manchmal über Mode – oder einfach über das Essen und die Weinbegleitung. Er hat ebenso wenig Privates preisgegeben wie ich«, erinnerte sich Caroline resigniert. »Ehrlich, ich habe keine Ahnung, wer er wirklich ist.«

»Wenn er sich zu einem Stalker entwickelt«, gab Olga zu bedenken, »wäre es am besten, die Polizei einzuschalten. Aber du hast kaum geeignetes Material in der Hand. Hm … Wir müssten in der Tat mehr über deinen *SummSumm* herausfinden.«

»Am besten, du triffst dich wieder mit ihm«, schlug Sonja vor.

»Nein«, wehrte Caroline ab. »Das kann ich nicht.«

»Versteh ich«, sprang Olga ihr bei. »Es ist unangenehm und riskant.«

»Aber die beste Chance, ihm rasch auf die Spur zu kommen«, beharrte Sonja auf ihrem Vorschlag. »Carolin, du kannst das. Außerdem stehen wir dir bei. Wer ist überhaupt der Absender der Messenger-Nachricht?«

»Weiß nicht.«

»Gib mir dein Handy«, bat Sonja.

Caroline reichte es ihr.

»Dachte ich mir«, murmelte Sonja nach einem kurzen Blick auf das Display. »Er versteckt sich hinter einem Kunstnamen.« Sie tippte einige Male auf dem Touchscreen und nickte zur Bekräftigung. »Dieser Account hat keinerlei Einträge. Aber du kannst ihm antworten, er wird es lesen.«

»Ich will ihm nicht antworten.« Carolines Stimme klang trotzig.

»Musst du auch nicht. Er wird dich wieder über die Agentur buchen.«

Caroline stöhnte. »Und jetzt?«

»Du löscht dein Facebook-Konto und wartest ab. Wenn die nächste Buchung eintrudelt, werden wir uns gemeinsam vorbereiten.«

»Rebecca Risse hat mir zugesagt«, gab Olga zu bedenken, »dass es keinen weiteren Auftrag für diesen Kunden geben werde.«

»Sie wird ihr Versprechen brechen, dafür wird *SummSumm* schon sorgen«, wischte Sonja die Bedenken beiseite.

Caroline nickte, nahm ihr Handy entgegen und begann damit, ihren Facebook-Account zu löschen. Als sie fertig war, fragte sie hilflos, was sie als Nächstes machen solle.

»Du gehst in Olgas Wohnung, ruhst dich aus und arbeitest für dein Studium«, riet Sonja. »Wichtig ist, dass du dich nicht in deiner eigenen Wohnung blicken lässt. Vermutlich wirst du dir eine neue Wohnung suchen müssen, aber das hat noch einige Tage Zeit. Die Agentur wird sich bald bei dir melden. Dann zierst du dich ein wenig, bevor du zusagst. Dann informierst du uns, wo und wie dieses Treffen ablaufen soll. Ansonsten: Ruhe bewahren.«

»Danke«, flüsterte Caroline. »Ich bin froh, dass ihr mir helft. Irgendwann mache ich es gut.«

»Ist schon in Ordnung«, erwiderte Olga. »Komm gut durchs Studium und werde Herrin deines Lebens. Wir stehen dir bei.«

Caroline atmete hörbar auf.

»Allerdings«, fuhr Olga nach einer kurzen Pause fort, »würde ich gern noch deine Geschichte hören. Du sagtest neulich, es gäbe da einen Fluch aus deiner Kindheit.«

»Den gibt es«, bestätigte Caroline leise. »Aber ich möchte heute nicht darüber reden.«

Olga winkte ab. »Ist schon gut, ich will nicht in dich dringen.«

»Wenn etwas ist«, munterte Sonja die Studentin auf, »rufst du mich einfach an.«

Eine Stunde später war Olga wieder mit Sonja allein und fragte, was genau Sonja vorhabe.

»Wir werden uns auf die Lauer legen, Fotos machen und uns an seine Fersen heften.«

Sonja klang unternehmungslustig und zuversichtlich; viel zu optimistisch, wie Olga fand. Sie sträubte sich dagegen, Carolines Freier zu beobachten, und ihre innere Stimme schrillte *Nein.* Doch sie ahnte, dass sie Sonja nicht aufhalten konnte. Außerdem wollte sie inzwischen selbst mithelfen, Caroline aus ihrer verzwickten Lage zu befreien.

»Bist du dabei?«, fragte Sonja.

»Ja.«

»Gut. Dann werde ich jetzt schauen, ob ich *SummSumm* auf Facebook auf die Schliche komme. Immerhin muss auch bei einem Kunstnamen eine echte E-Mail-Adresse hinterlegt sein.«

»Du willst seinen Account hacken?«

»Jedenfalls will ich es versuchen.« Sonja grinste, gab Olga einen Kuss und verschwand in ihrem Arbeitszimmer.

10

Vorbörslich schoss der Kurs an diesem Dienstag bereits auf 98 Euro. *Loder macht im Hintergrund prima Arbeit*, dachte Roger und rieb sich vergnügt die Hände. Da hatte sich der Banker ein weiteres Schäferstündchen mit Juliette verdient. Wie genau Loder das Interesse von an der Bayerischen Börse aktiven Investoren angefacht hatte, blieb Roger zwar schleierhaft, aber es wäre nicht das erste Mal, dass jemand auf dem Parkett geschickt Insider-Informationen gestreut hätte. Für die Pläne zur Ausweitung des Geschäftsfeldes war das sukzessive Anwachsen des Firmenwertes von *cashpaper* jedenfalls notwendig, und nicht nur das: Auch für die Pläne, gemeinsam mit Alborn in das Geschäft mit virtuellen Kreditkarten einzusteigen, musste *cashpaper* zu einer interessanten Adresse für Geldgeber werden. Mittelfristig gingen Rogers Pläne sowieso noch viel weiter. Er wollte *cashpaper* nicht nur als Finanzdienstleister etablieren, sondern in naher Zukunft auch eine eigene Bank gründen. Was vor einiger Zeit klein angefangen hat, wollte Roger endlich großmachen; richtig groß.

Er rief seine Mutter an und bat sie, für übermorgen noch einmal ein Arrangement mit Juliette einzuplanen.

»Das könnte schwierig werden«, wandte seine Mutter ein.

Roger kannte diese Stimmlage, etwas zu hoch und ein wenig nörgelig. So hörte er seine Mutter ungern sprechen, denn das bedeutete selten etwas Gutes.

»Ich habe dieser Rechtsanwältin zugesagt, dass der Auftrag vom letzten Donnerstag der letzte war mit diesem Kunden.«

»Es ist eine absolute Ausnahmesituation. Biete Juliette einfach das Doppelte an.«

»Darauf wird sie sich kaum einlassen. Söhnchen, ich will keinen Ärger mit dieser Rechtsanwältin, die hat Haare auf den Zähnen.«

»Seit wann kuschst du vor einem Rechtsverdreher?«

»Sprich nicht so mit mir! Mein Geschäft bleibt so sauber wie möglich, ich kann mir weiß Gott keinen Ärger leisten.«

Jetzt war seine Mutter sauer, das behagte Roger überhaupt nicht. »Ach Mama«, flötete er ins Telefon, »wir brauchen Juliette wirklich noch einmal für meinen Freund August. Er leistet super Arbeit. Hast du heute schon unseren Börsenkurs gesehen?«

»Nein.«

»Wir stehen bei 98 Euro. Du bist jetzt Millionärin, Mama!«

»Wie gewonnen, so zerronnen. *BestRosies* ist mein Geschäft, das darf nicht kaputt gehen. Diese Rechtsanwältin rückt mir wegen Juliette zu dicht auf die Pelle.«

»Versuch's wenigstens. Mach Juliette ein Superangebot. Die Nutte braucht das Geld. Wenn die Kohle stimmt, sagt die nicht Nein.«

»Okay,« antwortete sie zögerlich. »Aber nur ein Angebot. Wenn sie Zicken macht, lasse ich ihr ihren Willen. Und du bist mit dem Honorar an der Reihe.«

»Abgemacht«, antwortete Roger und legte auf. Er wollte sich jetzt keine Gedanken über Loders amouröse Abenteuer machen, aber er wollte einen zufriedenen Banker – jedenfalls, bis die Erweiterung der Finanzdienstleistungen in trockenen Tüchern war. Bei doppeltem Honorar würde das magere Luder anbeißen, war Roger überzeugt, schließlich taten die Huren für Geld alles. Das hatte er am Sonntag ausgiebig mit Jessica ausgelebt, der er nicht nur für ihren nächtlichen Einsatz bei Alborn ein fürstliches Honorar gezahlt hatte, sondern auch eine Stange Geld, dass sie ihm den Sonntag versüßte und dabei erzählte, was sie alles aus dem Technikchef der Großbank herausgekitzelt hatte. Das war einiges.

Jetzt machte er sich auf den Weg zum Mittelalterinstitut, denn zum einen wollte er tatsächlich an seiner Dissertation weiterarbeiten, und zum anderen träumte er davon, mit der hübschen Psychologiestudentin einen Kaffeeplausch zu halten. Jede Nacht war er mit dem verschwommenen Bild der schlanken Studentin aufgewacht und hatte sich gewünscht, sie wiederzusehen. Der Wunsch, dieses Geschöpf mit den unschuldigen Rehaugen zu erobern, hatte sich erregend eingenistet und sogar die Lust beeinträchtigt, die Jessica ihm am Sonntag bereitet hatte.

Nach wie vor genoss Roger Jessicas Kunstfertigkeit, doch jede ihrer Bewegungen und Handlungen war kalkuliert, und selbst wenn es zwischen ihr und ihm eine gewisse Wertschätzung gab, ging sie doch nur mit ihm ins Bett, weil er dafür bezahlte.

Roger beschleunigte seine Schritte. Er wollte der Studentin in ihre braunen Augen schauen.

»Darf ich Ihnen wieder die fränkischen Reichsannalen bringen?«, fragte die Studentin am Tresen des Mittelalterinstituts und lächelte Roger schüchtern zu.

Er fand ihr Lächeln umwerfend und brachte keinen Ton heraus, nickte lediglich und wartete, bis sie aus der rückwärtigen Bibliothek den Quartband geholt hatte.

»Danke«, sagte er und ärgerte sich über seine belegte Stimme. »Das ist nett, dass Sie sich gemerkt haben, was ich momentan für meine Dissertation brauche.«

»Das war nicht schwer«, entgegnete sie. »Sie waren bisher der Einzige, der mich in die Cafeteria einladen wollte. So was kann sich eine Psychologiestudentin merken.«

Ihr sitzt der Schalk im Nacken, dachte Roger. Er spürte schon wieder einen Kloß im Hals und musste sich überwinden, rasch zu antworten: »Und wie sieht es heute damit aus?«

»Ich weiß nicht«, wich sie aus. »Ich hätte erst um 13 Uhr Zeit.«

»Da bin ich flexibel, es würde mich sehr freuen«, erwiderte Roger und setzte sein gewinnendstes Lächeln auf.

Das schien zu wirken, denn die Studentin nickte nun zaghaft.

»Also bis dann«, sagte Roger und hob den Daumen. Er nahm den Quartband und betrat den Lesesaal. Er setzte sich in die hinterste Ecke und versuchte, sich auf die Suche nach aussagekräftigen Fundstellen zu konzentrieren. Doch es gelang ihm nicht. Entweder sah er das Gesicht der Bibliotheksaufsicht vor sich, oder seine Gedanken schweiften zu Alborn und den Plänen rund um die virtuelle Kreditkarte ab. Die mangelnde Konzentrationsfähigkeit ärgerte ihn, denn er wollte ernsthaft mit seiner Doktorarbeit vorankommen. Der akademische Titel sollte seine Reputation erhöhen, denn ein Dr. phil. schmückte ohne Zweifel die Visitenkarte.

Diese Verärgerung half tatsächlich. Eineinhalb Stunden lang arbeitete er sich durch die Reichsannalen und identifizierte etliche Einträge, die ihn inhaltlich voranbrachten. Als die Uhr sich unaufhaltsam auf die ominöse 13 zubewegte, überfiel ihn eine unbekannte Nervosität. Was sollte er nachher mit der Studentin reden? Wie könnte er sich für sie interessant machen? Wie viel von seinem Interesse durfte er ihr zeigen? Er hatte schlicht keine Erfahrung darin, mit einer jungen Frau zu flirten, geschweige denn, sie zu erobern.

Von Minute zu Minute wurde er aufgeregter. Seine Verunsicherung wuchs und mit ihr die Angst, eine Abfuhr zu kassieren. Immer mehr schob sich Jessica in den Vordergrund. Sie erfüllte ihm jeden Wunsch. Mit ihr Champagner zu trinken und ins Bett zu gehen, war herrlich unkompliziert. Da ging es nur um ihn, um seine Lust und seine Bedürfnisse. Bei Jessica spürte er keinerlei Verunsicherung. Da durfte er sein, wie er wollte, und er bekam, was er wollte. Oft sogar mehr, denn Jessica war fantasievoll und kreativ, und ihre Reize wirkten auf ihn immer noch so erregend wie am ersten Tag. Kein Wunder, dass er eifersüchtig gewesen war, als sie mit Alborn nach Hause gefahren war.

Vielleicht mache ich einfach auf gestresst, überlegte Roger, *sage das Kaffeetrinken ab und bestelle Jessica zu mir nach Hause.* Der

Gedanke klang verlockend, aber zugleich erregte ihn die Vorstellung, eine junge Studentin zu verführen.

Drei Stunden später fiel Roger mit einem ungestümen Heißhunger über Jessica her. Da war kein Platz für irgendein Vorgeplänkel, nein, er riss ihr beinahe die Kleider vom Leib, warf sie aufs Bett und nahm sich, was er brauchte. Dann rollte er sich zur Seite und vergrub das Gesicht im Kopfkissen.

»Was ist denn mit dir los?« Jessica klang irritiert.

»Lass mich allein«, brummte Roger.

»Ist ja gut. Aber ich muss mir keine Sorgen machen, oder?«

Roger drehte sich um. »Würde dich das interessieren?«

»Natürlich.«

Roger rieb sich die Augen und machte eine Pause, ehe er sich bedankte. »Nein, du musst dir keine Sorgen machen. Geh jetzt bitte.«

Sie nickte, raffte ihr Gewand zusammen und ging ins Bad. Roger hörte, wie sie sich duschte. Offensichtlich ließ sie sich dabei auch noch Zeit. Das ärgerte ihn. Doch er blieb liegen und wartete eine gefühlte Ewigkeit, bis sie die Badezimmertür öffnete und ohne ein weiteres Wort die Wohnung verließ. *Gott sei Dank,* atmete Roger auf und schlurfte seinerseits unter die Dusche.

Er wusste selbst nicht, was mit ihm los war. Der Imbiss in der Cafeteria war kurzweilig verlaufen, und als sich Lisa nach einer Stunde verabschiedet hatte, weil sie in eine Vorlesung musste, hatten sie sich lose zu einem weiteren Treffen verabredet. Für die Details hatte ihm die Studentin ihre Handynummer gegeben. Was konnte er mehr erwarten? Trotzdem war er danach frustriert nach Hause gegangen und hatte noch von unterwegs Jessica angerufen. Roger musste die angestaute Erregung loswerden, die ihn befallen hatte, kaum dass er sich von Lisa verabschiedet hatte. Das Gespräch hatte ihn erregt, obwohl sie ausschließlich über Belangloses geplaudert hatten.

Aber ich kann wohl nicht mit einer Frau sprechen, ohne dabei an Sex zu denken, grübelte Roger und hatte plötzlich einen schalen Geschmack im Mund. Gut, dass Jessica gegangen war, er wollte sie jetzt keinesfalls um sich haben. Zum ersten Mal seit vielen Jahren kam er sich nach dem Sex mit ihr schmutzig vor. Ob es sich bei einer anderen aus *BestRosies* Angebot ähnlich anfühlen würde? Roger trocknete sich ab, setzte sich mit einem Glas Champagner aufs Sofa, lud auf dem Tablet die Homepage von *BestRosies* herunter und scrollte durch die Bildergalerie der Escort-Damen auf der Suche nach einer Frau, die Lisa ähnelte – fand jedoch keine. Zwar kam Roxette mit ihren rotbraunen Haaren und schlanken Figur der Studentin nahe, aber deren abgebrühte Professionalität war meilenweit von Lisas Zartheit entfernt. Roger wusste allzu genau, wie wenig sie sich als kurzzeitiger Ersatz eignete.

Missmutig klappte er das Tablet zu und akzeptierte es, mit seiner Bedürfnisbefriedigung warten zu müssen. Das war wohl etwas, was er lernen musste, wenn er nicht für Sex bezahlte: Verführung brauchte Geduld. Das allerdings war keine Eigenschaft, die Roger auszeichnete. Im Gegenteil: Er wollte Lisa so schnell wie möglich wiedersehen und überlegte, ob er ihr sofort eine Nachricht schicken sollte. Doch der eingehende Anruf seiner Mutter hielt ihn davon ab.

Eine Stunde später stand Roger neben Loder am Tresen des hippen Steakrestaurants und Irish-Pubs. Sie stießen mit ihren eiskalten Guinness auf den jüngsten Geschäftserfolg an. Loder zeigte ungeniert seine Begeisterung darüber, dass Juliette die Verabredung für übermorgen Abend akzeptiert hatte und versprach, die Unterlagen für die Kapitalerhöhung bei *cashpaper* rasch fertig zu machen.

»Noch besser ist«, haute Loder nun auf den Putz, »ich habe einen dicken Fisch an der Angel, der sofort auf das *cashpaper*-

System umsteigen will. Auf jede Transaktion mit *cashpaper* ist er bereit, zweieinhalb Prozent Provision zu zahlen. Was sagen Sie dazu?«

»Auf jede Transaktion?«

Loder nickte stolz. »Da kommt was zusammen. Sie sehen, es lohnt sich, mich als Partner reinzunehmen.«

Roger klopfte dem Banker auf die Schulter. »Wer ist es?«

Anstatt zu antworten, trank Loder von seinem Guinness und schaute Roger fest in die Augen.

Roger lächelte ihn aufmunternd an. Er ahnte schon, auf was Loder hinauswollte: Eine Hand wäscht die andere. *So läuft das Geschäft*, beruhigte sich Roger und überlegte bereits, ob er das seiner Mutter antun konnte.

»Nun«, sagte Loder und stellte sein leeres Glas auf den Tresen, »wie wäre es mit: Name gegen Name?«

Roger grinste in sich hinein. *Das also ist dein absolut wunder Punkt,* triumphierte er innerlich und wiegte dabei bedächtig den Kopf.

»Juliette?«

»Genau«, bekräftigte Loder und orderte ein weiteres Bier.

»Sie gehört meiner Mutter ...« Roger ließ den Satz unvollendet im Raum stehen, klopfte dem Banker ein weiteres Mal auf die Schulter, trank sein Glas leer und bestellte ebenfalls ein zweites Guinness. Es gefiel ihm, den liebestollen Banker zappeln zu lassen. Dabei hatte er bereits entschieden, Juliettes Identität preiszugeben; allerdings nicht hier und heute. Er würde den Preis für Juliette noch ein wenig hochtreiben. Warum sollte nur seine Mutter an den Frauen Geld verdienen?

11

Voller Zuversicht machten sich Olga und Sonja auf den Weg zu dem Edelrestaurant in Münchens Innenstadt. Sie bekamen einen Rundtisch im Bistro im Erdgeschoss, bestellten sich zwei leckere Salate und warteten darauf, dass Caroline mit *August von Gauting* hereinkam. Sonja würde dann einige Fotos mit ihrem Smartphone schießen, bis das ungleiche Paar die Treppen in den ersten Stock hinaufsteigen würde, wo sich das Sternerestaurant befand.

Sie prosteten sich mit einem alkoholfreien Aperitif zu und stießen ein weiteres Mal auf Sonjas Erfolg an, Carolines Freier zumindest halbwegs enttarnt zu haben. Noch wussten sie nicht mit letzter Sicherheit, wer genau sich hinter *August von Gauting* versteckte, doch Sonjas *Sniffer* war bereits darauf angesetzt, auch diese E-Mail-Adresse zu knacken, die bei dem Facebook-Account hinterlegt war, von dem aus Carolines Stalker die Messenger-Nachricht gesendet hatte. Pikanterweise hatte *August von Gauting* von diesem E-Mail-Account aus bis vor wenigen Monaten anzügliche Unterhaltungen mit diversen Frauen geführt, was allein schon Material genug war, um den feinen Herren ein wenig in Bedrängnis bringen zu können. Und obwohl Olga sich mit großem Engagement ihrem Dissertationsthema widmete, war durch Carolines Nöte in ihr wieder etwas von dem alten Kampfgeist für Gerechtigkeit entflammt. Spätestens seit heute Vormittag. Da hatte die Studentin ihr unter Tränen ihre Lebensgeschichte erzählt, hatte stockend von dem jahrelangen Missbrauch erzählt, den sie hatte erdulden müssen.

Das allein hätte genügt, Olga wieder zur Kämpferin für Gerechtigkeit zu machen. Was sie aber am meisten erschütterte, waren die psychischen Spätfolgen, die Caroline mit sich herumtrug. Jetzt verstand Olga, warum die Studentin zwar aus freien

Stücken Escort-Dame geworden war, diese Entscheidung jedoch gleichwohl unter einem gewissen seelischen Zwang getroffen hatte. *Das mit der Freiwilligkeit ist also so eine Sache,* dachte Olga und spürte ihren Widerwillen gegenüber Männern, welche die Dienste von Prostituierten in Anspruch nahmen. Gut, räumte sie zähneknirschend ein, es mochte Männer geben, die nur mit Hilfe von Sexarbeiterinnen zu erotischen Begegnungen kamen. Der eine oder andere Mann war möglicherweise bindungsunfähig und brauchte bezahlten Sex, um überhaupt körperliche Nähe und Intimität zu erleben. Diesen Schicksalen zuliebe wollte sie ihre Ablehnung hintanstellen. Aber nutzten nicht die meisten Männer die Frauen aus, deren Dienste sie in Anspruch nahmen, und das in der Regel heimlich? Ehemänner, die ihre Frauen betrogen, Männer, die ihre Fantasien gegen Geld austobten …

Was sind das in der Regel für Männer, die Sexarbeit in Anspruch nehmen?, fragte sich Olga, während sie mit Sonja darauf wartete, dass Caroline mit ihrem Freier erschien. *Selten Ehrenmänner,* folgerte sie und freute sie sich darauf, *August von Gauting* zu demaskieren.

Schließlich kam Caroline in Begleitung eines adrett gekleideten älteren Herrn durch die Eingangstür. Galant half ihr der Mann aus dem Mantel, als auch schon eine Servicekraft des Lokals erschien und den neuen Gästen die Garderobe abnahm. Sonja schoss unauffällig einige Fotos mit ihrem Smartphone, während *August von Gauting* Caroline seinen Arm reichte, um sie nach oben zu führen.

Olga war der Mann unsympathisch. Sein frettchenhaftes Gesicht war durchzogen von bläulichen Äderchen, die auf übermäßigen Alkoholkonsum hinwiesen. Die unter zu schweren und zu dicken Lidern hervorlugenden Augen wirkten verschlagen und das feiste Doppelkinn gab dem Gesicht den Rest. Außerdem war *August von Gauting* erstaunlich klein und untersetzt. Allerdings wusste der Maßanzug die unvorteilhafte Figur geschickt zu kaschieren. *Das wiederum,* dachte Olga, *spricht für ein dickes Bankkonto.*

Während sich Olga noch Gedanken über Carolines Freier machte, spielte Sonja bereits mit einer Vergrößerung von Augusts Gesicht in der Gesichtserkennungssoftware von Facebook. Aufgeregt stieß sie Olga an: »Schau mal, wir haben drei Treffer!« Sie hielt ihr das Display vor die Nase und wischte darüber. »Ein Psychologe aus Erlangen, ein Rechtsanwalt aus Dortmund und ein Bankdirektor aus Freising. Dreimal darfst du raten, wer unser August ist.«

Olga betrachtete die Fotos der drei Männer. Die Ähnlichkeit mit dem Gesicht von Carolines Freier war bei allen dreien verblüffend. Trotzdem bedurfte es keiner besonderen Fähigkeiten: August Loder, Bankdirektor des Bankhauses Malburgg&Lederer, war ihr Mann.

Sonja tippte auf das Foto und der zugehörige Zeitungsartikel aus dem Jahr 2013 erschien: *Bundesverdienstkreuz für den Kunstmäzen August Loder. Jahrelanges Engagement für die moderne Kunst im Schatten des Dombergs wurde belohnt. Aus der Hand des bayerischen Kunstministers erhielt der Bankier und Kunstmäzen August Loder das Bundesverdienstkreuz am Bande. Die hohe Auszeichnung wurde ihm für die Gründung der Ausstellungsreihe »Europas Moderne« in den Hallen des Bankhauses Malburgg&Lederer sowie dafür verliehen, dass er seine Heimatstadt Freising weit über die Grenzen Bayerns hinaus als eine Wallstatt der modernen Malerei bekannt und sich damit um das Ansehen Deutschlands verdient gemacht hat.* Das Foto zeigte den Banker gemeinsam mit dem Minister und seiner im Rollstuhl sitzenden Frau Irmgard.

»Da haben wir alles, was wir brauchen«, triumphierte Sonja und prostete Olga zu.

»Ob er sich jetzt noch über diesen Artikel freut?«, fragte

Olga hämisch. »Kannst du herausfinden, ob seine Frau noch lebt und was ihr fehlt?«

»Nicht sofort, aber innerhalb weniger Tage auf jeden Fall. Aber selbst wenn unser Bankdirektor Witwer sein sollte, dürfte es seiner Bank nicht gefallen, dass er mit Prostituierten verkehrt. Olga, wir haben ihn am Haken. Caroline muss sich keine Sorgen mehr machen.«

Drei Stunden später kam der Banker mit seiner Escort-Dame am Arm die Treppe herunter, half Caroline gentlemanlike in den Wintermantel, ließ sich vom Service in seinen eigenen Mantel helfen und schritt mit einem satt-zufriedenen Gesichtsausdruck aus dem Restaurant. Sonja gelangen einige perfekte Schnappschüsse mit dem Smartphone, dann folgten sie gemeinsam dem ungleichen Pärchen hinaus in die kalte Winternacht. Olga und Sonja schlenderten gemächlich hinüber zu Münchens international bekanntem Luxushotel. Sonja zog ihre Olympus-Kamera aus der Handtasche und machte sich bereit, das Pärchen mit dem Teleobjektiv beim Betreten des Hotels zu fotografieren, als Loder Caroline die Tür eines Taxis öffnete. Es gab einen kurzen Wortwechsel zwischen Loder und Caroline, dann stieg Caroline ein und Loder setzte sich neben sie.

»Das war nicht ausgemacht«, stieß Olga hervor und schaute Sonja ratlos an.

»Wir müssen hinterher«, raunte Sonja und lief auf den Taxistand zu.

Carolines Taxi fuhr bereits an.

Als Sonja den nächsten Wagen besteigen wollte, hielt sie ein livrierter Hotelangestellter zurück; er öffnete die Tür für einen Hotelgast. Sonja fluchte leise und ging zum Taxi dahinter. »Folgen Sie dem Wagen, der gerade weggefahren ist«, bat sie den Chauffeur, als Olga Platz genommen hatte.

Der Fahrer nickte und fuhr dem Wagen vor ihm nach. Zu spät

bemerkte Olga, dass ihr Taxler dem falschen Wagen folgte. Als sie an der kommenden Kreuzung rechts abgebogen waren, sahen Sonja und Olga das Taxi mit Caroline auf dem Rücksitz links verschwinden. Den beiden war sofort klar: Bis ihr Wagen wenden konnte, war Loder mit Caroline über alle Berge.

»Wir haben es uns anders überlegt«, sprach Sonja den Fahrer mit Frust in der Stimme an und gab ihm ihre Adresse. Sie ließen sich nach Hause fahren.

»Was ist da los? Wie kann es zu so einer Abweichung kommen?«, fragte Olga, während Sonja zwei Flaschen alkoholfreies Bier aus dem Kühlschrank holte.

»Das darfst du mich nicht fragen. Aber nachdem Caroline offensichtlich einverstanden war, scheint es nichts völlig Ungewöhnliches zu sein. Schade um die Fotos, die wir hätten schießen können.«

»Trotzdem – ich mache mir Sorgen.«

»Trink erst mal 'nen Schluck«, beruhigte Sonja sie und setzte sich neben sie auf die Couch.

Olga schüttelte den Kopf. *Da ist etwas faul*, flüsterte ihre innere Stimme, und Olga ahnte, dass sie sich auf diese Stimme verlassen konnte.

Von schwarzen Schlieren durchzogenes Rot raste vor ihren Augen vorbei, sie drehte sich wild um sich selbst und flog dem Abgrund entgegen. Schwarz gähnte dort eine tiefe Spalte im gleißenden Weiß. Sie wollte schreien, doch kein Laut kam über ihre Lippen.

Schweißgebadet und mit zuckenden Beinen erwachte Olga aus dem Alptraum, den sie seit mehr als drei Jahren in regelmäßigen Abständen träumte. Es war die Erinnerung an ihren schweren Sturz beim Klettern am Grand Capucin im Mont-Blanc-Massiv, die sich mit den Erinnerungen an den Tod ihres früheren

Lebensgefährten Marco und ihres Freundes und Privatermittlers Alex vermengte. Und obwohl sie beinahe jede Facette dieses Traums oft genug geträumt hatte, um sie als Traum zu erkennen, jagte ihr dieser Alptraum so viel Angst ein wie in der ersten Nacht. Olga atmete tief durch und nahm die Hand, die ihr Sonja hinstreckte.

»Hast du wieder schlecht geträumt?«, murmelte Sonja schlaftrunken. »Komm Gamserl, kuschel dich an mich.«

Olga rollte sich in Sonjas Arme. Die Nähe und die Wärme taten ihr gut. Während Sonja schnell wieder einschlief, blieb Olga wach und machte sich Sorgen. Wie mochte es Caroline gehen? Wo war der Banker mit ihr hingefahren? War die Studentin in Sicherheit? Würden sie Caroline aus den Fängen dieses Freiers befreien, sie vor diesem Stalker beschützen können? Alles Fragen, auf die Olga keine Antwort fand und die sie sich quälend wieder und wieder stellte, bis es sie nicht mehr im Bett hielt. Sie entzog sich sanft Sonjas Umarmung, schlüpfte aus dem Schlafzimmer, duschte und zog sich an.

Dann setzte sie sich mit einer Tasse Crema im Wohnzimmer auf die Couch und hing ihren Gedanken nach. *Wenn wenigstens Alex noch am Leben wäre*, wünschte sie sich traurig, *er wüsste, wie wir August Loder mit dem Material, das wir haben, in die Schranken weisen könnten.* Sollten sie den Banker mit ihren Erkenntnissen konfrontieren und damit drohen, seine Frau, seinen Arbeitgeber oder gar die Öffentlichkeit zu informieren? Wie würde ein Mann reagieren, wenn er sich in die Ecke gedrängt fühlte und mit dem Rücken zur Wand stand?

Wahrscheinlich stellte sich Sonja die Lösung des Problems zu einfach vor. Olgas innere Stimme mahnte jedenfalls zur Vorsicht. Dabei war sie nun endgültig entschlossen, Caroline zur Seite zu stehen. Immer noch wühlte sie die Lebensbeichte der jungen Studentin auf, die im Alter von zwölf Jahren das erste Mal von ihrem Stiefvater missbraucht worden war.

Begonnen hatte es mit beinahe harmlosen Zärtlichkeiten, die allmählich immer intimer geworden waren, aber eine innere Sehnsucht des Mädchens bedient hatten. Caroline litt unter der Scheidung ihrer Eltern und vermisste ihren leiblichen Vater, der zu allem Unglück zwei Jahre nach der Trennung gestorben war. Zu ihrer Mutter hatte sie von klein auf ein zwiespältiges und distanziertes Verhältnis; da gab es keine Zuwendung und Wärme, viel zu sehr war die Mutter auf sich und ihre Bedürfnisse fixiert. Als Kind konnte sie nicht verstehen, dass die Mutter unter vielen Zwängen und Ängsten litt und immer in den Armen eines Mannes Schutz suchte. Hatte sie einen, vergötterte und umklammerte sie ihn.

Carolines Stiefvater nutzte das auf seine Weise aus, indem er sich dem aufblühenden Mädchen näherte, Caroline mit seiner Aufmerksamkeit und später auch mit Geld beschenkte. Je intimer die Zärtlichkeiten wurden, desto größer war der Geldbetrag, den er ihr danach schenkte. Irgendwann bemerkte die Mutter das verbotene Miteinander von Ehemann und Tochter, aber anstatt Carolines Stiefvater zur Rede zu stellen, schaute sie weg, und als Caroline 14 Jahre alt und zu einer jungen Frau herangewachsen war, wurde es zur Normalität, dass ihr Stiefvater mit ihr schlief und sie dafür mit reichlich Taschengeld belohnte.

»Hierher hast du dich geflüchtet«, riss Sonja Olga aus diesen düsteren Gedanken. »Komm, lass uns Frühstück machen.«

Olga ergriff Sonjas hingestreckte Hand und stand auf. »Okay«, sagte sie, »ich geh Brötchen holen.«

Als Olga vom Bäcker zurückkam, stieß sie an der Haustür beinahe mit Caroline zusammen. Die Studentin trug anstatt des eleganten Kleides vom Abend Jeans und Pullover unter dem dicken Anorak. Ihre Augen waren verschattet.

»Du siehst müde aus«, begrüßte Olga Caroline. »Kommst du mit hoch?«

»Gerne.«

»Wo seid ihr gestern hingefahren?«

»Erzähle ich euch oben«, antwortete Caroline leise.

»Er hat eine Luxussuite in dem neuen Prachtschuppen am Alten Botanischen Garten gemietet. Den ganzen Abend über benahm er sich ausgesucht liebevoll und meinte, als er mir die Taxitür aufhielt, er wolle diese Nacht nicht im Werbegeschenk von *Best-Rosies* verbringen. Die Suite war ein Traum. Auf dem Couchtisch stand ein Sektkühler mit einem fantastischen Champagner. Er schenkte uns ein und stieß mit mir an. Dann eröffnete er mir, dass er mich von jetzt an mit Carol anreden werde, das sei der viel schönere Name«, erzählte Caroline am Frühstückstisch.

Sie tat es stockend. Olga hatte das Gefühl, als täte der Studentin jedes Wort körperlich weh.

»Es sei an der Zeit«, fuhr Caroline fort, »das Versteckspiel zu beenden. Ich solle ihm einfach sagen, wie viel ich im Monat zur Verfügung haben wolle. Er würde mir jeden Wunsch erfüllen, ich würde nicht zu klagen haben. Außerdem würde er vorsorgen, falls ihm etwas zustoßen sollte. Dabei sah er mich die ganze Zeit mit Hundeaugen an und zog schließlich eine kleine Schatulle aus der Jackentasche.«

Caroline legte das unscheinbare blaue Kistchen auf den Tisch und bedeutete Sonja, es zu öffnen.

Sonja tat es und prallte überrascht zurück: In der schlichten Fassung eines puristischen Weißgoldrings steckte ein funkelnder Brillant.

»Der hat an die zwei Karat«, staunte Sonja und stand auf. »Den muss ich mit der Lupe anschauen.«

»Du hast den Ring angenommen?«, fragte Olga fassungslos.

Caroline nickte. »Er hat meine Weigerung nicht akzeptiert. Das sei das Unterpfand für seine Treue und Zuverlässigkeit, hat er gesagt, und mir eine Woche Bedenkzeit eingeräumt.«

Sonja kam mit einer Lupe zurück, betrachtete den reinweißen Diamanten und pfiff durch die Zähne. »Der ist lupenrein und strahlend weiß. Meine Güte, weißt du, was der wert ist?«

»Keine Ahnung«, schüttelte Olga den Kopf.

»3000 Euro?«, riet Caroline.

Sonja lachte. »Mindestens das Zehnfache!«

«Das ist nicht dein Ernst, oder?«, warf Olga ungläubig ein.

»Doch«, bekräftigte Sonja. »So reine Diamanten nimmt man als Kapitalanlage. Ein halbes Gramm ist mehr wert als ein ganzes Kilo Gold.«

»Du musst den Ring sofort zurückgeben«, ereiferte sich Olga, »sonst hast du verloren. Was hat er noch alles gesagt?«

»Nicht viel, aber er hat angedeutet, dass er genau weiß, wer ich bin. Was soll ich tun? Er wird mich nicht in Ruhe lassen.« Jetzt klang Caroline wieder ängstlich und verzweifelt.

Sonja beugte sich vor. »Blöde Frage: Ziehst du in Erwägung, ihn zu deinem *Sugar-Dadd*y zu machen?«

Caroline riss die Augen weit auf. »Nein! Auf keinen Fall!« Sie fing zu schluchzen an. »Er würde mich einsperren. Das halte ich nicht aus.«

Sonja nahm Caroline in den Arm.

Wieder spürte Olga einen kleinen Stich. *Bin ich etwa eifersüchtig?*, fragte sie sich. *Da sollte ich drüberstehen, das Mädchen braucht jetzt Unterstützung und Geborgenheit.*

12

Cathrin starrte auf das Display des Prepaid-Handys: *Burger wie neulich; 10:15. Achten Sie darauf, dass Ihnen niemand folgt.*

Das war die erste Nachricht von Detlev Zönte seit einer Woche. Sie hatte sich schon Sorgen um ihn gemacht und dreimal versucht, ihn über das sichere Handy anzurufen, doch er hatte weder abgehoben noch zurückgerufen.

Cathrin schaute auf die Uhr. Ihr blieben noch eineinhalb Stunden bis zum Treffen. Die wollte sie dazu nutzen, ihre Unterlagen über die Projektgruppe von Dr. Martens so zusammenzustellen, dass Zönte daraus etwas machen konnte. Es war weniger als erhofft, aber mehr als befürchtet. Ob Willibald Martens mit seinem Team an gesetzwidrigen Aktivitäten der Broderschen Privatbank beteiligt war, hatte Cathrin trotz intensiver Recherchen nicht ermitteln können. Trotzdem hatte sie etliche Ungereimtheiten und Nachlässigkeiten gefunden, die einem exzellent besetzten Prüfteam von *CPC* nicht unterlaufen durften. Jetzt war sie neugierig, ob und was Zönte in der letzten Woche herausgefunden hatte.

»Kennen Sie *cashpaper*?«, waren die ersten Worte, die er an sie richtete.

Cathrin schaute den Journalisten verwundert an. Ohne ein persönliches Wort mitten ins Thema hinein, nachdem er seit einer Woche im Untergrund lebte? Cathrin schüttelte unwillkürlich den Kopf und Zönte interpretierte dies als Antwort auf seine Frage.

»Das ist ein kleines Start-up-Unternehmen, das seit einigen Jahren Finanzdienstleistungen erbringt. Bis vor einer Woche flog diese Mini-AG unter dem Radar der Investoren«, berichtete Zönte, machte eine kleine Pause und warf einen Blick auf die

Karte. »Dann ist der Kurs explodiert.« Jetzt blickte er Cathrin erwartungsvoll in die Augen.

Cathrin schwieg.

»Schön, dass Sie gekommen sind«, fand Zönte endlich persönliche Worte und setzte ein schräges Grinsen auf, das seinem hageren Gesicht erstaunlicherweise gut stand.

»Wo haben Sie die ganze Woche gesteckt?«

»Sie werden sich doch keine Sorgen gemacht haben?« Zöntes Frage klang mehr als kokett und wurde von einem zweideutigen Grinsen begleitet.

»Scherzen Sie nicht«, erwiderte Cathrin etwas zu heftig.

Zöntes Grinsen wurde breiter.

»Und versuchen Sie nicht, mich anzubaggern. *No chance for flirting!*«

»Seien Sie nicht so streng mit mir. Immerhin lebe ich seit acht Tagen im Untergrund«, sagte er und zwinkerte mit dem linken Auge.

Cathrin konnte nicht umhin, seine Lässigkeit zu bewundern. Wenige Männer gingen so locker mit einer Abfuhr um. Insgeheim bezweifelte Cathrin allerdings, ob sie ihm überhaupt eine Abfuhr erteilen oder ihn nicht vielmehr ein wenig herausfordern wollte. *Manchmal,* gestand sie sich ein, *sehe ich ihn ganz gern,* und so antwortete sie mit weicher Stimme: »Ja, ich habe mir Sorgen gemacht. Wie geht es Ihnen?«

»Wenn ich wüsste, wer mir nach dem Leben trachtet, ginge es mir besser«, antwortete er mit einem besorgten Gesichtsausdruck und winkte der Bedienung. Die junge Frau nahm ihre Bestellung auf und ließ sie wieder allein. »Aber ich komme mit meinen Recherchen voran, und wenn ich demnächst meinen ersten Artikel lanciert habe, dürfte ich in Sicherheit sein.«

»Wie das?«

»Bei uns wagt es keiner, den Journalisten umzubringen, der mit seinen Enthüllungen bekannt geworden ist. Dann stehe ich sozusagen unter dem Schutz der öffentlichen Wahrnehmung. Solange ich recherchiere und meine Erkenntnisse für mich behalte, so lange bin ich in Gefahr.«

Cathrin betrachtete ihn nachdenklich. Er schien in der letzten Woche noch hagerer geworden zu sein, doch in seinen Augen brannte eine besondere Glut. Cathrin spürte förmlich den Jagdeifer des investigativen Journalisten. Sie war neugierig, was er ihr erzählen würde.

»*Cashpaper*«, griff sie das Stichwort von vorhin auf.

»Ein kleiner Finanzdienstleister, eigentlich nicht mehr als eine Software-Plattform zur Abwicklung von Überweisungen, als völlig unbedeutender Nebenwert an der Münchner Börse notiert – und nur dort. Plötzlich explodiert der Kurs, die Aktie gerät in den Fokus von Investoren. *Cashpaper*-Aktien haben ihren Wert innerhalb einer Woche verzwölffacht. Jetzt raten Sie mal, was das Unternehmen genau macht.«

Cathrin zuckte mit den Achseln. Sie hatte den Namen noch nie gehört und für Börsenspekulationen fehlte ihr die Fantasie.

»*Cashpaper* ist eine verschwiegene Zahlungsplattform für erotische Geschäfte. Anders als früher über gebührenpflichtige Telefonnummern kann ein Kunde beispielsweise die Kosten für einen Live-Chat mit einer erotischen Dame anonym über *cashpaper* begleichen. Der verschlüsselte Zahlungsweg ist absolut diskret und in seinen Kontoauszügen findet der Kunde einen von ihm selbst definierten Verwendungszweck.«

»Verstehe«, bemerkte Cathrin. »Die Porno-Konsumenten verfügen über einen verschwiegenen Zahlungsweg und müssen die Telefonrechnung nicht mehr vor der Ehefrau verstecken. Aber was hat das mit Ihren Recherchen hinsichtlich der Broderschen Privatbank zu tun?«

»Auf den ersten Blick nichts«, erwiderte Zönte und blickte der Bedienung entgegen, welche die Hamburger und die Getränke brachte. Kaum stand das Essen auf dem Tisch, schlang

Zönte ausgehungert den Hamburger in sich hinein und war mit seiner Portion fertig, ehe Cathrin auch nur ein Drittel von ihrem gegessen hatte. Sie schob ihm ihren Teller wortlos hinüber und zwinkerte mit dem rechten Auge.

»Erzählen Sie mal ein bisschen, was Sie in den letzten Tagen in Erfahrung gebracht haben«, nuschelte er und aß weiter.

»Die Prüfgruppe für die Brodersche Privatbank gehört zu den besten Teams, die *CPC* im Einsatz hat. Ihr Leiter, Dr. Willibald Martens, genießt einen exzellenten Ruf. Allein deshalb ist es heikel, hier unter der Hand Erkundigungen einzuholen«, begann Cathrin defensiv. »Und um das Ergebnis vorwegzunehmen: Ich habe keine Gesetzwidrigkeiten entdeckt.«

Zönte schluckte den letzten Bissen des Hamburgers hinunter und nickte. »Das habe ich auch nicht erwartet.«

»Was dann?«

»Ungereimtheiten, Nachlässigkeiten ... Wer seine Spuren verwischt, macht Fehler. Es kommt auf Kleinigkeiten an.«

Innerlich zog Cathrin vor dem Journalisten den Hut. Zönte verstand etwas von dem, was er tat. »Können Sie Gedanken lesen?«

»Warum?«

»Genau das habe ich mir heute Morgen gedacht, als ich diese Mappe für Sie zusammengestellt habe«, erläuterte Cathrin, zog den Schnellhefter aus ihrer Tasche und schob ihn über den Tisch. »Es gibt ein paar Verzeichnisse, die zueinander in Widerspruch stehen und trotzdem nicht beanstandet wurden. Ich habe Ihnen davon Kopien gezogen. Und es gibt ein seltsames Bonussystem bei der Prüfgruppe, das ich nicht aufklären konnte. Außerdem hat der Teamleiter eine geheime Datenbank angelegt, die etwas mit der Broderschen Privatbank zu tun haben dürfte. Insgesamt arbeitet dieses Team sehr abgeschirmt. Es war schwierig, unbemerkt an diese Informationen zu gelangen, und ich weiß noch nicht, was ich davon halten soll.«

Zönte ließ den Schnellhefter in seinem Rucksack verschwinden, wischte sich den Mund ab und versprach, sich die Unterlagen genau anzuschauen. Dann berichtete er von seinen Erkenntnissen.

»Die Brodersche hat in mehreren kleinen Tranchen Anteile an *cashpaper* erworben. Das deutet darauf hin, dass sich die Bank bei dem Finanzdienstleister engagieren will. Vermutlich läuft es auf eine Kooperation hinaus. Ich bin mir ziemlich sicher, dass hier auch mit Insider-Wissen gehandelt wird.«

»Das wäre strafbar«, warf Cathrin ein.

»Lässt sich aber kaum nachweisen. Außerdem ist es nicht das ausschlaggebende Ziel, mit so einem kleinen Investment viel Rendite zu erwirtschaften. Hier geht es um etwas ganz Anderes, und das im großen Stil.«

Wieder machte Zönte eine Pause. Er war offensichtlich erpicht darauf, Spannung zu erzeugen. Cathrin schmunzelte, weil ihm so sehr daran gelegen war, sie zu beeindrucken. Sie überlegte einen Moment, dann tat sie ihm den Gefallen.

»Sie spannen mich auf die Folter. Sagen Sie schon: Um was geht es hier?«

»Geldwäsche«, flüsterte Zönte und trank seinen Kaffee aus.

Cathrin schluckte. Daran hatte sie noch gar nicht gedacht. *Klar,* schoss es ihr durch den Kopf, *damit ließe sich wirklich Reibach machen.* Zugleich würde dies die kriminelle Energie erklären, mit der man einen investigativen Journalisten hindern wollte, über solche Machenschaften zu berichten: Geld wurde fast ausschließlich vom organisierten Verbrechen gewaschen. Cathrin erschrak bei dieser Schlussfolgerung und flüsterte: »Dann ist die Mafia hinter Ihnen her.«

Zönte nickte nachdenklich: »Das befürchte ich auch, die Frage ist nur, welche.«

»Welche Rolle spielt dabei die Brodersche?«

»Die Bank und diverse Finanzdienstleister sind für die Verschleierung der Herkunft des Geldes zuständig. Und hier wird es für *cashpaper* interessant. Ein Finanzdienstleister, der es schafft, die Transaktionen per se intransparent oder gar anonym zu gestalten, passt nicht nur wunderbar ins System, sondern er verkürzt auch den Layering-Prozess.«

»Den was …?«

»Den Vorgang der Verschleierung. Dazu wird das Geld in der Regel mehrfach zwischen verschiedenen Institutionen wie zum Beispiel Schattenbanken oder Investmentgesellschaften in sogenannten Steueroasen hin- und hergeschoben. Je mehr Transaktionen stattfinden, desto schwieriger ist es, die Herkunft des Geldes nachzuvollziehen. Diesen Teilprozess innerhalb des gesamten Geldwäscheprozesses nennen die Fachleute Layering.«

»Respekt, Sie sind im Thema drin.«

»Vielleicht zu tief«, murmelte Zönte nachdenklich. »Jedenfalls bin ich einigen Herrschaften wohl auf die Füße getreten. Glauben Sie nicht, dass ich keine Angst hätte.«

»Sie haben auch allen Grund dazu. Wollen Sie wirklich weitermachen?«

»Es gibt kein Zurück mehr. Im Gegenteil: Ich muss meine Ermittlungen rasch zu einem Ergebnis führen, das ich veröffentlichen kann. Erst dann bin ich sicher.«

Er blickte Cathrin in die Augen, streckte seine Hand nach ihrer aus und sagte: »Danke, dass Sie mir geholfen haben. Ihre Unterlagen werden ein wichtiger Mosaikstein sein. Aber jetzt halten Sie sich von mir fern, ich möchte Sie nicht in Gefahr bringen.«

Cathrin zog ihre Hand nicht zurück und war sogar erstaunt, seine Berührung angenehm zu empfinden. Da sprang gerade ein Funke über zwischen ihm und ihr. In diesem Augenblick begann sie, Detlev Zönte sympathisch zu finden. Unwillkürlich schüttelte sie den Kopf. »Nein«, sagte Cathrin, »jetzt sitze ich mit in Ihrem Boot.«

Zönte drückte ihre Hand und schwieg.

Was geht in seinem Kopf vor?, fragte sich Cathrin, als sie sein sorgenvolles Gesicht betrachtete. Freute er sich nicht über ihre Entscheidung? Wenn die Prüfgruppe von Martens regelwidrige Geschäfte der Broderschen Privatbank deckte, wäre sie am ehesten in der Lage, das aufzudecken. *Ja*, bekräftigte Cathrin, *dann bin ich sogar verpflichtet, es herauszufinden, die Firmenleitung zu informieren und den schlimmsten Imageschaden von* CPC *abzuwenden.*

Zönte ließ ihre Hand los und kratzte sich am Kinn. »Es wird brandgefährlich, überlegen Sie es sich«, bat er sie eindringlich. »Wenn ich wenigstens wüsste, aus welcher Richtung der Angriff auf mich kam.«

»Wer weiß alles von ihren Recherchen?«

»Bei uns in der Redaktion lediglich der Ressortchef und meine Sekretärin. Beide halte ich für zuverlässig. Bei der Broderschen habe ich mit einem Spartenleiter im Investmentbanking über Gewinnoptimierungsstrategien in Niedrigzinsphasen ein Interview geführt. Ich glaube nicht, dass der den Braten gerochen hat, warum ich eigentlich mit ihm gesprochen habe. Im Bankhaus Malburgg&Lederer gibt es einen umtriebigen, um nicht zu sagen geldgierigen Investmentbanking-Abteilungsleiter, dem ich wegen einiger Unstimmigkeiten beim Handel mit Kunstwerken auf die Pelle gerückt bin. Der könnte, wenn ich es mir recht überlege, überrissen haben, dass ich einem Geldwäscheskandal auf der Spur bin. Malburgg&Lederer ist die Hausbank von *cashpaper*; das habe ich erst vor einigen Tagen herausgefunden. Ein besonders schlechtes Gefühl habe ich bei einem gewissen Rudolf Alborn, dem Technikchef einer deutschen Großbank. Mit dem habe ich mich vor einem Monat über die technischen Möglichkeiten des Layering unterhalten. Der war sehr bemüht, meinen Argwohn zu zerstreuen und zeigte sich ungemein kooperativ. Er hat mich nach unserem Gespräch noch dreimal kontaktiert, wollte immer wissen, wie ich mit meinen Nachforschungen vorankomme. Den hätte ich am ehesten in Verdacht, dass er mir nachspioniert. Auf jeden Fall gehe ich davon aus, dass diejenigen, die den Anschlag auf mich durchgeführt haben, meine Unterlagen kennen, zumindest Teile davon.«

»Jedenfalls«, folgerte Cathrin, nachdem Zönte seine Ausführungen beendet hatte, »führt keiner von diesen Kontakten unmittelbar zu *CPC*. Wenn ich bei uns weiter stöbere, kann niemand daraus den Schluss ziehen, ich würde mit Ihnen unter einer Decke stecken.«

Zönte verneinte. »Mit Sicherheit bin ich letzte Woche Dienstag beobachtet worden. Wie sonst hätte der Täter wissen können, wo ich mich aufhalte? Vermutlich hat der Täter das Café im Auge behalten, hat Sie hereinkommen sehen und hat auch meine Rettung beobachtet. Dass Sie bisher nicht behelligt wurden, spricht höchstens dafür, dass innerhalb von *CPC* niemand unmittelbar mit dem Anschlag auf mich in Zusammenhang steht. Wer immer es auf mich abgesehen hat, dem sein Augenmerk liegt seit zehn Tagen auch auf Ihnen. Glauben Sie mir, es wird gefährlich.«

»Was wissen Sie wirklich?«, fragte Cathrin und rief sich Göntes Notizen auf seinem Tablet in Erinnerung.

»Bei der Großbank bin ich mir inzwischen sicher, dass sie ihren Meldepflichten nach dem Geldwäschegesetz unvollständig nachkommt, insbesondere, was gewisse Zahlungsflüsse mit der Broderschen angeht. Die Brodersche wiederum versteckt Millionenbeträge in Steueroasen und bläht mit dem Segen der Wirtschaftsprüfer ihre Bilanz auf. August Loder vom Bankhaus Malburgg&Lederer wiederum ist in zwielichtige Geschäfte mit moderner Kunst verstrickt und betreibt Insiderhandel mit den Papieren von *cashpaper*. Mir fehlen nur noch wenige Puzzleteile, dann kann ich darstellen, wie alles miteinander zusammenhängt. Leider tappe ich hinsichtlich der Hintermänner im Dunkeln.

Allerdings befürchte ich, dass ich es mit gut organisierten Strukturen zu tun habe.«

»Wenn die Prüfgruppe von *CPC* mitmischt«, folgerte Cathrin, »habe ich eine Chance, etwas zu den Hintermännern herauszufinden. Die Datenbank, die ich erwähnte, könnte wichtige Hinweise enthalten. Noch habe ich es nicht gewagt, mir diese Daten genau anzuschauen, aber ich habe schon eine Idee, wie ich mir Einblick verschaffen könnte.«

»Nämlich?«

Cathrin schüttelte den Kopf. »Besser, wenn Sie nicht alles wissen – nicht jetzt. Lassen Sie mich machen und schauen Sie zunächst, ob Sie mit meinen Materialien etwas anfangen können.«

»Sie sind wirklich mutig«, nickte Zönte anerkennend. »Wir bleiben in Kontakt.« Mit diesen Worten stand er auf und verließ das Restaurant.

13

Zarte Nebelwölkchen verließen Olgas Lippen bei jedem Ausatmen in klirrender Kälte, während ihre Füße in gleichmäßigem Rhythmus die angefellten Skier den schmalen Waldweg nach oben schoben. Noch lag das tief eingeschnittene Tal im Schatten, aber über ihnen versprach ein hellblauer Himmel einen perfekten Skitag. Es war ihre letzte Skitour hier in Davos, morgen würden Olga und Sonja zurück nach München fahren und wieder in den Alltag eintauchen, der seit einigen Wochen gar nicht so alltäglich war. Dabei lag das weniger an den zunehmend beunruhigenden Nachrichten über das in China mit brutalen Folgen ausgebrochene neue Virus als vielmehr daran, dass Caroline seit zwei Wochen in Olgas alter Wohnung wohnte, und Olga und Sonja in eine verschrobene *Pretty-Woman-Geschichte* verstrickt waren. Vorgestern hatten sie die letzte Nachricht von Caroline erhalten, da war sie guter Dinge gewesen, doch seitdem hatte sie sich nicht mehr gemeldet.

Heute läuft ihre Bedenkzeit ab, erinnerte sich Olga und setzte nachdenklich Schritt für Schritt in den pulvrigen Schnee. Wie würde sich Caroline entscheiden? Mit dem Herzen gegen den Banker, der sie für sich haben, der sie besitzen wollte? Oder aus einer bitteren Vernunft heraus dafür, die bezahlte Geliebte ihres bisherigen Freiers zu werden? *Entscheidet sie sich für sich selbst oder für ihren pflegebedürftigen Vater?,* rätselte Olga und suchte nach einem Ausweg für Caroline.

»Ob wir diesen Loder mit den Fotos, die wir besitzen, wirklich unter Druck setzen können?«, fragte Olga und blieb kurz stehen.

»Geht dir unser Mädchen auch nicht aus dem Kopf?«, stellte Sonja schwer atmend eine Gegenfrage.

»Nein. Ich weiß gar nicht, wie ich mich entscheiden würde. Vermutlich gegen den *Sugar-Daddy.*«

»Also weiterhin Escort-Service?« Sonja ging an Olga vorbei, um im 20 Zentimeter tiefen Neuschnee das Spuren zu übernehmen.

»Damit komme ich auch nicht ganz klar. Das Metier ist mir suspekt, aber immerhin würde sie sich für sich selbst entscheiden, wenn sie dem Banker einen Korb gibt.«

»Ob wir das gutheißen oder nicht: Prostitution ist zutiefst menschlich, man wird die käufliche Liebe nicht ausrotten können. Und ja, ich würde mich auch gegen Loder entscheiden.«

»Was mich am meisten erschüttert, ist Carolines persönlicher innerer Zwang.«

»Ja, das hat etwas Tragisches«, bestätigte Sonja und beschleunigte ihre Schritte.

»Abgründe sind das«, fuhr Olga fort. »Und es zeigt die Grenzen der Freiwilligkeit. Man müsste, wie es die Schweden tun, den Frauen jede erdenkliche Hilfe zukommen lassen, aus diesem Gewerbe auszusteigen.«

»Ich fürchte, da bist du naiv. Außerdem«, bemerkte Sonja kurzatmig, »sollten wir in Erwägung ziehen, dass es durchaus Frauen gibt, die so viel Spaß am Sex mit Männern haben, dass sie die Sexarbeit freiwillig zu ihrem Beruf machen.«

»Ich weiß nicht«, entgegnete Olga. »Wahrscheinlich hast du bei einer kleinen Minderheit recht. Aber die Mehrzahl der Prostituierten ... Arbeiten die wirklich freiwillig und selbstbestimmt?«

»Tja«, zuckte Sonja die Schultern, »mit der echten Freiwilligkeit und Selbstbestimmung ist es so eine Sache. Das gilt doch für viele Tätigkeiten. Und kommt nicht erst das Fressen und dann die Moral? Außerdem wäre es gescheiter, die Frauen zu schützen und ihnen einen sicheren Raum zu geben, in dem sie ihrer Arbeit nachgehen können. Es bringt doch nichts, die Prostitution zu kriminalisieren.«

»Vielleicht hast du recht«, gestand Olga halbherzig ein.

Sie schwiegen die nächste Viertelstunde, bis sie aus dem Wald heraustraten auf die weite Almfläche, die tiefverschneit in der Sonne lag. Das Hochtal beschrieb entlang einer schwarzen Felsmauer eine langgestreckte Sichel bis hinauf zu dem Gipfel, den sie sich zum Ziel gesetzt hatten und dessen steiler Nordhang berühmt für seinen *Powder* und berüchtigt für seine Lawinengefahr war. Die gleißende Schneefläche lag unberührt, versprach puren Genuss für die Abfahrt und schweißtreibende Spurarbeit im Aufstieg. Olga und Sonja bleiben überwältigt stehen, holten die Thermoskannen aus ihren Rucksäcken und tranken eine Tasse heißen Tee.

»Wir können ihn packen.« Sonjas Worte kamen unvermittelt und rissen Olga aus der Betrachtung des Schneeparadieses vor ihnen. »Er wird weder seine Frau mit den Fotos konfrontiert sehen wollen, noch dürfte er daran interessiert sein, dass die Freisinger Kunstszene von seinen regelmäßigen Treffen mit einer Hure erfährt. Selbst seinen Arbeitgeber sollte so eine Enthüllung nicht kalt lassen, schließlich ist ein Banker, der sich mit Prostituiertenkontakten erpressbar macht, nicht mehr ganz vertrauenswürdig.«

»Hm«, brummte Olga und verstaute ihre Teekanne im Rucksack. »Für die bürgerlichen Kreise, in denen Loder verkehrt, dürfte das tatsächlich zutreffen. Wenn wir ihm drohen …« Olga hielt inne.

»Ja?«, bohrte Sonja nach.

»Wir wollen ja, dass er Caroline in Ruhe lässt. Das hat was von Erpressung, wenn wir ihm drohen. Damit machen wir uns strafbar.«

»Ist das nicht Notwehr?«

»Fürchte nein«, schüttelte Olga den Kopf und legte eine elegante Spur in den Tiefschnee. Sonja folgte ihr.

Es ist eine besondere Kunst, bei Neuschnee in kupiertem Gelände mit den Tourenskiern eine sichere Spur für den Aufstieg zu legen. Das fordert die ganze Aufmerksamkeit der Skibergsteigerin, und der gleichmäßige Rhythmus des Ansteigens tut ein Übriges, den Kopf von in diesem Augenblick überflüssigen Gedanken zu befreien. So stiegen Olga und Sonja wortlos und auf das Wesentliche konzentriert immer weiter den sich aufsteilenden Hang hinauf, über Rippen und Kuppen den sichersten Weg dem Gipfel entgegen, den sie schließlich über einen schmalen Firngrat erreichten. Sie schüttelten sich die Hände, gaben sich einen Kuss und genossen die grandiose Rundumsicht auf all die Dreitausender ringsum.

»Wir werden Loder unsere Fotos zeigen und ihm gewisse Konsequenzen erklären müssen«, setzte Sonja den unterbrochenen Dialog fort. »Wir fordern ja nichts von ihm. Geht das?«

Olga lachte. »Du bist mir vielleicht eine Winkeladvokatin.«

»Wieso?«

»Er wird sich unter Druck gesetzt fühlen und genau wissen, was wir wollen. Das nennen wir Juristen Nötigung.«

»Immer diese Juristen«, maulte Sonja augenzwinkernd.

»Besser wäre es, Caroline schüttelt den Typen mit legalen Mitteln ab.«

»Du hast selbst gesagt«, widersprach Sonja, »dass sie nicht genug in der Hand hat, um die Polizei zu Hilfe zu rufen. Und wer, bitte, unterstützt Caroline, bevor irgendwas Schlimmes geschieht?«

»Am besten wär's, sie könnte einen anderen Job finden, der genug fürs Pflegheim ihres Vaters abwirft.«

»So einen Job gibt es nicht. Du hast doch gehört, wie hoch ihre Honorare bei *BestRosies* sind«, winkte Sonja ab. »Wir knöpfen uns den Banker vor und Caroline macht bei *BestRosies* weiter, bis sie ihr Studium abgeschlossen hat.«

»Mal schauen«, sagte Olga und zog die Felle von ihren Skiern. Sie stellten die Bindungen auf Abfahrtsposition, tranken einen letzten Schluck Tee, schulterten die Rucksäcke und fuhren mit

Sicherheitsabstand in den Steilhang ein. Die Schneedecke erwies sich als stabil. Zwei, drei kurze Schwünge, dann nahm Olga Fahrt auf und zog ihre Schwünge den Hang hinunter: Pulverschnee vom Feinsten!

Sonja folgte mit gekonnten Schwüngen, und als der Hang flacher wurde, zogen sie ihre Schwünge parallel in den traumhaften Schnee, bis sie außer Atem an den Almhütten ankamen. Nach kurzer Pause ließen sie die Skier über den Waldweg gleiten und erreichten schließlich das kleine Dorf, von dem ihre Tour frühmorgens ihren Ausgang genommen hatte. Auf der Terrasse des urigen Gasthofs genossen sie die Sonne und bestellten Kaffee und Kuchen. Olga checkte ihre Nachrichten: nichts von Caroline. Jetzt waren die Sorgen wieder da.

Olga wählte Carolines Nummer. Die Mailbox sprang an.

»Caroline, hier ist Olga, wie geht es dir? Melde dich doch bei uns.«

Sprach's, unterbrach die Verbindung und schaute Sonja fragend an.

Die zuckte mit den Achseln und stach ihre Kuchengabel in die leckere Käsesahne. »Wir können jetzt nichts unternehmen«, nuschelte sie. »Oh, ist der lecker.«

»Trotzdem habe ich keine Ruhe«, erwiderte Olga.

»Gut, dann fahren wir heute noch heim und schauen nach, was los ist.«

In München angekommen, fuhren sie zuerst zu Olgas Wohnung. Nachdem auf ihr Klingeln niemand öffnete, schloss Olga die Tür auf und trat mit Sonja ein. Caroline war nicht da, ihre Sachen waren verschwunden.

»Sie ist ausgezogen«, stellte Sonja fest. »Sie hätte uns schon Bescheid geben können.«

Olga nickte und kontrollierte das Badezimmer. Ob Zahnbürste oder Schminkutensilien, nichts, was Caroline gehörte, fand sich noch im Spiegelschrank oder auf der Ablage. Die kleine Küche war blitzblank geputzt, der Kühlschrank stand abgetaut mit offener Tür, der Mülleimer war leer. Im Schlafzimmer waren die Betten abgezogen, die Bettwäsche lag fein säuberlich gebügelt im Schrank. Alles deutete darauf hin, dass die Studentin die Wohnung geplant verlassen hatte.

»Sie hat perfekt aufgeräumt. Wer das tut, ist freiwillig ausgezogen. Aber warum hat sie sich nicht gemeldet?«, fragte Olga irritiert.

»Das weiß ich auch nicht«, erwiderte Sonja kopfschüttelnd.

»Irgendetwas ist hier faul.«

»Komm, fahren wir zu Carolines Wohnung. Vielleicht treffen wir sie dort an.«

Doch auch diese Nachschau blieb erfolglos, und als sie kurz vor Mitternacht erschöpft auf das Sofa in Sonjas Wohnzimmer sanken, wussten sie weder, was sie von der Sache halten, noch, ob sie etwas unternehmen sollten.

»Das hat jetzt keinen Sinn«, beschloss Olga schließlich. »Caroline ist erwachsen, kann tun und lassen, was sie will. Mal schauen, ob sie am Montag ins Seminar kommt.«

»Du hast recht«, gähnte Sonja. »Lass uns ins Bett gehen.«

Olga fiel und fiel einer weißen Gletscherfläche entgegen, in der ein schwarzer Schlund klaffte. Je näher die tiefe Spalte kam, desto langsamer stürzte sie hinab, und während sie eintauchte in die dunkle Kluft, nahm sie die Schichten von Blau und Grau im ewigen Eis ebenso wahr wie die Eiszapfen, die von den Rändern herunterhingen. Beinahe sanft kam sie unten an, verkeilte sich mit den Beinen im sich verjüngenden Riss, wurde von den Eismassen eingeklemmt und bekam Atemnot.

Plötzlich rauschte Wasser heran, umströmte ihre Beine, ihre Hüften, den Bauch, die Brust und stieg ihr unaufhörlich den Hals hinauf. Sie strampelte vergeblich. Schon hatte das Wasser ihre

Lippen erreicht. Verzweifelt schnappte sie ein letztes Mal nach Luft, dann schlug das Wasser über ihrem Kopf zusammen – und mit einem gurgelnden Schrei schreckte Olga aus dem Bett.

Sonja fuhr hoch und umarmte Olga in einem beinahe schon eingeübten Reflex, denn in quälender Regelmäßigkeit suchten die Albträume Olga heim. Diesmal allerdings hatte der Traum vom Aus-der-Wand-Fallen eine andere, eine neue Wendung genommen.

Olga rieb sich die Augen und versuchte, ruhig zu atmen. Sonjas Nähe half ihr, die zitternde Angst abzuschütteln. Sie legten sich wieder hin und kuschelten in Löffelstellung aneinander, doch Olga konnte die Beklemmung des Traumes nicht abschütteln. Während Sonja rasch wieder gleichmäßig atmete und weiterschlief, raste Olgas Puls wie auf dem Crosstrainer unter hoher Belastung. Abwechselnd tauchten die Gesichter von Marco, Alex und Caroline vor ihr auf, und gerade diese Kombination ließ ihre Sorge um die Studentin von Minute zu Minute wachsen.

Marco war vor rund drei Jahren bei einem Kletterunfall gestorben, Alex vor fünf Monaten vom Fauststoß eines brutalen Jugendlichen tödlich eine Treppe hinabgestürzt; was für ein Schicksal erwartete Caroline?

14

Nicht nur der inzwischen bei über 150 Euro angelangte Börsenkurs bewirkte ein beispielloses Stimmungshoch bei Roger. Seit einigen Tagen flossen die Provisionen von der Broderschen Privatbank und füllten das Konto von *cashpaper*; binnen kurzem waren bereits mehr als drei Millionen Euro eingegangen – eine cashcow ohnegleichen! Auch sein Privatleben hellte sein Gemüt auf; heute würde er Lisa wieder treffen, und da sollte es nicht bei einem harmlosen Flirt im Unicafé bleiben, nein, heute war Verführung angesagt!

Roger sprang vergnügt aus dem Bett und verzichtete entgegen seiner sonstigen Gewohnheit darauf, den Fernseher einzuschalten. Heute wollte er sich nicht von schlechten Nachrichten im Morgenmagazin die Laune verderben lassen. Außerdem hielt er die Meldungen über dieses chinesische Virus für typische Panikmache der Medien, die stets auf *bad news* aus waren und alles skandalisierten. Dass der leibhaftige deutsche Gesundheitsminister auch schon verkündet hatte, die Pandemie sei in Europa angekommen, schien ihm typisch für den Medienhunger ehrgeiziger Politiker.

Stattdessen wusch er sich pfeifend die Haare, parfümierte seinen Bart und kleidete sich lässig, um von seinem Businessbreakfast mit Alborn gleich in das Mittelalterinstitut gehen zu können.

»Sie machen wohl wieder auf Promotionsstudent«, begrüßte ihn der Banker in dem schicken Café am Münchner Hofgarten mit einem Augenzwinkern.

»Ertappt«, sagte Roger und ließ sich nicht anmerken, wie sehr ihn Alborns Überheblichkeit nervte. *Irgendwann zahle ich es dir heim*, dachte er insgeheim und amüsierte sich bei dem Gedanken, wie er den Banker bloßstellen konnte. Für das, was er über seinen Türöffner zum Geschäft mit den virtuellen Kreditkarten wusste, war er Jessica äußerst dankbar, und er war überzeugt, dieses Wissen in der Zukunft entweder gewinnbringend oder für die eigene Genugtuung einsetzen zu können.

»Sie haben sich ein interessantes Thema mit der Hofbibliothek Karls des Großen ausgesucht«, fuhr Alborn fort, während er die Frühstücksangebote überflog und sich für ein *Italian Breakfast* entschied. »Es bleibt nach wie vor ein großes Rätsel, wohin all die Bücher verschwunden sind, nachdem er testamentarisch verfügt hat, man solle sie verkaufen und den Erlös unter die Armen verteilen. Werden Sie dieses Rätsel lösen?«

»Sollte nicht manches Rätsel unter Denkmalschutz gestellt werden?«, erwiderte Roger und entschied sich für ein schmuckloses Frühstück mit Brötchen und Marmelade.

Alborn lachte schallend. »Da haben Sie recht, vor allem natürlich in Ihrer Branche.«

»Das Bankgeheimnis ist für einen Finanzdienstleister ein hohes Gut«, pflichtete Roger ihm bei und ignorierte auch hier die Zweideutigkeit. Allerdings bestärkte die darin enthaltene Gemeinheit Roger in seinem Vorsatz, es Alborn eines Tages doppelt und dreifach heimzuzahlen. Jetzt brauchte er den Banker noch. Sie standen unmittelbar vor der Einführung der *cashpaper*-Kreditkarte, und nur, wenn Alborn tatkräftig mithalf, konnte diese erfolgreich am Markt platziert werden.

»Jetzt lassen Sie uns erst mal das Frühstück genießen«, winkte Alborn das geschäftliche Thema ab. »Wie geht es Ihrer Freundin Jessica? Leider hat sie sich nicht mehr bei mir gemeldet.«

»Haben Sie sich nicht ihre Nummer geben lassen?«

»Wo denken Sie hin? Am Ende denkt sie, ich würde aufdringlich werden. Nein, ich habe mir schon vor vielen Jahren die Philosophie zugelegt, die Frauen kommen zu lassen. Dann sieht man weiter. Wenn sie sich nicht melden, war's zumindest ein guter One-Night-Stand.«

»Dann sollten Sie nicht bei mir nachfragen«, tadelte Roger den Banker ironisch und biss in sein Marmeladenbrot. »Und um ehrlich zu sein: Ich habe sie seitdem nicht mehr gesprochen. Wir sind nicht so speziell, wie Sie vielleicht dachten. Sie ist eher eine beiläufige Bekannte.«

»Nicht so wichtig, war nur …« Alborn ließ den Satz unvollendet und widmete sich seiner Mortadella.

»Bei mir liegt der Schwerpunkt eindeutig auf der Nachhaltigkeit«, setzte Roger das Gespräch süffisant fort. »Eintagsfliegen liegen mir nicht, vor allem geschäftlich. Wie sehen Sie das?«

»Sie sind ungeduldig, lieber Risse! Aber okay: Wir sind auf einem guten Weg. Mein Vorstand hat grundsätzlich zugestimmt, dass wir Ihre Kreditkarte betreuen. Allerdings gibt es im Detail noch ein paar Modalitäten zu regeln. Dazu müssen Sie demnächst mit unserem Vertriebsleiter persönlich sprechen.«

»Was heißt das genau?«

»Nun ja, das Übliche: Sicherheiten und Provisionen. Schließlich drehen Sie da rasch ein großes Rad.«

»Wie hoch soll ich einsteigen?«

Alborn verschluckte sich an seinem Cappuccino. *Die Frage ist dem Kerl wohl zu direkt*, grinste Roger in sich hinein. Er wartete geduldig, bis sich der Banker den Mund abgewischt hatte, dann hob er dezent die rechte Augenbraue an.

Alborn verstand die Aufforderung. »Bieten Sie ihm die Hälfte an«, entgegnete er zögerlich.

Na also, dachte Roger, *ihr seid doch alle bestechlich.* Er nickte, der Vertriebsleiter würde von ihm ein Viertel dessen bekommen, was er Alborn unter der Hand zusteckte. Das musste sein – und das würde reichen.

Sie empfing ihn mit strahlenden Augen. Die Unschuld, die in ihrem Blick lag, fesselte Roger sofort wieder. Zudem stellte er erfreut fest, dass sich Lisa heute besonders schick angezogen und sogar geschminkt hatte.

»Du scheinst Freude an deinem Job zu haben«, grüßte er sie unverfänglich.

»Wenn ich dir wieder ein paar Reichsannalen herauslegen darf«, krächzte die Studentin, »auf jeden Fall.«

»Oje, bist du erkältet?«

»Nicht so schlimm, wir können nachher trotzdem essen gehen. Wie neulich?«

»Bitte.«

Sie stand auf, verschwand nach hinten und kam bald darauf mit dem Gewünschten zurück. Als sie Roger die Bücher gab, berührten ihre Finger deutlich länger als notwendig seine Hand, und ihre braunen Augen glänzten.

»Gute Besserung, bis später«, flüsterte Roger und ging hinüber in den Lesesaal. Noch weniger als die letzten Male gelang es ihm, sich auf seine Lektüre zu konzentrieren, zu sehr schweiften seine Gedanken aus dem Lesesaal hinaus zu dem Tresen, hinter dem Lisa mit ihren unschuldigen Rehaugen saß. Bisher war sie stets betont leger in einen Pullover gekleidet gewesen, heute erschien sie in einer adretten weißen Bluse wie eigens für ihn und ihre Verabredung herausgeputzt. Würde sie, wie von ihm heute Morgen erhofft, zu mehr in der Lage sein als lediglich einem netten Mittagsflirt?

Diese Frage begann Roger zu verunsichern. Er war es nicht gewohnt, sich Gedanken darüber zu machen, wie eine Frau sich den Fortgang eines Essens vorstellte, denn wenn Roger mit den Escort-Damen von *BestRosies* essen ging, war der Sex danach selbstverständlich. Wofür bezahlte man die Frauen schließlich? Und war nicht alles käuflich? Auch ein Alborn und dessen Vertriebsleiter? Geld war seit seiner Erfindung das Schmiermittel der Welt – *pecunia non olet* erwies sich durch die Jahrhunderte als besonders nachhaltige Weisheit der Römer. Selbstverständlich war den Römern Sex gegen einige Kupferstücke wohlfeil, allein im antiken Pompei lassen sich rund 40 Räumlichkeiten nachweisen, in denen Prostitution betrieben wurde, darunter mit dem *Lupanar des Africanus* ein wahrhaftiges Bordell.

Betrachtete man allein die Vielfalt der Bezeichnungen für die Prostituierten, schweiften Rogers Gedanken weiter ab und memorierten *scortum, lupa, noctiluca, bustuaria, meretrix* und *circulatrix,* wurde deutlich, wie selbstverständlich es den Römern gewesen war, für die Befriedigung ihrer Lust zu zahlen. *Ebenso selbstverständlich wie mir?,* fragte sich Roger. Von klein auf kannte er es nicht anders, jedenfalls, nachdem er verstanden hatte, wie seine Mutter ihr Geld verdiente.

Er war knapp zehn Jahre alt gewesen, als ihm die Augen aufgingen, was die vielen Männerbesuche bedeuteten, die seine Mutter erhielt, und nachdem er mit ungefähr zwölf Jahren Bekanntschaft mit seiner eigenen körperlichen Lust gemacht hatte, konnte er die Männer sogar verstehen, die Mutter abends abholten und später nach Hause begleiteten und über Nacht blieben.

Auch die Rolle von Johannes enträtselte sich Roger im Alter von rund zwölf Jahren als die eines besonderen Beschützers, weshalb Johannes auch einen Bullterrier hielt. Es gab eben keinen Zuhälter, der nicht auf die eine oder andere Art bewaffnet war. Ironie des Schicksals, erinnerte sich Roger und schlug die Reichsannalen zu, dass dieser Bullterrier mitverantwortlich dafür gewesen war, dass er selbst nur noch die Dienste der *Best-Rosies*-Damen in Anspruch nahm und jetzt völlig nervös war, weil er heute Mittag eine unbefangene hübsche Studentin verführen wollte.

Natürlich will sie sich verführen lassen, sprach er sich Mut zu, *sonst hätte sie sich heute nicht hübsch gemacht.* Mutter hatte sich damals auch stets aufgehübscht, wenn sie eine Verabredung mit einem Freier gehabt hatte. Roger schüttelte über sich selbst den Kopf, dass er trotz seiner 36 Jahre keinerlei Erfahrung mit Frauen hatte, die man nicht kaufen konnte, und er nun gerade davon erregt wurde, dass unüberschaubare Komplikationen auf ihn zukommen konnten. War es nicht immer so gewesen, dass er keine Lust hatte, sich auf die Frauen einzulassen, mit denen er ins Bett stieg? *Warum will ich jetzt, wo sich mein größter geschäftlicher Erfolg anbahnt, den unbequemen Weg gehen? Weil du es jetzt kannst*, sagte er sich, *und weil du endlich spüren willst, wie es ist, eine Frau zu erobern.* Roger wunderte sich ein wenig über diese Erkenntnis, aber er glaubte daran – und das machte ihm Mut.

Weil er sich sowieso nicht mehr auf seine Quelleneditionen konzentrieren konnte, checkte er seine E-Mails und stellte verärgert fest, dass Loder zum wiederholten Mal über Probleme mit Juliette klagte. *Wann, zum Teufel nochmal,* fluchte Roger, *hört diese Hure auf, Mucken zu machen?*

Er schrieb dem Banker, dass er sich um Juliette kümmern werde, und bat ihn um ein wenig Geduld. Jetzt war nicht der Augenblick, um eine störrische Nutte aufs Gleis zu setzen, außerdem konnte er allmählich auf Loders Dienste verzichten. Die Gründung der Tochtergesellschaft war so gut wie unter Dach und Fach, alle Papiere lagen beim Notar. Seit einigen Tagen war die Entstehung der *cashpaper*-Bank ein Selbstläufer. *Vielleicht brauche ich Loder bald gar nicht mehr*, dachte Roger und überlegte, wie er dem Banker dessen Viertel Gesellschaftsanteil abspenstig machen könnte. Noch hatte er keinen Plan, und bis er einen hatte, musste er Loder mit guten Diensten durch die widerspenstige Juliette bei Laune halten.

Sie hatte ihm zum Abschied einen Kuss gegeben. Scheu und ungeschickt zwar, dafür von erfrischender Ehrlichkeit, hatte ihr Kuss in Roger das Begehren weiter gesteigert. Voller Vorfreude auf das abendliche Date mit Lisa fuhr Roger nun mit der U-Bahn nach Garching, wo sich die Büroräume und die Server von *cashpaper* befanden. Er hatte einiges mit seinem Kumpel

Michael zu besprechen. Auf der Fahrt scrollte er durch die neuesten Nachrichten und las mit einem gewissen Unbehagen, dass sich das neuartige Coronavirus in Italien ausbreitete und dort zehn Orte unter Quarantäne gestellt wurden, was das öffentliche Leben in diesen Kommunen weitgehend lahmlegte. In Venedig wurde der weltberühmte Karneval abgesagt. *Bahnt sich hier eine Katastrophe an?*, fragte sich Roger, *oder machen die Medien, wie so oft, unnötig Panik? Was*, überlegte er, *wenn tatsächlich eine Krankheitswelle kommt; hat das Auswirkungen auf meine Geschäftspläne?* Ehe er nervös werden konnte, beruhigte er sich mit dem Gedanken, dass die Geschäfte von *cashpaper* elektronisch und überwiegend im virtuellen Raum stattfanden. Wenn er Angst vor einem Virus haben musste, dann vor einem Computervirus. Roger lachte und steckte sein Handy wieder in die Schutzhülle.

Auf der Rückfahrt von Garching in die Stadt meldete sich Roger erneut bei Loder und ließ sich schildern, welche Probleme es mit Juliette gab. Er gab Loder den Rat, sich mit Juliette zu arrangieren; er werde momentan von einer Disziplinierung der jungen Dame absehen. Nach einigem Lamento akzeptierte der Banker Rogers Entschluss und versprach, trotzdem an der Gründung der neuen Aktiengesellschaft weiterzuarbeiten. *Das will ich dir auch geraten haben*, grummelte Roger vor sich hin, denn mit einer eigenen *cashpaper*-Bank würde es erst richtig in der Kasse klingeln. Wenn sie ihre diskreten Zahlungswege ausbauten, würden manch interessante Kunden nicht nur den *cashpaper*-Service für die Transaktionen in Anspruch nehmen, sondern sich womöglich vollumfänglich betreuen lassen. *Warum soll ich nicht das Geschäft machen, das momentan noch die Brodersche Privatbank abgreift?*, ermutigte sich Roger. Er war nicht dumm und ahnte durchaus, welche Klientel hinter den Geschäften steckte, die zu diesen umfangreichen Provisionszahlungen führten. Aber er war im Rotlichtmilieu groß geworden, da hatte er auch zu anderen Branchen keine Berührungsängste. *Pecunia non olet, ich mache bald mit den entscheidenden Leuten Geschäfte,* klopfte er sich insgeheim auf die Schulter. Schließlich musste er nicht genau wissen, wer hinter den Transaktionen steckte, die mindestens dem Zweck dienten, die Herkunft der Gelder zu verschleiern. *Was ich nicht weiß,* frohlockte Roger, *macht mich nicht heiß. Hauptsache, die Kohle kommt rein.* Roger geriet in Hochstimmung bei der Aussicht, richtig reich zu werden. Dann würde er sich nicht mehr um Loders amouröse Abenteuer kümmern müssen, in Sachen Liebe ging es dann nur noch um ihn. Und Lisa.

Mit Bedacht hatte Roger für das erste abendliche Date mit Lisa die Grillbar ausgesucht. Auf einem Bildschirm an der Wand lief ein gemütliches Kaminfeuer in einer abwechslungsreichen Dauerschleife, und von ihrem Tisch aus hatten sie einen romantischen Blick auf die züngelnden Flammen. Der gemischte Vorspeisenteller kam der Vegetarierin Lisa sehr entgegen, machte mit seinen vielen Häppchen und dem leckeren Fladenbrot allein schon satt und ließ sich von einem sanften, vollmundigen Wein begleiten. Das alles zu überschaubaren Preisen, denn Roger wollte auf keinen Fall mit einem zu teuren Dinner angeben. Er zeigte sich einfühlsam gegenüber Lisas Bescheidenheit, und das schien sich im Verlauf des Abendessens auszuzahlen. Nach einem viel zu süßen orientalischen Dessert fragte Roger, ob sie einen Cocktail trinken oder den Ort wechseln wolle, und lud sie aufgeregt und schüchtern ein, bei ihm zu Hause den Abend ausklingen zu lassen. Da beugte sie sich über den Tisch und gab ihm einen flüchtigen Kuss.

»Danke, das ist lieb von dir, aber ich bitte dich, mir nicht böse zu sein, wenn ich diese Einladung ablehne.«

In seiner Magengrube wurde es so heiß, als hätte ihm jemand kochendes Wasser eingeflößt, und vor Schreck und Enttäuschung blieb Roger die Luft weg. Da hatte er sich den ganzen Abend und auch schon mittags so einfühlend verhalten, wie es nur ging, und jetzt das: ein klarer und brutaler Korb. Was bildete sich die Göre ein?

Nun spürte er auch noch ein Brennen im Gesicht. *Bestimmt bin ich puterrot geworden*, ärgerte er sich und rang um Fassung. *Wenn du das Weib verführen willst,* ermahnte er sich, *musst du ganz locker mit diesem Nein umgehen.*

Lächeln, befahl er sich und in der Tat schaffte er es, ein freundliches Gesicht aufzusetzen und stimmlos zu erwidern: »Natürlich bin ich dir nicht böse. Wo kämen wir da hin? War nur ein romantischer Vorschlag.«

Sie beugte sich ein weiteres Mal über den Tisch und küsste ihn heftiger.

»Romantischer Gegenvorschlag: Begleite mich in mein Zimmer im Studentenwohnheim.«

Rogers Magengrube entspannte sich. »Gerne.«

»Dann lass uns gehen«, forderte Lisa unternehmungslustig und Roger schöpfte Hoffnung, den Tag so zu beenden, wie er sich das bereits beim Morgenkaffee vorgestellt hatte.

Ihre Studentenbude war winzig und hellhörig. Trotz leidenschaftlicher Küsse, die sie ihm auf ihrem Bett gab, erkannte Roger sofort, dass er an diesem Abend nicht zum ersehnten Ziel kommen würde. Lisa war sehr darauf bedacht, von ihren Nachbarn nicht gehört zu werden, und so unterhielten sie sich flüsternd. Auch die erregenden Zärtlichkeiten unterlagen einer vornehmen Zurückhaltung, denn immer, wenn Roger beim heftigen Küssen mit einer Hand nach Lisas Brüsten tastete, schob sie seine Finger an unverfängliche Stellen.

»Weißt du«, flüsterte sie schließlich und brachte wieder eine Handbreit Abstand zwischen sich und ihn, »ich hatte bisher noch keinen Freund. Die Jungen sind mir alle zu hurtig. Ich brauche Zeit.«

Roger antwortete mit weicher Stimme: »Wir haben alle Zeit der Welt.« Was für eine Lüge!

Aufgewühlt ging Roger nach Hause. Ungeduldig rief er seine Mutter über das Handy an und bestellte eine der BestRosie-Damen zu sich nach Hause, egal welche.

»Welcher Dämon reitet dich gerade?«, fragte seine Mutter ungehalten.

»Keiner. Mach einfach, was ich will«, knurrte Roger ins Telefon. »In einer halben Stunde will ich zuhause die Tür aufmachen!«

Verärgert winkte er einem Taxi und ließ sich heimfahren. Als es eine knappe Stunde später an seiner Wohnungstür schellte, stand Ramona vor der Tür und schaute ihn unsicher an. Am liebsten hätte Roger ihr sofort eine Ohrfeige verpasst, einzig deshalb, weil sie es war, die nun seine Wohnung betrat. Weder gefiel sie ihm noch konnte er sie leiden. Als sie vor zwei Jahren aus Belarus gekommen war, von Mutters altem Zuhälter Johannes angeschleppt, hatte sie nichts als Scherereien verursacht, und selbst nach einer harten Ausbildung war sie nur als *BestRosies*-Sonderangebot zu gebrauchen.

Roger wies mit einer schrägen Kopfbewegung den Weg ins Schlafzimmer und befahl ihr, sich auszuziehen. Hoffentlich machte sie den Mund nicht auf. Keinesfalls durfte sie sein Kopfkino stören, während er seinen Trieb mit ihr auslebte.

Nachdem er Ramona weggeschickt hatte, blieb Roger aufgewühlt zurück. Fürs Erste war sein Verlangen befriedigt, zumindest körperlich. Trotzdem fühlte er sich wie nach einem faden Aperitif und einem nichtssagenden *Amuse-Bouche* und der Ansage des Küchenchefs, es werde nichts mehr aufgetragen. Schön und gut, an Ramona seine Wut ausgetobt zu haben über die Zurücksetzung, aber schließlich musste er dafür bezahlen – und der Zorn war immer noch nicht verraucht. *Viel zu sanft habe ich sie angefasst*, ärgerte er sich, ärgerte sich auch darüber, sich seiner Mutter wegen zügeln zu müssen, denn seine Mutter duldete keine Gewalt gegenüber ihren Frauen.

Wenn ich mir schon eine Frau kaufe, brodelte es in Roger, *dann will ich mit ihr alles machen, was ich machen will.* Er ging an seine Hausbar und schenkte sich einen rauchig-scharfen Scotch in Fassstärke ein. Der intensive Geruch lenkte ihn einen Augenblick von seinem Furor ab, erregte ihn aber zugleich. Er kippte den Whisky in einem Zug hinunter und beschwor das Bild der unschuldigen Studentin herauf. *So unschuldig, verdammt nochmal,* fluchte er, *hättest du auch nicht sein müssen.* Jungfräulich mit über 20, so eine Verschwendung. Doch während er sich den nächsten Scotch, diesmal einen milderen Single Malt, eingoss, fand er plötzlich Gefallen daran, demnächst eine Jungfrau zu verführen. *Dann werde eben ich diese Stute einreiten,* brummte Roger und kippte das nächste Glas.

15

Jetzt waren sie seit vier Tagen wieder zu Hause, aber es gab kein Lebenszeichen von Caroline. Sie war nicht im Seminar für Rechtsphilosophie erschienen, hatte keine Nachricht geschickt, und ihr Handy war seit Dienstagmittag nicht mehr erreichbar.

Nicht schon wieder, flehte Olga, *nicht schon wieder eine Entführung.* Vor wenigen Monaten war ihre Mandantin auf dubiose Art und Weise entführt worden, und die Suche nach ihr hatte letztlich Alex das Leben gekostet. Und auch eine rätselhafte Vermisstensache rund um einen Münchner Chirurgen vor einem Dreivierteljahr hatte ihr mehr Aufregung gebracht und Angst eingejagt, als ihr lieb war. Keinesfalls wollte sie erneut in eine Vermisstenangelegenheit verwickelt werden. Aber Olga machte sich große Sorgen um Caroline. Ihre Intuition ließ keinen Zweifel zu: Caroline befand sich in der Gewalt ihres Stalkers.

»Wir müssen etwas unternehmen«, stellte Olga am Frühstückstisch fest und blickte Sonja Hilfe suchend an. Hatte ihre Freundin nicht stets eine zündende Idee? *Soll sie sich rasch etwas einfallen lassen,* dachte Olga, *schließlich hat sie Caroline unter ihre Fittiche genommen.* Ein wenig, das spürte Olga, war sie Sonja noch gram wegen dieser Aktion, die Studentin mit nach Hause gebracht und ihr dann Olgas alte Wohnung als Unterschlupf angeboten zu haben. Andererseits hatte Olga inzwischen nicht nur Mitleid mit Caroline, sondern auch ihr Gerechtigkeitsempfinden war heftig angestachelt durch die Umstände, aufgrund derer Caroline in der Prostitution gelandet war.

»Du hast recht«, pflichtete Sonja ihr bei. »Wir sollten den Stier bei den Hörnern packen. Schließlich kennen wir August Loder und wissen, wie wir an ihn herankommen.«

»Wir haben nichts gegen ihn in der Hand.«

»Sind unsere Fotos nichts?«

»Wenn wir ihm damit drohen … Das ist heikel«, wehrte Olga ab.

»Wir drohen nicht, wir informieren«, beharrte Sonja auf ihrem Vorschlag.

»Und wie willst du das anstellen?«

»Indem ich mir einen Beratungstermin besorge. Vergiss nicht, ich bin eine erfolgreiche Unternehmerin, die eine Stange Geld anlegen kann.«

Olga nickte anerkennend. Sonja war eben immer für eine Überraschung gut. In der jetzigen Situation den Umstand einzubringen, dass sie vor einiger Zeit ihr Start-up-Unternehmen an einen Großinvestor verkauft hatte und nun dort als angestellte Geschäftsführerin und Programmiererin arbeitete, barg beinahe etwas Genialisches.

»Gut, sei vorsichtig«, stellte Olga ihre Bedenken zurück.

Während der Strafrechtsübung, die Olga am Vormittag in einem kleinen Hörsaal leitete, blickte sie immer wieder zur Tür in der Hoffnung, Caroline würde erscheinen. Sie konnte sich nur mit Mühe auf ihren Unterricht konzentrieren und atmete hörbar auf, als die Doppelstunde endlich vorbei war.

Wenn ich öfter so schlechte Lehre produziere, ging sie mit sich selbst ins Gericht, *muss ich ernsthaft überlegen, ob eine Tätigkeit an der Universität das Richtige für mich ist.* Kaum zwei Monate im Assistentenjob, schon nagten erste Zweifel in ihr. Die Begegnung mit Caroline schien eine Art Lackmustest für ihre Entscheidung zu sein, den Anwaltsberuf an den Nagel zu hängen und sich der Wissenschaft zuzuwenden.

Zum Glück hast du deine Zulassung nicht zurückgegeben, flüsterte eine innere Stimme und vertiefte damit das Gefühl der Verunsicherung.

Olga ordnete ihre Unterlagen und steckte sie in ihre Collegemappe. Nach und nach verließen die Studierenden den Hörsaal.

Olga stand allein am Vortragspult, als sie eine attraktive Studentin im Näherkommen ansprach: »Darf ich Sie etwas fragen?«

Olga zuckte zusammen. War das ein Déjà-vu, oder stand da wirklich jemand mit genau der Frage vor ihr, die sie vor wenigen Wochen von Caroline gestellt bekommen hatte? Olga schüttelte den Schreck ab, schließlich war diese Frage eine gebräuchliche Floskel für Studierende, an den Dozenten heranzutreten.

»Selbstverständlich, um was geht's denn?«

Auch diese Antwort stereotyp, also kein Grund zur Besorgnis, beruhigte sich Olga. Trotzdem raunte, noch während sie sprach, ihre innere Stimme: *Vorsicht, Gefahr!*

Werde ich allmählich wirklich paranoid?, fragte sich Olga.

Vor ihrem inneren Auge lief ein alter Film ab: Der Basar in Istanbul, die Begegnung mit einem zierlichen Mann mit dunklem Lockenkopf, Sonja, die sich belästigt und beobachtet fühlte, dann in der blauen Moschee der junge Mann, der ihnen folgte, immer dichter aufrückte, ihre Zuflucht in einem Antiquitätenladen, die geheime Tür ins benachbarte Geschäft, die alte Frau, die ihnen den Weg zum Hinterausgang wies, ihre gehetzte Flucht durch die halbe Stadt und die improvisierte Übernachtung in einem fremden Hotel, weil sie Angst gehabt hatten, in ihr eigentliches Hotel zurückzukehren.

Manchmal träumte Olga noch von dieser Flucht, und dann schauderte es sie im Nachhinein, wie nah sie damals dem organisierten Verbrechen gekommen waren.

Vorsicht, Gefahr, sprach ihre innere Stimme erneut, doch Olga wollte es nicht hören, sagte stattdessen: »Wie kann ich Ihnen helfen?«

»Meine Freundin ist verschwunden«, flüsterte sie, und es war für Olga wie ein Schlag ins Gesicht. Zugleich spürte sie ein Ziehen in der Magengegend. Sie wollte sich umdrehen und weglaufen; das ging natürlich nicht.

»Da kann ich Ihnen nicht helfen. Gehen Sie zur Polizei.«

»Sie waren mit ihr vor einigen Wochen in der Cafeteria. Sie kennen sie aus Ihrem Seminar bei Frau Professor Möller. Es geht um Caroline. Caroline Pohl.«

Olga beruhigte sich ein wenig. Kein Déjà-vu und auch kein weiterer Fall, der ihr auf mysteriöse Weise angetragen wurde. Im Gegenteil, vielleicht konnte diese Studentin sogar dabei helfen, Carolines Verschwinden aufzuklären.

»Das stimmt«, antwortete Olga und hatte ihre Fassung zurückgewonnen. »Wollen wir uns irgendwo ungestört unterhalten?«

»Am besten, wir gehen ein wenig spazieren«, schlug die Studentin vor. »Ich bin Alyssa.«

Olga schlüpfte in ihren Anorak, nahm ihre Tasche und ging mit der jungen Frau durch das Hauptgebäude der Universität hinaus auf den großen Vorplatz. Dort schlugen sie den Weg zum Englischen Garten ein.

»Ist das ein Künstlername?«, fragte Olga argwöhnisch, als sie an der Fußgängerampel warten mussten, und beobachtete die Reaktion der Studentin genau. Ein kurzes Zucken um die Mundwinkel verriet sie, aber sie zögerte nur kurz.

»Ja«, gestand sie. »Caroline hat also mit Ihnen über ihren Job gesprochen?«

»Ausführlich. Und Sie sind sozusagen eine Kollegin?«

Die Ampel sprang auf Grün. Sie überquerten die Straße.

»Sozusagen ...« Die Studentin zögerte. »Leider auf einem etwas niedrigerem Niveau.«

Olga lag eine abwertende Äußerung auf der Zunge, schließlich sah sie in der Prostitution keine niveauvolle Beschäftigung. Der Gedanke an Carolines Zwänge hielt sie zurück. Sie durfte keinen Moralapostel spielen, weder bei den ausgebeuteten Frauen, noch bei jenen, die sich aus freien Stücken verkauften.

»Mein richtiger Name ist Stephanie Keil. Ich arbeite in einem bekannten Münchner Bordell. Mit Caroline verbindet mich nicht nur das Jurastudium, sondern auch das gemeinsame Erleben als Sexarbeiterin. Wir sind eine kleine Gruppe, die sich regelmäßig trifft und über WhatsApp austauscht. Caroline hat sich seit einer Woche nicht mehr gemeldet, deshalb mache ich mir große Sorgen.«

»Zu Recht, diese Sorgen mache ich mir auch. Aber ich bin etwas ratlos«, antwortete Olga und hielt ihre eigenen Erkenntnisse bewusst zurück, »wie ich helfen könnte. Haben Sie eine Idee, was mit Caroline geschehen sein könnte?«

»Eine böse Ahnung«, bestätigte Stephanie. »Einer ihrer Freier hat sich zum Stalker entwickelt. Ihre letzte Nachricht handelte davon, dass sie glaubte, der Mann ließe sie überwachen. Er will sie für sich allein haben. Sowas geht gar nicht«, wurde die Studentin laut.

Inzwischen hatten sie den Englischen Garten erreicht und gingen über einen durch die letzten Schnee- und Regenfälle aufgeweichten Nebenweg.

»Diese Agentur«, fragte Olga, »für die Caroline arbeitet: Ist sie seriös?«

»Soweit es Seriosität in diesem Gewerbe gibt: Ja. Verstehen Sie mich nicht falsch. Auch bei *BestRosies* wird mit Druck und manchmal mit Zwang gearbeitet, und die Sexarbeiterinnen dort sind unfreier als die Kolleginnen in den Bordellen. Offiziell leisten die Escort-Damen keine erotischen Dienste, daher sind sie nicht als Prostituierte angemeldet. Im Bordell ist man registriert, es gibt regelmäßige Kontrollen. Ich bin sozusagen eine offizielle Sexarbeiterin. Caroline nicht.«

»Was bedeutet das?«

»Sie kann wegen ihrer inoffiziellen Dienstleistungen leichter unter Druck gesetzt werden. Sie verstehen?«

Das habe ich mir auch so vorgestellt, dachte Olga und erinnerte sich wieder an ihr Gespräch mit Rebecca Risse. *Vielleicht sollte ich der Agenturchefin nochmal auf die Pelle rücken,* überlegte sie, *anstatt Sonja in das Abenteuer zu schicken, August Loder unsere Fotos zu zeigen.* Bei diesem Gedanken zog Olga ihr Smartphone aus der Tasche und schaute nach, ob sie von Sonja eine Nachricht erhalten hatte. Und in der Tat poppte eine Telegram-Nachricht von Sonja auf: *Der Banker ist nicht in seinem Büro zu erreichen.*

Olga las den Satz mehrfach. Eigentlich bestand kein Grund, sich über die Nichterreichbarkeit einer Führungskraft zu wundern. Vermutlich ging es einem leitenden Banker ähnlich wie den meisten Rechtsanwälten: Termine, Termine, Termine. Das wusste Sonja schließlich auch.

»Haben Sie eine Idee, warum Caroline verschwunden ist?«

»Ihr Verschwinden könnte etwas mit diesem Stalker zu tun haben. Das muss ein reicher Mann sein, der meint, er kann sich alles kaufen. Was man nicht kaufen kann, das nimmt man sich. Ich kenne solche Typen.«

»Wieso gehen Sie nicht zur Polizei?«

»Wegen einer Prostituierten, die man ein paar Tage nicht erreicht?«, erwiderte Stephanie gallig. »Dafür hebt kein Bulle den Arsch aus dem Stuhl.«

»Deshalb kommen Sie zu mir?«

»Na ja, ist mir so in den Sinn gekommen. Könnten Sie nicht der Chefin von *BestRosies* auf die Pelle rücken? Sie sind doch Rechtsanwältin.«

»Was versprechen Sie sich davon?«

»Sie könnten die Agenturchefin unter Druck setzen, schließlich vermittelt sie diverse halblegale Geschäfte, und die Risse, die kennt Carolines Kunden.«

»Wie stellen Sie sich das vor: die Risse unter Druck setzen?«

»Bei *BestRosies* gibt es eine Sexarbeiterin, von der ich weiß, dass sie weder eine Arbeitserlaubnis hat noch sich freiwillig prostituiert. Außerdem billigt die Chefin nicht nur sexuelle Leistungen ihrer Damen sondern verlangt diese von Fall zu Fall, so auch von Caroline. Wenn Sie die Agenturchefin damit konfrontieren …«

»Dann?«

»Verrät Sie vielleicht den Namen des Freiers.«

Olga überlegte kurz, ob sie Stephanie einweihen sollte, dass sie diesen Namen längst kannte, entschied sich aber dagegen. *Wer weiß,* dachte sie, *was sie mit dieser Information anfängt; am Schluss macht sie sich auf eigene Faust auf die Suche. Nein, viel zu unsicher und gefährlich.* An Material, das eventuell gegen Risse verwendet werden konnte, war Olga nun mehr denn je interessiert. So sauber, wie sie es darstellte, arbeitete die Agenturchefin offenbar nicht.

»Wer ist die Problemdame?«

»Ramona, eine Belarussin, die von einem alten Zuhälter eingeschleust wurde. Soweit ich weiß, hat Risse Ramonas Pass in ihrem Safe verwahrt. Ramona muss alle Aufträge übernehmen, die sonst keine der Escort-Damen von *BestRosies* ausführen mag. Sie ist Mitglied in unserer WhatsApp-Gruppe.«

»Können Sie ein Treffen für mich arrangieren?«

»Ja«, antwortete Stephanie. »Und danke, dass Sie sich einsetzen.«

Eine Stunde später traf Olga zu Hause wieder auf Sonja, die vergeblich versucht hatte, einen Termin bei Loder zu erhalten.

»Seine Sekretärin hat mir beim dritten Anruf gesagt, sie wisse nicht, wo er sich aufhalte, er sei den ganzen Tag noch nicht im Büro erschienen.«

»Wo steckt der Mistkerl?«, fragte Olga und erzählte von ihrem Gespräch mit Stephanie.

»Ramona, wie sinnig«, kommentierte Sonja, klappte den Schutzdeckel von ihrem Tablet und öffnete die Homepage von *BestRosies.* »Dann wollen wir uns das Mädel mal anschauen.«

Sonja scrollte durch die Profile der Escort-Damen und wurde

fündig: eine dunkelhaarige Schönheit blickte aus verschleierten Augen auf den Betrachter des Fotos. Ramona.

»Wer sehen kann, der sieht«, bemerkte Sonja, »dass diese Frau unglücklich ist.«

»So ist es«, bestätigte Olga Sonjas Eindruck. »Stephanie hat mir zugesagt, ein Treffen mit Ramona zu organisieren. Das kann natürlich dauern.«

»Mir wäre lieber, wir setzen uns rasch mit ihr in Verbindung«, überlegte Sonja laut.

»Gute Idee, aber wie? Ramona ist selbstverständlich ein Künstlername.«

»Wir buchen sie.«

Olga grinste. »Du willst uns eine Escort-Dame bestellen?«

»Schau doch«, erwiderte Sonja, »auf ihrem Profil steht ausdrücklich: *Mann/Frau – Bi Spiele.* Du kannst sie also buchen.«

»Ich? Nein, mich kennt die Risse«, entgegnete Olga und stupste Sonja an.

Sonja zog eine sauertöpfische Miene und schüttelte den Kopf. »Nein, mein Liebling, das bringe ich nicht. Aber du könntest Frieder fragen, ob er für uns den Lockvogel spielt.«

»Meinen Kletterspezl?«

»Ja, der kann Abwechslung brauchen. Trotzdem versuche ich vorher nochmal, an Loder heranzukommen, denn das wäre der direkte Weg zu Caroline.«

Während Sonja dem Banker hinterhertelefonierte, überlegte Olga, ob es wirklich eine gute Idee war, Frieder in diesen Fall hineinzuziehen. Ihre innere Stimme warnte sie davor, wie überhaupt ihr Unbehagen von Tag zu Tag wuchs. Am liebsten hätte sie Caroline und deren Probleme aus ihrem Leben getilgt. Groß war ihre Sehnsucht nach einem ruhigen Leben in der Wissenschaft, ohne die Aufregungen aus dem Bereich von Vergehen und Schuld, dem sie mit der Aufgabe ihrer Kanzlei den Rücken gekehrt hatte. Andererseits war ihr Gerechtigkeitsempfinden aufgestachelt. Carolines innere Nöte gingen ihr nicht aus dem Kopf. Sie durfte die Studentin nicht im Stich lassen, und wenn es nicht anders ging, musste Frieder eben mithelfen. Frieder, ihre letzte Verbindung zu den alten Zeiten, als sie mit ihrem Freund Marco jedes verfügbare Wochenende zum Klettern gegangen war. Es war eine glückliche Zeit gewesen, die allmählich in den Nebeln der Vergangenheit verloren zu gehen schien. Frieder als letzte Verbindung in diese Zeit, sie durfte ihn nicht gefährden. Aber außer Frieder gab es keinen Mann in ihrem Umfeld, dem sie vertrauen und so eine Aktion zumuten konnte.

Als Sonja nach einer Viertelstunde berichtete, dass ihre Versuche, Loder zu erreichen, fehlgeschlagen waren, nickte Olga und griff zum Telefon, um Frieder anzurufen. Während das Freizeichen ertönte, überlegte sie, wie sie ihrem Kletterpartner aus früheren Tagen ihr Anliegen nahebringen konnte. Noch fiel ihr keine vernünftige Eröffnung ein. Als nach einiger Zeit die elektronische Stimme mitteilte, der Teilnehmer sei nicht erreichbar, legte Olga erleichtert auf. Sonjas fragenden Blick erwiderte sie mit einem Achselzucken.

Sonja ging in ihr Arbeitszimmer. »Dann schicke ich Loder eine E-Mail. Mal sehen, ob das wirkt.«

»Wie meinst du das?«

»Ich schenke ihm ein Erinnerungsfoto«, sagte Sonja schnippisch. »Wetten, dass er sich dann meldet?«

16

Diesmal hatte er Cathrin wirklich überrascht, denn der ungewöhnliche Treffpunkt, an den er sie bestellte, bewies, wie sorgfältig er seine Hausaufgaben erledigte. Nachdem sie die Nachricht gelesen hatte, schwankte sie zwischen Ärger und Bewunderung. Sie sollte in die hintere Bucht des kleinen Baggersees kommen, der an ihrer Joggingstrecke lag. Hatte sie ihm davon erzählt, dass sie jeden zweiten Tag eine Runde joggen ging? Sie konnte sich nicht erinnern, das jemals erwähnt zu haben. Also hatte er sie beobachtet. Distanzlos, ja, Zönte war einfach distanzlos, ärgerte sich Cathrin und musste zugleich darüber schmunzeln, wie gründlich er vorging. Er wusste, zu welcher Zeit sie normalerweise durch das Wäldchen und die Grünanlagen am Rangierbahnhof lief, und beorderte sie so zum See, dass niemand etwas Ungewöhnliches an ihrem Verhalten auffallen konnte.

Cathrin fuhr entspannt durch den nachmittäglichen Berufsverkehr nach Hause. Sie hatte genug Zeit, ehe sie sich auf ihre Trainingsrunde machen musste. Im Stop-and-Go rekapitulierte sie die letzten acht Tage. Sie wollte Zönte einen möglichst knappen und präzisen Überblick zu ihren Erkenntnissen geben und war ihrerseits neugierig, auf was er inzwischen alles gestoßen war.

Vielleicht ergänzen sich unsere Puzzleteile bereits zu einem klareren Bild, hoffte Cathrin, der inzwischen bewusst war, dass sie sich mitten in einem nervenaufreibenden Wirtschaftskrimi befand. Denn um ein Haar wäre Zönte vor drei Tagen einem weiteren Anschlag zum Opfer gefallen, was bewies, wie heikel seine bisherigen Erkenntnisse waren und wie entschlossen seine Gegner versuchten, ihn aus dem Weg zu räumen.

Auf dem Weg zu dem Hamburger-Restaurant, in dem sie sich bereits zweimal getroffen hatten, war ein unauffälliger Kleinwagen plötzlich auf ihn zugefahren. Mit einem waghalsigen Sprung konnte sich Zönte retten und flüchten, ehe umstehende Passanten überhaupt registrierten, was vorgefallen war. Der Unfall, bei dem der Kleinwagen erst in der Auslage eines türkischen Gemüsegeschäfts zum Stehen gekommen war, fand detaillierte Schilderung in Münchens Boulevardpresse; eine überregionale Zeitung spekulierte gar, ob es sich um einen ausländerfeindlichen Anschlag gehandelt habe. Zönte wusste es besser, aber selbstverständlich gab er seiner Redaktion keinen Hinweis. Im Gegenteil: nun tauchte er völlig ab.

Kein Wunder, sinnierte Cathrin, *dass er einen so ausgefallenen Treffpunkt wählt.* Vermutlich hatte er heiße Informationen, und auch Cathrin war in den zurückliegenden Tagen auf belastbare Hinweise gestoßen, dass die *CPC*-Prüfgruppe von Dr. Martens mit der Broderschen Hausbank illegale Geschäftspraktiken betrieb. Jedenfalls ging es um sehr viel Geld, und an Geld und Gewinn schien Martens äußerst interessiert zu sein. *Ich werde einiges zu erzählen haben,* war Cathrin stolz auf ihre bisherigen Ergebnisse, besonders auf einen bemerkenswerten Umstand: Dr. Martens war bis vor knapp drei Jahren als Berater für den Gründer und Vorstand der *cashpaper*-AG, einen gewissen Roger Risse, tätig gewesen, und *CPC* hatte nach der Gründung der Aktiengesellschaft die Buchprüfung übernommen – selbstverständlich in der Zuständigkeit von Dr. Martens. Für Cathrin lag es daher nahe, einen Zusammenhang zwischen den Geschäften bei der Broderschen Privatbank und dem Kursfeuerwerk des Finanzdienstleisters anzunehmen, wie es auch Zönte tat. Insgeheim bewunderte sie den Journalisten für seinen Spürsinn, und sie freute sich schon, ihn in einer knappen Stunde zu sehen.

Zuhause angekommen, schlüpfte sie in ihre Joggingklamotten und wählte dabei die leicht wattierte Hose und die Windstopper-Fleecejacke. Das war zwar zum Laufen zwar recht warm, aber falls Zönte nur schlendern wollte, würde sie in luftigerer Kleidung frieren. Sicherheitshalber setzte sie sich eine Mütze auf und steckte ihre Handschuhe in die Jackentasche. Von Minute zu Minute wurde sie neugieriger, was Zönte auf Lager hatte. Bestimmt war er einem komplexen Netzwerk auf der Spur, hatte sie doch schon einen einträglichen Konnex der Broderschen Privatbank mit dem Bankhaus Malburgg&Lederer in den Unterlagen von Dr. Martens feststellen können. Der Verdacht jedenfalls, dass hier in großem Stil Geldwäsche betrieben wurde, konkretisierte sich in Cathrins Augen. Kein Wunder, dass Zönte einen konspirativen Treffpunkt vorschlug.

Von ihrer Neugier getrieben, verließ Cathrin einige Minuten vor ihrer gewohnten Zeit das Haus und begann locker zu traben. Zunächst joggte sie im trüben Dämmerlicht die Straße entlang, ehe sie auf den Feldweg einbog, der hinüber führte zu dem bei Spaziergängern beliebten Wäldchen. Der einen oder anderen Pfütze ausweichend erreichte sie ihren Lieblingspfad, der sich in etlichen Kurven durch den Wald schlängelte. Sie sog den Duft von modrigem Laub ein wie andere ein kräftiges Parfüm. Sie liebte den Geruch des Waldes zu jeder Jahreszeit, immer roch der anders, immer abwechslungsreich, und immer konnte sie bei der frischen Luft im Wald die Gedanken an ihre Arbeit abschütteln.

Heute gingen ihr die möglichen kriminellen Verbindungen nicht aus dem Kopf, in welche die *CPC*-Prüfgruppe von Dr. Martens verstrickt sein mochte. In den letzten Tagen hatte sie die geheime Datenbank analysieren können: Akribisch waren hier Transaktionen verzeichnet, die in den offiziellen Konten der Broderschen Privatbank nicht nachvollziehbar waren. Das ließ nur einen Schluss zu: Dort wurden Zahlungsströme verschleiert. Und die Summen, um die es ging, waren mehr als beachtlich. *Kein Wunder,* dachte Cathrin, *dass Martens großzügige Boni verteilen kann.* Das allein sollte für Zönte eine zielführende Erkenntnis sein.

Daneben hatte Cathrin in den letzten Tagen die Kursentwicklung der *cashpaper*-Aktie genau verfolgt; sie kannte nur eine

Richtung: nach oben. Interessanterweise investierten die Broder-sche Privatbank und das Bankhaus Malburgg&Lederer beinahe im Gleichschritt in die Papiere dieses kleinen Finanzdienstleisters. Also auch hier schien Zönte nach Cathrins Eindruck auf der richtigen Spur zu sein. Einzig die Frage nach den Hintermännern blieb nebulös. Vielleicht war der Investigativjournalist hier vorangekommen.

Cathrins Neugier wuchs, und so bog sie nach einem kurzen Blick auf die Uhr etwas früher als üblich von dem Waldpfad auf einen Forstweg ab, der sie zum vereinbarten Treffpunkt führte. Als sie aus dem Wald auf das freie Feld herauslief, an dessen Ende der Baggersee lag, erschrak sie über das rhythmische Zucken mehrerer Blaulichter. Was war da vorne los? Cathrin wurde heiß und kalt. Sie beschleunigte auf die Signallichter zu, die in unmittelbarer Nähe der verschwiegenen Bucht lagen, wo sie sich mit Zönte verabredet hatte. Ihr Puls raste. Angst schnürte ihr die Kehle zu. Sie rannte so schnell sie konnte, erreichte die schmale Asphaltstraße vor dem Baggersee und lief direkt in die Arme eines Polizeibeamten.

»Stehen bleiben«, rief der Uniformierte barsch.

»Was ist hier los?«, keuchte Cathrin.

»Ein Polizeieinsatz. Gehen Sie bitte hier außen vorbei.«

Cathrin schüttelte den Kopf. »Ich bin hier mit jemand verabredet, Sie können mich nicht einfach wegschicken.«

»Doch, kann ich. Und Ihre Verabredung haben die Kollegen bestimmt auch weggeschickt.«

»Wissen Sie das oder vermuten Sie es?«

»Stellen Sie mir keine Fragen, verlassen Sie das Gelände auf diesem Weg«, erwiderte der Polizist ungehalten und wies ihr den Weg die Asphaltstraße entlang. »Und zwar sofort«, setzte er aggressiv hinzu.

Cathrin kannte das, es passierte ihr immer wieder, sei es bei Verkehrskontrollen oder an Bahnhof oder Flughafen: Polizisten verhielten sich ihr gegenüber tendenziell von oben herab oder gar feindselig, und selbstverständlich wurde sie öfter kontrolliert als die durchschnittliche weiße Frau. Sie hatte sich eigentlich eine gewisse Gleichgültigkeit angelernt, aber jetzt trafen eine innere Empörung und ihre Angst um Zönte zusammen. Sie musste wissen, ob es ihm gut ging oder ob ihm etwas zugestoßen war. Obwohl sie sich bereits halb umgedreht hatte, um in die angewiesene Richtung zu gehen, widersetzte sie sich der Anweisung, blieb stehen und erwiderte: »Ich will Ihren Vorgesetzten sprechen.«

Der Beamte drückte seine Brust heraus und knurrte im Dialekt: »Willst du dich aufmanderln? Schleich dich, aber a bisserl plötzlich!«

»Nimmt Ihre Bodycam das auf? Dass Sie mich beleidigen?« Cathrin war jetzt wütend. »Ihren Vorgesetzten, rufen Sie ihn – und zwar sofort«, forderte sie und zückte ihr Handy, das sie stets bei sich trug.

Der Polizist hob die Hand zum Schlag –

»Was geht hier vor?« Eine Frau im weißen Overall tauchte hinter dem Polizisten auf.

»Die da«, stotterte der Polizeibeamte und deutete auf Cathrin, »weigert sich, weiterzugehen und wird renitent.«

»Mein Name ist Verena Mühlke«, stellte sich die Frau vor. »Kriminalhauptkommissarin. Darf ich fragen, was Sie an diesen Ort führt?«

»Ich sollte mich hier mit einem Bekannten treffen«, antwortete Cathrin, »und bin in Sorge, dass ihm etwas zugestoßen sein könnte.«

»Kommen Sie mit mir mit«, bat die Kommissarin, deutete auf einen 20 Meter entfernt stehenden weißen VW-Bus und ging voraus. Der Uniformierte blieb stumm zurück.

An dem zivilen Einsatzfahrzeug angekommen, öffnete die Kommissarin die Schiebetür und bat Cathrin einzusteigen. An einem kleinen Tisch saß ein junger Mann vor einem Laptop. Cathrin setzte sich ihm gegenüber, dann betrat auch die Polizistin den Wagen und zog die Tür zu. Im Wagen war es angenehm warm.

»Wen wollten Sie hier treffen?«, fragte Mühlke und nahm neben ihrem Kollegen Platz.

»Einen Bekannten«, antwortete Cathrin zunächst vorsichtig.

»Also einen Mann?«

»Ja.«

»Wie alt?«

»Ungefähr 40. Warum?«

»Bitte haben Sie Verständnis, wenn zunächst ich die Fragen stelle. Wir sind gerade am Anfang von wichtigen Ermittlungen – aber ich möchte nicht unhöflich wirken. Ich habe mitbekommen, wie sich der uniformierte Kollege Ihnen gegenüber verhalten hat. Das tut mir leid. Ich begegne den Menschen mit Respekt und werde Ihnen später auch einige Fragen beantworten. Ist das in Ordnung für Sie?«

Cathrin nickte; die Kommissarin gefiel ihr.

»Für ein romantisches Rendezvous ist es zu kalt. Warum wollten Sie Ihren Bekannten hier treffen?«

»Wir hatten etwas Vertrauliches zu besprechen.«

»Privat?«

Auf diese Frage war Cathrin nicht vorbereitet. Was sollte sie antworten? Worauf wollte die Kommissarin hinaus, was war geschehen? Ihre Nervosität, was Zönte zugestoßen sein könnte, wuchs.

»Teilweise«, wich sie einer klaren Antwort aus.

»Wie groß ist Ihr Bekannter?«

»Schätzungsweise einsachtzig.«

»Haarfarbe?«

»Hellbraun oder dunkelblond, ungefähr jedenfalls.«

»Schlank?«

»Schlaksig.«

»Augenfarbe?«

»Braun.«

»Was wollten Sie mit ihm vertraulich besprechen?«

»Das kann ich Ihnen nicht sagen«, wehrte Cathrin ab.

»Verstehe«, erwiderte die Polizistin gedehnt. »Wo kommen Sie jetzt her?«

»Von daheim. Ich bin meine übliche Joggingrunde durchs Hölzl gelaufen. Sagen Sie, ist meinem Bekannten etwas zugestoßen?«

Die Kommissarin nahm Blickkontakt auf und hielt ihn lange. Wider Erwarten empfand Cathrin das nicht als zudringlich, sondern als tröstlich. Ihr wurde heiß und kalt. Zitternd wappnete sie sich für die schlechte Nachricht: Zönte war wieder Opfer eines Anschlags geworden. *Das darf nicht sein*, flehte Cathrin, aber sie befürchtete, jeden Moment würde ihr die Kommissarin genau dies bestätigen.

»Wir haben einen Toten«, flüsterte die Kommissarin und senkte den Blick.

Cathrin blieb beinahe das Herz stehen.

»Wie heißt Ihr Bekannter?«

»Darf ich ihn sehen?«

»Nein. Beantworten Sie bitte meine Frage.«

»Zönte, Detlev Zönte.«

»Danke«, sagte Mühlke und nickte dem Kollegen an ihrer Seite zu. »Sofort zur Fahndung ausschreiben.«

Cathrin verstand gar nichts mehr. Fahndung? Also war er nicht der Tote. Was war hinter den Büschen am Ufer des Baggersees geschehen? »Das dürfen Sie nicht«, stotterte sie.

»Warum?«

»Sie bringen ihn in Gefahr. Auf ihn ist vor Kurzem ein Anschlag verübt worden, er muss sich verstecken.«

Die Kommissarin hob die Hand, ein Signal an ihren Kollegen, innezuhalten.

»Erzählen Sie«, bat sie Cathrin und lauschte deren Bericht.

»Check das«, forderte sie ihren Kollegen auf, als Cathrin mit ihrer Schilderung am Ende war.

»Roger«, murmelte der junge Kriminaler nach zwei Minuten. »Dazu haben wir einen Bericht in der Datenbank.«

»Gut, dann schreiben wir Herrn Zönte nicht zur Fahndung aus. Aber Sie müssen mir jetzt verraten, was Ihr heutiges Treffen mit dem Anschlag auf ihn vor drei Wochen zu tun hat.«

»Er versucht, den Hintermännern auf die Spur zu kommen, und ich will ihm dabei helfen. Heute wollten wir unsere neuesten Erkenntnisse austauschen.«

»Das wären?«

»Leider nur Spekulationen«, antwortete Cathrin, die sich etwas beruhigt hatte. Zönte lebte, das war das Wichtigste. Jetzt durfte sie nicht zu viel verraten. Sie musste so schnell wie möglich mit Zönte sprechen und bis dahin ihr Pulver trocken halten. »Wir vermuten«, fuhr sie fort, um der Kommissarin keinen Anlass für Argwohn zu geben, »die Mafia hinter dem Anschlag.«

»Was hat ein investigativer Boulevard-Journalist mit der Mafia zu tun?«

»Ich denke, viel«, antwortete Cathrin. »Missstände rund um die organisierte Kriminalität aufzudecken, ist ein Kerngeschäft des Enthüllungsjournalismus.«

Mühlke nickte.

»Sagen Sie mir jetzt, was da draußen vor sich geht?«, fragte Cathrin.

»Wir haben in der Bucht, in der Sie sich mit Herrn Zönte treffen wollten, vor einer halben Stunde eine männliche Leiche gefunden. Möglicherweise handelt es sich um eine Gewalttat. Es könnte sein, dass Herr Zönte etwas beobachtet hat. Jedenfalls ist er für uns ein wichtiger Gesprächspartner. Sagen Sie ihm, er soll sich bei uns melden.« Sie zückte eine Visitenkarte und reichte sie

Cathrin. »Und jetzt darf ich Sie bitten, nach Hause zu gehen, Frau …?«

»Thaler, Cathrin.«

»Danke. Geben Sie uns bitte noch Ihre Adresse.«

Cathrin diktierte dem jungen Beamten ihre Anschrift. Sie verließ den VW-Bus und ging gedankenversunken den asphaltierten Weg entlang, bis sie an der vierspurigen Ausfallstraße anlangte. Dort fiel sie in leichten Trab und bog auf ihre gewohnte Joggingrunde ein. Während sie den dunklen Pfad entlanglief, überlegte sie fieberhaft, was mit Zönte geschehen war, wo er abgeblieben sein könnte, und was es mit dem Toten am Baggersee auf sich hatte.

Als sie um eine Kurve bog, sprang ein schwarzer Schatten vor ihr auf den Weg. Cathrin schrie vor Schreck auf.

Der Schatten hob die Arme und stieß ein hektisches »Sorry!« hervor. Die Stimme vertraut: Es war Detlev Zönte.

Cathrin schnappte nach Luft. »Um Gottes willen, haben Sie mich erschreckt.«

Er griff nach ihrer Hand und zog sie von dem Pfad in eine Lücke im Buschwerk hinein.

»Das tut mir leid«, flüsterte er. »Ich habe gehofft, dass Sie ihrer Laufstrecke treu bleiben. Wir müssen dringend reden. Da am See, es war grauenhaft.«

Cathrins Herzschlag beruhigte sich allmählich. Sie atmete gleichmäßiger und folgte Zönte, der sie weiter an der Hand hielt, hinein in das Dickicht des Wäldchens. Nach wenigen Minuten kamen sie zu einem betonierten Schacht, der unter dem Gleis einer Zulaufstrecke zum Rangierbahnhof hindurchführte.

Woher kennt er sich hier so gut aus?, überlegte Cathrin und merkte, wie ihre Bewunderung für den Journalisten wuchs. Die Wärme seiner Hand beruhigte sie, während sie tief gebückt das Bahngleis unterquerten. Auf der anderen Seite erreichten sie eine spärlich beleuchtete Straße, deren gegenüberliegende Seite an einige Schrebergärten grenzte. Zönte fand mit traumwandlerischer Sicherheit eine Lücke in einem Zaun, schob Cathrin hindurch, blickte noch einmal rechts und links und kam nach.

Sie standen vor einem alten Geräteschuppen. Die Tür war angelehnt. Leise betrat Zönte mit Cathrin im Schlepptau den Schuppen. Hier war es stockdunkel. Er schloss die Tür und leuchtete mit seiner Handytaschenlampe kurz den kleinen Raum aus. In einer Ecke standen zwei Stühle.

»Setzen wir uns«, schlug der Journalist vor, nickte zu den Stühlen, ließ Cathrins Hand los und schaltete das Licht wieder aus. Als sie sich gesetzt hatten, atmete der Journalist hörbar auf. »Was für ein Glück«, sagte er, »dass Sie Ihre Joggingrunde weitergelaufen sind. Beinahe hätte ich es aufgegeben, auf Sie zu warten.«

»Was ist passiert?« Cathrins Stimme zitterte. »Ich habe mir große Sorgen gemacht.«

»Zu Recht«, murmelte Zönte. »Zu Recht.«

»Die Polizei sprach von einem Toten.«

»Ja«, bestätigte er und berichtete, was er in den letzten 90 Minuten beobachtet hatte.

Zönte war frühzeitig zum vereinbarten Treffpunkt aufgebrochen, um das Gelände von dem den Baggersee begrenzenden Erdwall aus zu überblicken. Obwohl er in den zurückliegenden Tagen jede erdenkliche Vorsicht hatte walten lassen, wurde er das Gefühl nicht los, unter Beobachtung zu stehen. Konnte ein Vollprofi seine Kommunikation mit den Prepaid-Handys abgreifen? Hatte jemand trotz seiner täglich wechselnden Aufenthaltsorte seine Spur aufgenommen? Oder war er seit dem Anschlag auf ihn paranoid geworden? Er wusste es nicht. Jedoch, die Verunsicherung saß tief, und er musste unbedingt vermeiden, gemeinsam mit Cathrin Thaler gesehen oder gar gekidnappt zu werden. Die Pressesprecherin von *CPC* war für ihn momentan die einzige

Rückversicherung, nachdem er den Kontakt zu seiner Redaktion eingestellt hatte. Dort wollte er seinen Artikel erst anbringen, wenn er letzte Sicherheit über die Verstrickungen der Broderschen Privatbank mit den Wirtschaftsprüfern und einem internationalen Geldwäschenetzwerk hatte.

Also bezog er gut versteckt in einem dichten Gebüsch oberhalb des vereinbarten Treffpunkts Stellung und beobachtete das Terrain. Eine knappe Stunde lang geschah nichts. Doch gut 30 Minuten vor dem vereinbarten Treffen trabte ein untersetzter Mann auf den schmalen Pfad, der zu der Bucht am hinteren Ende des Sees führte. Er verlangsamte seine Schritte und suchte mit seinen Blicken das Ufer und die Sträucher ab. Nachdem er sich überzeugt hatte, allein zu sein, stellte er sich unter einen Strauch, wo er mit aufziehender Dämmerung allmählich unsichtbar wurde.

Das war kein Zufall. Zönte fühlte sich in seiner Befürchtung bestätigt und überlegte fieberhaft, wie er Cathrin warnen könnte. Während er überlegte, ob Cathrin das Prepaid-Handy beim Joggen mit sich führte, entdeckte er eine weitere Person, die sich auf dem südlichen Uferpfad der Bucht näherte. Langsam schlich dieser großgewachsene Mann auf den Treffpunkt zu, vorsichtig darauf bedacht, kein Geräusch von sich zu geben. Als er die Bucht erreichte, sprang der Untersetzte aus seinem Versteck und stürzte sich auf den Neuankömmling. Es gab ein kurzes Handgemenge, dann lag der Angreifer auf dem Boden. Der Große beugte sich über den Kleinen, zückte ein Messer und schlitzte dem Unterlegenen die Kehle auf. Der Sieger wischte das Messer am Oberkörper des Getöteten ab und machte sich daran, dessen Kleidung abzusuchen, als die Stimmen einer Gruppe von drei Joggern zu hören waren. Rasch rannte der Große davon.

Wenige Augenblicke später stießen die Jogger auf den Toten. Entsetzte Schreie drangen zu Zönte herauf, dann sah er einen der drei telefonieren. Keine zehn Minuten später traf zuerst der Notarzt, dann die Polizei ein. Als Zönte kurz darauf Cathrin kommen und etwas später in dem zivilen Einsatzwagen verschwinden sah, beschloss er, sich einen Platz auf ihrer weiteren Laufrunde zu suchen in der Hoffnung, sie abfangen zu können.

»Brutal«, flüsterte Cathrin, als Zönte mit seinem Bericht am Ende war. »Wer tut so was? Was waren das für Männer?«

»Das weiß ich nicht. Das ergibt nur Sinn, wenn man annimmt, dass ich von zwei Seiten, und zwar unabhängig voneinander, möglicherweise sogar in Konkurrenz zueinander, überwacht und bedroht werde.«

»Beängstigend.«

Zönte nickte. »Der Mörder war ein Vollprofi. Ich tippe auf die Russenmafia.«

»Und der andere?«

»Wohl ein Amateur.«

»Wer hat ihn geschickt? Und wie konnten die wissen, wo wir uns treffen wollten?«

»Unsere Handys sind nicht sicher«, stellte Zönte fest.

»Prepaid-Handys?«, fragte Cathrin ungläubig.

»Weiß auch nicht, wie das geht«, antwortete Zönte resigniert. »Jedenfalls brauchen wir einen neuen Kommunikationsweg. Schalten Sie das Gerät aus.«

»Es liegt ausgeschaltet zu Hause.«

»Das ist gut. Dann lassen Sie uns jetzt zur Sache kommen: Was haben Sie herausgefunden?«

»Unsere Prüfgruppe ist in die Manipulation von Konten der Broderschen Privatbank involviert, genauer gesagt: Dr. Martens und seine Leute helfen mit, Transaktionen großer Summen zu verschleiern, in virtuellen Zwischenkonten zu verstecken und Erlöse falsch zu verbuchen. Das wirkt sich bis in die Bilanz hinein aus. Das Eigenkapital ist zu hoch ausgewiesen, der Umsatz ist nach oben extrapoliert, die Ertragskraft viel zu optimistisch dargestellt.«

»Haben Sie Unterlagen?«

»Habe ich in einem Ordner gesammelt. Der liegt bei mir zuhause.«

»Hm, die werde ich mir heute nicht holen können«, bedauerte Zönte. »Ich fürchte, Sie werden genau beobachtet. Gut, da fällt mir schon noch etwas ein. Andere Frage. Ist Malburgg& Lederer in die verschleierten Transaktionen involviert?«

»Die meisten Buchungen hängen auf die eine oder andere Weise mit Malburgg&Lederer zusammen.«

»Yes!«, rief Zönte begeistert. »Dann habe ich ihn. August Loder steckt mittendrin, und dazu passt die Kursralley bei *cashpaper*.«

»Durchaus, denn, halten Sie sich fest: Martens prüft auch die *cashpaper*-AG. Also geht es um Geldwäsche im großen Stil?«

»So ist es. Wir sind einem Riesenschwindel auf der Spur.«

»Was nun?«

»Ich lanciere meine Story.«

Zwei Stunden später saß Cathrin immer noch aufgewühlt in ihrem Wohnzimmersessel und nippte an ihrem Chai. Die beruhigende Wirkung des indischen Gewürztees wollte sich nicht einstellen. Zu sehr waren ihre Gedanken noch von Zöntes Schilderung des Mordes am Baggersee gefangen. Hier agierte jemand ohne Rücksicht auf menschliches Leben, und das machte ihr Angst.

Was, überlegte sie, *wird geschehen, wenn ich morgen den CPC-Vorstand über die Missstände in der Prüfgruppe von Dr. Martens informiere?* Waren ihre Unterlagen stichhaltig genug? Durfte sie diese dem Vorstand überhaupt vorlegen? Schließlich hatte sie sich die letzten Tage alle Unterlagen heimlich besorgt und dabei gegen firmeninterne Zuständigkeitsregeln verstoßen. War das, was sie Zönte berichtet hatte, vielleicht schon Verrat an ihrer Firma? Wie würde der Vorstand reagieren, wie Dr. Martens zu dem Sachverhalt einvernehmen? Steckten am Ende die Bosse mit Martens unter einer Decke? Musste sie dann um ihre eigene Sicherheit fürchten? Fragen über Fragen, auf die Cathrin keine Antwort wusste. Dem nicht genug, machte sie sich auch noch Sorgen um Zönte. Würde seine Rechnung aufgehen, mit Veröffentlichung seiner Enthüllungsstory in Sicherheit zu sein? Oder würde die Organisation, die hinter dem heutigen Mord stand, nicht erst recht versuchen, diesen gefährlichen Enthüllungsjournalisten zu eliminieren?

Cathrin nippte an ihrem Chai und hörte Zöntes Abschiedsworte, als sie im Dunkeln auf die spärlich beleuchtete Straße hinausgeschlichen war: »Seien Sie bitte vorsichtig.«

Es klang fast zärtlich.

17

Caroline blieb verschollen. Ebenso August Loder. Sonja, fast immer für mitreißende Ideen gut, zeigte sich ratlos. Olga fühlte sich mutlos und sträubte sich dagegen, ein weiteres Mal mit Rebecca Risse Kontakt aufzunehmen, obwohl ihr bewusst war, dass bei der Agenturchefin ein Schlüssel zum Erfolg liegen konnte. Das ganze Milieu behagte Olga nicht. Doch das stachelte sie an, Caroline zu helfen.

Olga schlurfte die Treppe hinunter, um beim Bäcker ein paar Semmeln und Croissants fürs Frühstück zu holen. Als Dritte in der Schlange kam sie neben dem Zeitungsständer zu stehen. *Mord am Rangierbahnhof,* schrie die Schlagzeile einer Boulevardzeitung, *Der Tote vom Baggersee,* titelte ein anderes Blatt der Regenbogenpresse. Olga wollte den Blick von den marktschreierischen Nachrichten abwenden, als ihr im Untertitel der ersten Zeitung ein Schlüsselwort ins Auge sprang: *Bankier.*

Sie griff nach der Zeitung und rückte in der Schlange an den Tresen vor.

»Zwei Brezen, zwei Semmeln, zwei Croissants und diese Zeitung«, bestellte sie und las die fettgedruckte Zusammenfassung: *Die Ermordung eines bekannten Bankiers an einem Baggersee beim Allacher Rangierbahnhof gibt der Kriminalpolizei Rätsel auf.*

»Sechsvierzig«, störte die Verkäuferin beim Lesen und reichte die gefüllte Tüte über den Tresen.

»Sorry«, erwiderte Olga automatisch, schaute auf und legte sieben Euro auf den Tresen. »Stimmt schon.«

Sie nahm die Tüte und verließ die Bäckerei. Auf dem Weg nach Hause las sie den Artikel.

Schock für Jogger. Drei Sportler stießen an einem Baggersee am Rangierbahnhof auf einen leblos am Boden liegenden

Mann, der offenbar unmittelbar vor ihrem Eintreffen niedergestochen worden war. Der sofort verständigte Notarzt konnte nur noch den Tod des Opfers feststellen. Die rasch am Tatort eintreffende Polizei löste eine Fahndung aus, die ergebnislos blieb. Der Getötete wurde als der vor allem durch sein Mäzenatentum bekannte Bankier L. identifiziert. Die Kriminalpolizei schließt einen Raubüberfall aus und steht derzeit vor einem Rätsel.

Kaum hatte Olga die Wohnung betreten, rief sie Sonja und hielt ihr die Zeitung hin. »Lies mal«, sagte sie und ging mit ihrer Bäckertüte in die Küche.

»Bankier L., Mäzenatentum«, äußerte Sonja überrascht. »Du meinst doch nicht etwa …?« Sie sprach nicht weiter.

»Komisch, oder?«, fragte Olga und merkte, dass sie plötzlich zitterte. Was, wenn es sich wirklich um Loder handelte? War Caroline dann in Gefahr? Oder hatte Caroline etwas mit diesem Mord zu tun? Olga wurde schwindlig von diesen Gedanken. Sie setzte sich an den Tisch und blickte Sonja ratlos an.

»Eigenartig in der Tat«, bemerkte Sonja und legte die Zeitung zur Seite. »Weißt du was? Wir schauen, ob es in Freisinger Medien einen Hinweis gibt.«

Sie griff nach ihrem Tablet und tippte *Freisinger Tagblatt* in die Suchmaske. Der erste Treffer zeigte die Regionalausgabe der zweitgrößten Münchner Zeitung. Auch dort wurde über den Mord am Baggersee berichtet, jedoch fanden sich keine über den vor ihnen liegenden Artikel hinausgehenden Hinweise. Achselzuckend legte Sonja das Tablet zur Seite und meinte: »Einen Versuch war es wert.«

»Du musst bei seiner Sekretärin anrufen.«

Sonja nickte. »Mache ich. Aber vor neun Uhr geht da niemand ans Telefon.«

»Bei der Ehefrau?«

Sonja wackelte unschlüssig mit dem Kopf. »Wollen wir die jetzt schon kopfscheu machen? Sie ist unser letzter Trumpf.«

»Ach was«, wandte Olga ein, »die weiß ja nicht, wer du bist. Und von unseren Fotos erzählst du natürlich nichts.«

»Glaubst du wirklich, der Getötete könnte August Loder sein?«

»Wäre ein saudummer Zufall, aber irgendwie habe ich da so ein Gefühl ...«

»Okay«, willigte Sonja ein und griff nach ihrem Handy. Sie scrollte durch ihre Kontakte, wählte die Freisinger Nummer und stellte auf laut. Nach kurzem Knacksen ertönte das Freizeichen. Sonja ließ es siebenmal läuten, dann legte sie auf. »Ist das jetzt ein gutes oder ein schlechtes Zeichen?«

Olga blickte auf die Uhr; es war kurz vor acht. »Versuch's nochmal«, bat sie und spürte, wie ihre Nervosität wuchs.

Diesmal ließ es Sonja zwei Minuten klingeln. Weder hob jemand ab, noch schaltete sich ein Anrufbeantworter ein. Resigniert legte Sonja das Handy zur Seite.

»Wenn er es ist«, überlegte Olga laut, »und er Caroline seit Tagen in seiner Gewalt hat, dann ist Caroline in Gefahr.«

»Ist sie das nicht so oder so, falls er sie wirklich in seiner Gewalt hat?«

»Wir müssen etwas unternehmen. Ich halte diese Ungewissheit nicht mehr aus.«

»Dann geh zu Rebecca Risse. Die weiß am ehesten, wo und wie man Loder findet.«

Eine Stunde später stand Olga vor der schweren Eichentür der Agentur *BestRosies* und wartete auf das Summen des Türöffners. Doch das blieb aus. Ungeduldig drückte Olga mehrfach auf den Klingelknopf. Leise hörte sie den Gong erschallen, ansonsten blieb es ruhig. Keine Schritte, keine elektronische Entriegelung. Nach zwei weiteren Versuchen gab Olga auf und stieg langsam die Treppe hinab. Als sie unten die Haustür öffnen wollte, wurde diese aufgestoßen und unvermittelt stand die Agenturchefin vor ihr.

»Was wollen Sie hier?«, fauchte Rebecca Risse. »Sie haben mir gerade noch gefehlt.«

»Fein«, entgegnete Olga spitz. »Dann ist es ja gut, dass ich da bin. Es geht um Juliette.«

»Da habe ich jetzt wirklich andere Sorgen. Lassen Sie mich in Ruhe!«

»So einfach ist das nicht.« Olga legte Nachdruck in ihre Stimme. »Wir müssen reden, und zwar sofort.«

Risses Augen funkelten. Olga sah, wie die Kupplerin mit sich kämpfte. Schließlich nickte sie und ging zum Aufzug.

»Kommen Sie!« Es klang unversöhnlich.

In der Kabine gingen sie auf Abstand und schwiegen. Olga betrachtete das Gesicht vor ihr: Aus den Augenwinkeln heraus zogen viele kleine Fältchen, die erstaunlicherweise einen strengen Eindruck hervorriefen, der zu den Kerben an den Mundwinkeln und der tiefen Furche über der Nasenwurzel passte. Die Tränensäcke unter den Augen waren halbherzig weggeschminkt, die Lippen bildeten blutleere Striche. Es war das Gesicht einer angestrengten und alten Frau. Nichts war übrig von der gepflegten Erscheinung bei Olgas erstem Besuch im Büro der Agentur. Jetzt sah sie das Antlitz einer verbrauchten Existenz. Diese Frau rang darum, eine Fassade aufrecht zu erhalten, die zum Zerbersten verurteilt war. Beinahe empfand Olga etwas Mitleid. *Wer weiß,* dachte sie, *was diese Frau alles durchgemacht hat, ehe sie zu der wurde, die sie nun ist. Doch jetzt beutet sie junge Frauen aus,* hielt sich Olga vor Augen. *Sie hat kein Mitleid verdient.*

Der Lift hielt im obersten Stock, Risse stieg aus und schritt wortlos voraus zur Bürotür, öffnete und winkte Olga mit einer herrisch-ungeduldigen Handbewegung herein. Sie wies Olga den Weg in den Besprechungsraum, den sie schon kannte, schloss die Bürotür und setzte sich an den Tisch.

»Was in Gottes Namen wollen Sie wegen Juliette von mir? Sie macht ihre Jobs freiwillig, es gibt keinen Grund zur Klage.«

»August Loder.« Nur diesen Namen äußerte Olga und betonte jede der vier Silben.

Risse wurde blass. Ihre Mundwinkel zuckten, sie rang sichtlich nach Fassung. Langsam hob sie den Kopf und blickte Olga in die Augen. Das Kämpferische war aus Risses Augen verschwunden, stattdessen las Olga in diesem Blick Angst. *Jetzt habe ich dich,* triumphierte Olga innerlich und setzte nach. »Er ist der Stalker von Juliette. Sie wissen und dulden das!«

Allmählich schien Risses Kämpfernatur zurückzukommen. Sie richtete sich kerzengerade auf und wischte den Vorwurf mit einer missbilligenden Handbewegung beiseite. »Unsinn! Wie kommen Sie auf sowas?«

»Loder ist ein spezieller Kunde für Sie. Er darf Ihre Dienste kostenlos in Anspruch nehmen. Er hat seit langem nur einen Wunsch: Juliette!«

»*BestRosies* nimmt Rücksicht auf die Wünsche der Kunden.«

»Auf jeden Wunsch?«

»Nur legale Sachen.« Risse antwortete selbstbewusst, sie schien ihre Fassung zurückerlangt zu haben.

»Wo ist Juliette?«

»Woher soll ich das wissen?«

»Geben Sie mir die Adresse von Loders Liebesnest«, forderte Olga unvermittelt. »Sofort. Sonst hetze ich Ihnen noch heute die Staatsanwaltschaft auf den Hals.«

»Ich kenne kein Liebesnest. In unserem Service war stets ein Hotel enthalten.«

»Warum ›war‹?«

Risse erbleichte erneut. Sie schüttelte den Kopf. »Ich kenne wirklich kein Liebesnest.«

»Wo ist August Loder?«

Risse senkte den Kopf und schwieg. Ihre Schultern zuckten

unkontrolliert. »Mein Gott, was wollen Sie wissen?«, schrie sie plötzlich. »Loder ist tot!«

Stille.

Olga hörte sich selbst schwer atmen. *Mord am Rangierbahnhof – Der Tote vom Baggersee.* Ihr wurde schwindlig. Was bedeutete das für Caroline? Es lief ihr kalt den Rücken hinunter, nicht zum ersten Mal an diesem Donnerstag. Zugleich fragte sie sich, warum Loders Tod Risse so aus der Fassung brachte. Da musste mehr dahinterstecken als nur die Beziehung zu einem Stammkunden. Warum hatte Loder so eine Vorzugsbehandlung bekommen? Was verband die beiden, was schuldete sie ihm? Was verschwieg die Agenturchefin und warum?

»Loder hat Juliette entführt. Wir müssen das Mädchen finden«, flüsterte sie eindringlich und hoffte auf eine Reaktion von Risse. Doch diese blickte ins Leere und schwieg.

Was geht in dieser Frau vor?, rätselte Olga und überlegte, wie sie dieses Schweigen aufbrechen konnte. Sollte sie Ramona erwähnen, die gezwungenermaßen für *BestRosies* arbeitete? Noch hatte Olga mit der Belarussin nicht gesprochen, noch fehlten ihr handfeste Fakten aus erster Hand. Außerdem wollte sie die Frau nicht in Schwierigkeiten bringen, und wer wusste, wie Risse auf eine Drohung reagieren würde.

Nein, entschied Olga, sie würde nicht drohen, sondern bitten: »Wenn Sie mir helfen, Juliette zu finden, haben Sie nichts von mir zu befürchten. Geben Sie sich einen Ruck! Ich weiß, dass Sie mir eine entscheidende Information vorenthalten. Vielleicht haben Sie Angst, sich selbst auf irgendeine Art und Weise zu belasten?« Olga hielt inne und beobachtete die Agenturchefin genau.

Sie war blass und ihre Mundwinkel zuckten.

Ich muss sie erreichen, sie muss einen weichen Kern haben, ermutigte sich Olga selbst und fuhr fort: »Ich verspreche Ihnen, egal, was Sie mir zu sagen haben, ich drehe Ihnen daraus keinen

Strick. Helfen Sie mir, Juliette zu finden. Es geht um die Gesundheit eines Menschen.«

»Ich kann Ihnen nicht helfen«, antwortete Risse matt. »Aber ich versuche, etwas in Erfahrung zu bringen. Geben Sie mir einige Stunden Zeit.«

Olga machte sich zu Fuß auf den Weg ins Institut. Der kalte Wind tat ihr gut. Sie ging schnell, um nicht zu frieren, und atmete tief ein und aus. Allmählich wich die Benommenheit aus ihrem Kopf. Loder war tot. Caroline hatte von ihrem Stalker nichts mehr zu befürchten.

Vielleicht hat sie sich die letzten Tage versteckt und sich aus Sorge, Loder könne ihre Spur aufnehmen, nicht bei uns gemeldet, überlegte Olga und schrieb Caroline eine Nachricht: *August Loder ist tot.*

Sie hoffte auf eine Antwort, aber sie glaubte nicht daran. Ihre innere Stimme sagte ihr, dass Loder Caroline eingesperrt hatte, weil er sie mit Haut und Haar besitzen und beherrschen wollte. Wenn dem so war, dann mussten sie Loders Versteck finden. Doch wo sollten sie suchen?

Olga hoffte auf die Mithilfe von Risse und überlegte, in welchem Verhältnis die Agenturchefin zu dem Banker stand. Es musste mehr sein als lediglich eine Kundenbeziehung, denn dazu nahm Loders Tod die Kupplerin zu sehr mit. Plötzlich durchzuckte sie ein absurder Gedanke, den sie sofort wieder verwarf, der sich aber Schritt für Schritt festsetzte. *Nein, unmöglich*, redete sie sich selbst gut zu und wurde gleichwohl immer unruhiger bei dem Gedanken. *Abwegig*, schalt sie sich selbst und stellte sich dabei doch ganz lebhaft vor, wie Caroline ihren Peiniger tötete. *Was, wenn es so gewesen ist?*

Olga schüttelte den Kopf; nein, zu einem Mord wäre Caroline nicht fähig. Notwehr? *Wenn ich nur mehr über den Tathergang wüsste,* sinnierte Olga und spielte diverse Szenarien durch, die sich am Baggersee hätten zugetragen haben können. *Zerbrich dir nicht anderer Leute Kopf,* brummte ihre innere Stimme, und Olga beschloss, endlich einmal auf ihren inneren Mahner zu hören.

Sie versuchte, Sonja zu erreichen, hörte jedoch nur die Mailbox. Rasch sprach sie die Neuigkeit auf den Anrufbeantworter, dann schaute sie, ob eine Nachricht von Caroline eingetroffen war. Nichts. Als Olga kurz, bevor sie das Seminargebäude erreichte, bei Caroline anrief, erklang nur die mechanische Ansage: *The person you have called is not available.*

Kaum hatte Olga ihr Zimmer betreten, klopfte es an der Tür. Stephanie fragte schüchtern, ob sie eintreten dürfe. Olga nickte und wies auf den Besucherstuhl.

»Haben Sie etwas herausgefunden?«, fragte die Studentin.

Olga zog ihren Anorak aus und nickte. »Kennen Sie einen August Loder?«

»Nein, wer soll das sein?«

»Carolines Stalker.«

»Wow«, rief Stephanie begeistert, »das haben Sie schon erfahren? Und wo steckt Juliette?«

»Da haben wir ein Problem«, antwortete Olga und zögerte noch, der Studentin alles zu erzählen. »Doch jetzt zu Ihnen: Konnten Sie mit Ramona Kontakt aufnehmen?«

»Deswegen bin ich hier. Sie hätte heute Nachmittag Zeit, sich mit Ihnen zu treffen.«

»Wann und wo?«

»Zwischen halb drei und vier Uhr, am liebsten hier bei Ihnen. Geht das?«

Olga kontrollierte kurz den Institutskalender, stellte fest, dass das Assistentenzimmer am Nachmittag nicht belegt war und nickte.

»Fein, ich sag' Ramona Bescheid.« Stephanie nestelte an

ihrem Jackenkragen, dann fragte sie: »Und was ist das Problem mit Juliette?«

»Ich fürchte, sie wird von ihrem Stalker gefangen gehalten.«

»Jetzt wissen Sie doch, wer es ist. Dann kann man ihm die Polizei auf den Hals hetzen.«

»Die kümmert sich bereits um ihn«, erwiderte Olga. »Aber er kann nicht mehr aussagen.«

»Warum?«

»Er ist tot.«

»Echt krass!«, rief Stephanie und klatschte in die Hände.

»Sie freuen sich?«

»Natürlich, etwas Besseres kann Caroline nicht passieren.«

»Erst müssen wir sie finden«, antwortete Olga.

18

Die Nachricht hatte ihn unvorbereitet erreicht. Roger wusste nicht, ob er sich freuen sollte. Klar, über Nacht war er einen unliebsamen Mitgesellschafter für die *cashpaper*-Bank losgeworden. Aber nun fehlte in der Startphase eben auch der erfahrene Begleiter mit den wertvollen Verbindungen, die bei Investoren und Anwendern Türen öffnen konnten. Außerdem machte er sich Sorgen, wer Loders Stelle bei seiner Hausbank einnehmen würde. Die Geschäftskontakte zu den neuen Nutzern der *cashpaper*-Finanzdienstleistungen waren taufrisch und wollten durch das Bankhaus Malburgg&Lederer gepflegt werden.

Rasch überprüfte er das Provisionskonto von *cashpaper* und stellte beruhigt fest, dass auch gestern wieder ein kleiner siebenstelliger Betrag geflossen war. Noch funktionierte das Geschäftsmodell, und das, so wünschte Roger inständig, sollte auch so bleiben.

Weil er niemanden hatte, mit dem er sich über etwaige Konsequenzen von Loders Tod beraten konnte, und weil immerhin der in letzter Zeit zunehmende Ärger mit Juliette nun beendet sein dürfte, telefonierte er gleich am frühen Vormittag mit seiner Mutter. Erstaunlicherweise reagierte sie auf die Nachricht verstört. Das war er von seiner Mutter nicht gewohnt. Er versagte es sich nachzubohren, denn das kam bei seiner Mutter selten gut an. Stattdessen bat er Jessica, ihn zu besuchen, und grübelte über Loders Schicksal. Was war am Baggersee geschehen? Hatte es etwas mit *cashpaper* zu tun? Lauerte auch auf ihn eine Gefahr? Immerhin war Roger bewusst, mit welchem Teufel sein Zahlungsdienstleister im Bunde war. Zwar wusste er nicht, für wen Loder mit *cashpaper* die Geldwaschmaschine angeworfen hatte, aber ob es sich um eine italienische oder eine russische Organisation handelte, blieb letztlich egal; das organisierte Verbrechen wusste sich immer zu verteidigen.

Was für einen Fehler hat Loder begangen, dass er mit seinem Leben dafür zahlen musste? Das muss ich in Erfahrung bringen, nahm sich Roger vor, *damit ich mich im Zweifel schützen kann.*

Zunehmend ungeduldiger wartete er auf Jessica. Er brauchte Ablenkung von seinen Grübeleien, die sich immer angstbesetzter um den Mord an Loder drehten. Warum war der Banker getötet worden? Wo lag das Motiv? Wer hatte einen Vorteil von dessen Tod? Er selbst hatte einen Vorteil, durchzuckte es Roger, und beinahe panisch fragte er sich, was er zur Tatzeit getan hatte. Er war vor dem Börsenticker gesessen, hatte sich an den weiter steigenden Kursen gefreut und nebenbei eine Flasche Champagner geleert. Das war kein Alibi; diese Erkenntnis beunruhigte ihn. Was, wenn die Kriminalpolizei bei ihm auftauchte?

Wenn die Bullen Loders Geschäfte durchleuchten, stoßen sie zwangsläufig auf mich und cashpaper, eventuell auch auf Best-Rosies, überlegte Roger, *und dann stehen sie bei mir auf der Matte und stellen fest, dass ich ein lukratives Motiv hätte. Spüren eventuell auch dem Ärger mit Juliette nach und meinen dann, ich hätte das Geschäft meiner Mutter erledigt, die es nicht dulden kann, dass ihr ein Kunde eine Escort-Dame ausspannt. Mein Leumund ist allein wegen meiner Herkunft nicht der Beste, und dass ich mit cashpaper seit Jahren im Rotlicht- und Pornogeschäft mein Geld verdiene, hebt meine Reputation kaum. Wenn die Kripo meine Geschäftsbücher durchforstet und auf die Provisionszahlungen stößt, hängen sie mir zu allem Überfluss noch die Geldwäsche an den Hals; dann bin ich geliefert.*

Rogers Gedanken drehten sich immer schneller im Kreis und wirbelten um diesen einen Punkt beinahe wie ein Eiskunstläufer, der während der Pirouette die Arme anlegt. Roger musste aus diesem Gedankenkreisel ausbrechen. Er brauchte Abwechslung. Wo blieb Jessica?

Warum eigentlich hatte ihn Martens über Loders Tod informiert? Wie hing der Wirtschaftsprüfer von *CooperPepperConsultation* mit Loder zusammen? Nach allem, was Roger wusste, wurde seine Hausbank von einem anderen Unternehmen geprüft. Das hatte er, als er *CPC* zunächst um Unternehmensberatung gebeten und später mit der Buchprüfung von *cashpaper* beauftragt hatte, recherchiert, denn er wollte auf keinen Fall, dass es hier zu Überschneidungen kam. Wie also kam Martens dazu, ihn zu kontaktieren und ihm mitzuteilen, dass der *Tote vom Baggersee*, wie ein Boulevardblatt titelte, August Loder war? Warum wollte ihn Martens morgen dringend treffen? Gab es eine Verbindung zwischen Martens und Loder, von der er nichts wusste? War das relevant?

Roger sorgte sich zunehmend um das lukrative neue Geschäftsmodell, ja, er hatte Angst, dass es mit den fetten Gewinnen bald vorbei sein könnte. Dabei hatte er erst gestern mit Michael, seinem Kumpel und begnadeten Programmierer beschlossen, ihre IT-Abteilung um mindestens zehn Leute aufzustocken und in der Kundenbetreuung einen kräftigen Aufschlag mit Bankkaufleuten zu wagen. Die Expansion musste mit Personal unterfüttert werden, da genügten die knapp 100 Angestellten, die *cashpaper* derzeit hatte, bei weitem nicht mehr. *Wer reich werden will, muss investieren.* Martens hatte ihm das schon vor Jahren gesagt, jetzt handelte Roger danach, denn er wollte den Erfolg, und zwar unbedingt.

Wo zum Teufel steckte Jessica? Roger musste seine Anspannung abbauen. Jetzt. Sofort. Er hielt die Zweifel und Fragen und die beinahe irrlichternden Gedanken nicht mehr aus, er brauchte eine Frau.

Da schellte sein altes Festnetztelefon. Ungeduldig hob er ab. Seine Mutter. Die hatte ihm gerade noch gefehlt.

»Hast du Loder das Liebesnest zur Verfügung gestellt?«, fragte sie unvermittelt.

»Ja«, antwortete er. »Warum fragst du?«

»Weil ich Juliette vermisse. Er wird sie dort eingesperrt haben. Wir müssen sie da rausholen.«

»Scheiße«, fluchte Roger. Er wusste, was seine Mutter als Nächstes sagen würde.

»Du hast einen Schlüssel, also mach dich auf den Weg! Sofort!«

Mutter duldete keinen Widerspruch. Frustriert schnappte sich Roger den Schlüssel zu dem Appartement im Olympiadorf.

Auf der Treppe kam ihm Jessica entgegen. Sie lächelte lasziv und fragte: »Konntest Du es nicht erwarten, mich zu sehen?«

Er blickte in ihren Ausschnitt und spürte den Druck in den Lenden. Sie war nun auf einer Stufe mit ihm angekommen, küsste ihn und fasste ihm in den Schritt. Roger konnte nicht anders, er umarmte sie und ging mit ihr nach oben. Mutters Auftrag musste warten.

Ungestüm riss er sich die Kleider vom Leib und ging Jessica an die Wäsche. Er warf sie aufs Bett und legte sich auf sie, doch Jessica spielte dieses Spiel nicht mit. Sie rollte sich zur Seite und griff nach seiner Erregung. Er verlor jede Kontrolle über seine Lust. Nach einer Minute war alles vorbei. In ihren Augen lag ein seltsamer Ausdruck von Abscheu und Mitleid.

Eine qualvolle Wut stieg in Roger hoch. »Geh«, fauchte er, stand auf und ging unter die Dusche. Während der Wasserstrahl heiß auf ihn herunterprasselte, legte sich sein Zorn und wich einem Ärger über sich selbst. Er wusste genau, was er von Jessica erwarten durfte und was nicht. Sie würde sich ihm niemals unterwerfen. Sie war stärker als er. Sie musste seine Verbündete bleiben.

Plötzlich bekam er Angst, frottierte sich trocken und ging hinüber ins Schlafzimmer. *Gott sei Dank,* atmete er auf. Jessica saß auf dem Bett und schaute ihn durchdringend an.

»Was ist los, mein Junge?«, fragte sie sanft.

Dafür bewunderte er sie. Sie reagierte immer so beherrscht und konnte in ihm lesen wie in einem offenen Buch. Wenn ihn jemand verstand, dann war es vermutlich Jessica. Das empfand er mal als beruhigend, mal als verstörend; jetzt gerade beruhigte es ihn.

Er setzte sich neben sie auf die Bettkante und streichelte ihr unbeholfen über den Hinterkopf. »Sorry«, krächzte er. »Ich stehe unter Strom.«

»Das habe ich gemerkt. Willst du drüber reden?«

»Hast du das von Loder gehört?«, antwortete Roger mit einer Gegenfrage und schaute auf die Uhr. Er durfte nicht allzu sehr trödeln, um Mutters Auftrag zu erfüllen.

»Ja. Er war wichtig fürs Geschäft, oder?«

»In mehrfacher Hinsicht, aber das ist nicht mein Problem«, bemerkte Roger zögerlich. Wieviel sollte er Jessica anvertrauen? Was wusste sie schon von seiner Mutter? Was hatte er ihr neulich, als sie die in die Höhe schießenden Börsenkurse feierten, selbst verraten? Er wusste es nicht mehr.

»Sondern?«, hakte Jessica nach.

»Ich habe Angst, weil ich nicht weiß, ob sein Tod etwas mit den Geschäften von *cashpaper* zu tun hat.«

»Wie kommst du da drauf?«

»Ein unbestimmtes Gefühl.« Roger blieb absichtlich vage. Plötzlich beschlichen ihn Zweifel, ob es klug war, Jessica ins Vertrauen zu ziehen. Auf wessen Seite würde sie stehen, wenn es hart auf hart kam? Sie war die Vertraute seiner Mutter, was er ihr mitteilte, würde seine Mutter erfahren. *Mutter muss nicht alles wissen,* grenzte sich Roger ab und blickte erneut auf die Uhr.

»Hast du einen Termin, weil du dauernd auf die Uhr schaust?«

»Ich muss mich um Juliette kümmern«, nickte Roger. »Sonst ist Mutter sauer.«

»Was ist mit Juliette? An der hatte Loder einen Narren gefressen, oder? Ist Rebecca deswegen so dünnhäutig?«

»Meine Mutter argwöhnt, dass Loder Juliette eingesperrt hat, weil er sie für sich haben will«, gestand Roger und beobachtete Jessicas Reaktion.

Doch die nickte nur und sagte: »Dann geh und kümmere dich. Wenn du später mit mir reden willst, sag Bescheid.« Sie erhob sich und griff nach ihrem Kleid.

»Übrigens«, ergänzte sie leise, »du kannst dich auf mich verlassen.«

Auf dem Weg ins Olympiadorf dachte Roger über sein Verhältnis zu Jessica nach. Neulich, als sie in seinem Auftrag Alborn verführt hatte, war er eifersüchtig gewesen. Warum? Empfand er mehr für sie als lediglich eine erotische Attraktion, die vor allem daher rührte, dass sie ihm gefiel und sie genau wusste, was seinem Körper guttat? Verband es ihn mit ihr, aus der gleichen Welt zu kommen, in der Prostitution und Pornographie selbstverständlich und Geschäftsgrundlage waren? Mochte er sie, weil sie akzeptierte, dass er sich Frauen kaufen wollte, oder liebte er sie gar dafür, dass sie ihn verstand und sich in ihn hineinversetzen konnte? Mit ihr konnte er über Dinge sprechen, die eine Frau außerhalb des Milieus unanständig oder gar abstoßend fände. Zudem war sie schlau und geschäftstüchtig, auch dort, wo es sein musste, skrupellos.

Jessica ist die richtige Partnerin für das harte Geschäft, bekräftigte Roger und nahm sich vor, sie stärker in seine weiteren Planungen einzubinden. Dann tauchte das Bild der unschuldigen Studentin wieder auf. Lisa reizte ihn. Er wollte sie erobern und besitzen, und, das dämmerte allmählich in seinem Hinterkopf: Er wollte sie unterwerfen.

Als er die Tür zu dem Appartement aufschloss, blieb alles still. Roger zögerte, die Diele zu betreten. Dann schlüpfte er leise wie ein Einbrecher hinein und zog die Tür hinter sich zu. Er schnupperte die abgestandene Luft. Es roch leicht säuerlich.

Rogers Puls beschleunigte sich. Vorsichtig bog er um die Ecke, erreichte die Kochnische; im Spülbecken stapelte sich ungewaschenes Geschirr. Langsam ging er weiter. Die Tür zum Wohn-Schlafraum war geschlossen. Zaghaft drückte er die Klinke herunter und betrat das lichtdurchflutete Zimmer.

Sofort prallte er zurück. Was er sah, nahm ihm den Atem. Nackt und leblos lag Juliette auf dem Bett, Arme und Beine jeweils an eine Ecke des Bettes gefesselt. In ihrem Mund steckte ein blutroter Knebel.

Roger unterdrückte einen Aufschrei. *Um Gottes willen,* durchfuhr es ihn, *sie ist tot.* Ihm wurde speiübel. Sein Puls raste, sein Atem ging flach und stoßweise ... Ihm wurde schwarz vor Augen.

19

Die Abhandlung über Hegels Gerechtigkeitsbegriff strapazierte Olgas Konzentration sehr. Schließlich legte sie das langatmige Traktat zur Seite und fragte sich, ob sie sich für ihre Dissertation das richtige Thema ausgesucht hatte. Sie hatte nach wie vor Probleme damit, dass Hegel allzu sehr an das Gesetz anknüpft. Er sieht Recht nur als Recht an, wenn es gesetzt, also Gesetz ist. Soweit er auf dem Umweg über die Sittlichkeit zu dem Punkt gelangt, an dem ein Gesetz fragwürdig werden könnte, schwankte Olga nach wie vor, welchen sittlichen Maßstab sie anlegen sollte. Dann tat sich ihr persönliches Dilemma auf, gelegentlich ihr subjektives Gerechtigkeitsempfinden gegen das objektive Gesetz zu stellen. Obwohl sie seit Alex' Tod davon Abstand nehmen wollte, Recht und Gerechtigkeit selbst in die Hand zu nehmen, spürte sie immer noch ein großes Bedürfnis, sich für die Gerechtigkeit im Einzelfall einzusetzen. Warum sonst wollte sie Caroline helfen? Warum sonst wollte sie Loder das Handwerk legen? Olga freute sich darauf, in knapp zwei Stunden mit Ramona über die Nöte einer Escort-Dame zu sprechen. Wenn die Belarussin von Rebecca Risse zur Prostitution gezwungen worden war, würde sie der Agenturchefin gehörig einheizen.

Aus der Jackentasche ihres Anoraks ertönte der Rufton ihres Smartphones: *a-ha, Summer Moved On*. Olga sprang auf und holte ihr Handy.

»Kannst du sofort kommen?«, fragte Sonja mit zittriger Stimme, hektisch und ohne Begrüßung.

»Was ist passiert?«

»Wir haben die Kriminalpolizei im Haus – wegen August Loder.«

Olga erschrak und überlegte, was das zu bedeuten hatte.

»Sie wollen mich mitnehmen auf die Dienststelle – ich habe mich geweigert. Du musst schnell kommen!«

»Bin in zehn Minuten da«, rief Olga ins Telefon und schlüpfte in ihren Anorak. Rasch lief sie noch bei der Lehrstuhlsekretärin vorbei und bat diese, Ramona später ihre Telefonnummer zu geben und ihr auszurichten, dass sie den vereinbarten Termin leider nicht wahrnehmen könne, dann eilte sie nach Hause.

Sonja saß in einem Sessel zwei Beamten in Zivil gegenüber. Die Luft knisterte. Die junge Polizistin stand auf und ging auf Olga zu. »Tanja Knott«, stellte sie sich vor. »Das ist mein Kollege Heiner Brandl. Wir sind von der Mordkommission und ermitteln im Fall August Loder. Sie sind die Anwältin von Frau Lankess?«

«Richtig«, erwiderte Olga und nahm die hingestreckte Hand der Kriminalbeamtin. »Anwältin und Lebensgefährtin. Wollen Sie mir erklären, warum Sie hier sind?«

»Gern«, sagte die Polizistin und lächelte. »Wollen wir uns wieder setzen?«

Olga nickte.

»Ihnen sagt der Name August Loder offensichtlich etwas?«

»Leider ja«, entgegnete Olga. »Er ist der Tote vom Baggersee, wie eine Münchner Boulevardzeitung heute titelt. Was führt Sie in diesem Zusammenhang zu uns?«

»Diese E-Mail.« Tanja Knott schob ein Blatt Papier über den Tisch.

Olga las den Text zum ersten Mal. Sie spürte die Hitze von ihrer Brust den Hals emporsteigen und ärgerte sich, den Text nicht angeschaut zu haben, ehe Sonja ihn verschickt hatte. Sie versuchte, ruhig zu atmen, und las die E-Mail ein zweites Mal: *Hallo Herr Loder! Wenn Sie das anhängende Foto betrachten, sollte es Ihnen leichtfallen, sich mit mir in Verbindung zu setzen. Es geht um Juliette. Die Sache duldet keinen Aufschub. Wenn Sie sich nicht rasch melden, gebe ich Ihrer Ehefrau Gelegenheit, sich zu diesem Foto zu äußern.*

Aus der Perspektive eines Mordermittlers war die E-Mail in der Tat interessant; sie klang nach dem Versuch einer Nötigung oder gar Erpressung, und auch, wenn sich Olga sicher war, dass mit diesen Zeilen der einschlägige Straftatbestand nicht erfüllt war, erkannte sie den Ernst der Lage. Sie atmete langsam aus und noch langsamer ein, schob das Blatt Papier über den Tisch und bemerkte mit betont ruhiger Stimme: »Schade, dass sich Herr Loder nicht mehr mit Frau Lankess in Verbindung setzen kann. Das erklärt Ihren Besuch nur unzureichend.«

»Jetzt hören Sie mal, Frau Anwältin«, brauste Brandl auf, »die E-Mail ist eine handfeste Erpressung. Dann ist was schiefgelaufen und jetzt ist das Erpressungsopfer tot.«

»Wollen Sie Frau Lankess als Tatverdächtige vernehmen?«

»Dass es sich hier um eine Erpressung handelt, ist doch unstreitig«, ereiferte sich der Polizist.

Olga lächelte in sich hinein. Brandl spielte zu offensichtlich den *bad cop.* Sie schüttelte sachte den Kopf, nahm Blickkontakt mit Knott auf und wartete. Wieder einmal blieb sie ihrer Strategie treu, ihr Gegenüber reden zu lassen.

»Wir nehmen an, dass Frau Lankess uns möglicherweise sachdienliche Hinweise geben kann«, beschwichtigte die Kriminalbeamtin. »Immerhin hat sie Herrn Loder ein Foto zukommen lassen, auf dem er mit einer jungen Frau zu sehen ist. Offenbar nicht die Ehefrau«, fügte sie nach einer kurzen Pause hinzu.

»Frau Lankess wird Ihre Fragen beantworten, allerdings unter einer Bedingung.«

»Die wäre?«, blaffte Brandl.

»Sie lassen sofort den ungerechtfertigten Vorwurf der Erpressung fallen.«

Brandl blies die Backen auf. Da legte ihm seine Kollegin eine Hand aufs Knie.

»Einverstanden«, sagte sie.

Olga nickte. »Dann stellen Sie Ihre Fragen.«

»In welcher Beziehung stehen Sie, Frau Lankess, zu Herrn Loder?«

»In gar keiner.«

»Wie kommt es dann zu dieser E-Mail?«, knurrte Brandl.

»Wir vermissen die junge Frau, die auf dem Foto zu sehen ist, und vermuten, dass Herr Loder sie in seine Gewalt gebracht hat. Daher wollte ich mich mit ihm in Verbindung setzen.«

Brandl lachte laut auf. »So einen Mist hat man mir schon lange nicht mehr erzählt.«

»Mäßigen Sie sich«, tadelte Olga den Polizisten mit leiser Stimme. »Ansonsten ist diese Unterhaltung beendet.« Nach einer kurzen Pause wandte sie sich direkt an die Polizistin. »Wenn Sie den Hintergrund von Herrn Loder ausleuchten, Frau Knott, werden Sie über kurz oder lang auf seine Verbindungen zum Rotlichtmilieu stoßen. Die junge Frau auf dem Foto ist eine Bekannte von uns. Sie arbeitet gelegentlich als Escort-Dame. Herr Loder gehört zu ihren Kunden. Wir vermuten, dass er sie gestalkt hat. Da wir seit Tagen nichts mehr von der jungen Frau gehört haben, wollten wir dem Verdacht nachgehen, Herr Loder könne sie in seine Gewalt gebracht haben. Sollte dies der Fall sein, schwebt die junge Frau womöglich in großer Gefahr.«

»Oder genau darin liegt das Mordmotiv«, triumphierte Brandl.

»Gut, Herr Brandl, Sie können es nicht lassen. Dann beenden wir diese Unterhaltung«, erklärte Olga. Ihre Stimme war gefährlich ruhig. Je länger sie darüber nachdachte, desto lieber war es ihr, eine schriftliche Stellungnahme abzugeben. Wenn die Ermittler die Wohnung rasch verließen, konnte sie vielleicht noch rechtzeitig am Institut sein, um Ramona zu treffen. Die Suche nach Caroline musste nun absoluten Vorrang haben, und dazu brauchte sie ein Druckmittel gegenüber Rebecca Risse, die sich immer noch nicht gemeldet hatte.

»Entschuldigen Sie«, lenkte Knott ein, »wir wollen hier nicht spekulieren und niemand beschuldigen. Wie heißt die junge Frau?«

»Sie müssen das unbedingt vertraulich behandeln«, forderte Olga.

»Selbstverständlich.«

»Ihr Künstlername ist Juliette, ihr bürgerlicher Name Caroline Pohl. Sie ist Jurastudentin und nimmt an einem Seminar teil, das ich an der Universität München mitbetreue.«

»Wissen Sie, wie Frau Pohl mit Herrn Loder in Kontakt kam?«

»Ja«, antwortete Olga. »Sie arbeitet für die Agentur *Best-Rosies*. Dort ist Herr Loder Kunde, und zwar, wie wir durch Caroline wissen, ein sehr bevorzugter.«

»Das ist interessant«, bemerkte Knott. »Seit wann vermissen Sie Frau Pohl?«

»Seit sechs Tagen«, gab Sonja Auskunft. »Zuletzt gesehen haben wir sie vor fast zwei Wochen. Wir waren vergangene Woche im Skiurlaub.«

»Und wo waren Sie gestern Nachmittag?«, platzte Brandl heraus.

»Sie müssen diese Frage nicht beantworten«, beschwichtigte Knott und warf ihrem Kollegen einen missbilligenden Blick zu.

»Wir waren zu Hause und haben uns wegen Caroline Sorgen gemacht. Deswegen habe ich am Nachmittag die E-Mail geschrieben. Sie können ja sehen, wann ich sie abgeschickt habe«, erläuterte Sonja.

Erfreut stellte Olga fest, dass ihre Lebensgefährtin wieder selbstbewusst wurde. Offensichtlich hatte sie den Schreck verdaut, dass die Kriminalpolizei aufgetaucht war.

»Bitte, kümmern Sie sich darum, Caroline zu finden«, bat Sonja, und Olga nickte dazu.

»Wir werden die Kollegen informieren, die für Vermisstenfälle zuständign zuständig sind«, versprach Knott und stand auf. »Danke für Ihre Kooperation. Wenn Ihnen noch etwas einfällt, rufen Sie mich bitte an.« Mit diesen Worten reichte sie sowohl Sonja wie Olga jeweils eine Visitenkarte: *Tanja Knott, Kriminaloberkommissarin. Dezernat für Gewaltdelikte, München.*

Sie ist älter als sie aussieht, dachte Olga und begleitete die beiden zur Tür.

»Wenn ich mich spute, schaffe ich es noch rechtzeitig zu meiner Verabredung mit Ramona«, rief Olga und zog ihren Anorak an. »Ich melde mich dann bei dir.«

»Viel Glück. Hoffentlich kommt etwas heraus«, wünschte Sonja und warf Olga eine Kusshand zu.

Die kleine Frau stand schüchtern im Zimmer und zögerte, Olgas Aufforderung zu folgen, ihren Mantel auszuziehen und sich an den Tisch zu setzen.

»Sie sind also Ramona«, begrüßte Olga ihre Besucherin. »Ich bin Olga. Nehmen Sie Platz. Darf ich Ihnen etwas zu trinken anbieten?«

Ramona schüttelte den Kopf und setzte sich mit Mantel auf die Kante des Besucherstuhls. Ihr Gesicht wurde von einer großen Nase dominiert. Hochangesetzte Wangenknochen und buschige Augenbrauen verstärkten die markanten Gesichtszüge. Ihre dunklen Augen blickten wie durch einen Schleier auf Olga. Die Sinnlichkeit der vollen Lippen wurde durch das kantige Kinn konterkariert.

Du bist keine Schönheit, bedauerte Olga und fragte sich, wie dieses Gesicht bei den Freiern von *BestRosies* ankam. Ohne noch einen weiteren Satz mit Ramona gewechselt zu haben, empfand Olga bereits Mitleid mit ihr und spürte den überwältigenden Impuls, ihr zu helfen.

»Alyssa hat Sie zu mir geschickt, weil Sie Hilfe brauchen. Ist es richtig, dass die Agentur *BestRosies* Ihren Pass für Sie aufbewahrt?«

Ramona nickte.

»Gefällt Ihnen das? Oder hätten Sie den Pass lieber bei sich?«

»Frau Risse sagt, es ist gut für mich, wenn der Pass bei ihr im Tresor liegt«, antwortete Ramona leise. Ihre dunkle Stimme klang rau, beinahe kratzig.

Das mochten viele Männer sexy finden, überlegte Olga und fragte, ob Ramona vielleicht doch den Mantel ausziehen wolle. »Sie sollen sich bei mir wohl fühlen«, versuchte Olga, die Verkrampfung etwas zu lösen. »Ich will Ihnen helfen.«

Ramona zögerte. »Nicht, dass ich Ihnen Zeit stehle«, sagte sie. »Ich brauche diesen Job. Was soll ich machen ohne Frau Risse?«

»Sie stehlen mir keine Zeit. Machen Sie diesen Job freiwillig?«

Ramona schüttelte den Kopf, stand auf und zog ihren Mantel aus. Darunter trug sie einen enganliegenden Pullover, der ihre Oberweite betonte.

Allmählich verstand Olga, warum Ramona als Escort-Dame gebucht wurde. Allerdings stimmte sie das nur trauriger, denn sie stellte sich vor, wie diese junge Frau auf ihre erotische Stimme und ihre Brüste reduziert und als Lustobjekt missbraucht wurde.

»Ein Freund von meinem Vater hat mich nach Deutschland gebracht. Er hat versprochen, dass ich gute Arbeit in der Unterhaltungsbranche bekommen kann. Das klang gut. Ich spreche ordentlich Deutsch, spiele Querflöte und Gitarre, habe eine Ausbildung in der Gastronomie, also dachte ich, das kann ich. Als ich hier ankam, war alles anders …« Ihre Stimme versiegte.

Ein Klassiker, ärgerte sich Olga. Zu oft hatte sie solche Geschichten bereits in Reportagen gehört und gelesen. Sie ließ der jungen Frau Zeit, sich wieder zu fangen, ehe sie nachfragte: »Hat man sie zur Prostitution gezwungen?«

»Ich sollte Begleitdame machen, zunächst nur für Theater und Konzerte. Schnell war klar, dass die Männer danach Sex wollten. Als ich das ablehnte, übernahm der Sohn von Frau Risse die Aufgabe, mich ›auszubilden‹. So hieß das. Es war schrecklich.«

»Und Ihr Pass lag im Tresor von *BestRosies*?«

»Vom ersten Tag an, doch das ist nicht das Schlimmste. Wenn ich nicht mache, was man von mir verlangt, erfährt meine Familie, was ich bereits gemacht habe. Das kann ich meinen Eltern nicht antun. Frau Risse hat Fotos und Videos ... Außerdem muss ich meiner Familie jeden Monat Geld schicken.« Ramona weinte. Olga schob ihr ein Päckchen Papiertaschentücher über den Tisch und tröstete: »Ich werde Ihnen helfen. Sie müssen das nicht mehr tun und Sie müssen keine Angst mehr haben.«

»Wirklich?«

»Sie können sich auf mich verlassen. Wie heißen Sie?«

»Eftimia Ardelean.«

»Wo wohnen Sie?«

»In einer kleinen Wohnung von Frau Risse im Olympiadorf. Dort muss ich manchmal auch Kunden empfangen.«

»Haben Sie ein Handy?«

Eftimia Ardelean nickte und diktierte Olga ihre Nummer.

»Gut. Ich melde mich, wenn ich etwas erreicht habe.«

20

Die erste Tageshälfte dieses Donnerstags war wie im Flug vergangen und hatte Cathrin keine Gelegenheit gelassen, in Ruhe über den gestrigen Tag nachzudenken. Dabei gaben die Schlagzeilen der Münchner Boulevardzeitungen genug Anlass, sich Gedanken über das Geschehen des gestrigen Abends zu machen. Wer war das Opfer des Mordanschlags am Baggersee? Was hatte diese Tat mit ihrem geplanten Treffen mit Zönte zu tun? Zufall oder nicht? Gern hätte sie darüber so schnell wie möglich mit Zönte gesprochen, doch der war wieder untergetaucht.

Inzwischen war es zwei Uhr nachmittags, Zeit für einen verspäteten Imbiss und Muße genug, eine Lösung für das große Rätsel des gestrigen Abends zu suchen. Gerade, als sie ihr Büro verlassen wollte, schellte das Telefon.

»Die Kriminalpolizei ist am Apparat«, meldete Cathrins Sekretärin. »Kann ich durchstellen?«

Cathrin bejahte, gleich darauf meldete sich Verena Mühlke und bat Cathrin, unverzüglich zu einem Gespräch ins Morddezernat zu kommen.

»Wenn ich mir unterwegs noch zwei Leberkässemmeln besorgen darf, gern.«

Die Hauptkommissarin lachte.

Immerhin hat sie Humor, beruhigte sich Cathrin ein wenig, blieb trotzdem aufgeregt und überlegte, was die Kommissarin von ihr wollte. Über ihr abendliches Treffen mit Zönte jedenfalls würde Cathrin nicht eine Silbe verlieren, und wo sich der Investigativjournalist aufhielt, das wusste sie zum Glück tatsächlich nicht. Was darüber hinaus könnte Mühlke von ihr wissen wollen? Kannte oder ahnte die Mordkommission Zusammenhänge zwischen dem getöteten Banker, der Broderschen Privatbank und der Münchner Dependance von *CooperPepperConsultation*? Das würde sie bei dem kommenden Gespräch herausfinden, nahm sich Cathrin vor, streifte ihre Winterjacke über und machte sich auf den kurzen Weg durch die Innenstadt.

Beim Metzger ums Eck musste sie nicht anstehen, erhielt ihre zwei Semmeln mit warmem Leberkäse und biss in die erste sofort herzhaft hinein. Das tat gut und half, die aufkeimende Hibbeligkeit zu vertreiben, die mit einem beginnenden Unterzucker einherging. Während sie kaute, ging sie langsamer und sortierte ihre Gedanken.

Sie hatte bisher noch nicht um einen Gesprächstermin beim persönlich haftenden Gesellschafter für das Prüfwesen gebeten, würde dies aber bald tun müssen. Unregelmäßigkeiten in der Prüfgruppe Martens sollte die Chefetage aus den eigenen Reihen, nicht von außerhalb erfahren. Aber nach wie vor fehlten ihr handfeste Beweise gegen Dr. Martens. Alle Unterlagen, die sie gefunden und Zönte in die Hand gedrückt hatte, waren gewichtige Indizien und fügten sich in eine ziemlich lückenlose Beweiskette – gleichwohl blieb Raum für Zweifel. Ein gewiefter Taktiker wie Martens würde diese Zweifel schüren und sich aus der Schusslinie nehmen können. Es war zu früh, um ihn bei der Geschäftsleitung anzuschwärzen.

Allerdings, wenn Zöntes Artikel erschien … vielleicht schon morgen? Zu seiner eigenen Sicherheit musste er seine Erkenntnisse schnell veröffentlichen.

Mal sehen, was die Kommissarin für Erkenntnisse in unsere Richtung hat, dann entscheide ich, wie es weitergeht, beschloss Cathrin.

»Danke, dass Sie sich sofort Zeit genommen haben«, empfing Mühlke Cathrin und bot ihr einen Platz an einem winzigen Besprechungstisch an. »Wenn Sie mit Ihrer Leberkässemmel noch nicht fertig sind, essen Sie ruhig weiter. Gern berichte ich Ihnen bis dahin einige interessante Aspekte in dem Fall, für den Sie, wie die Amerikaner sagen, eine Person von besonderem Interesse sind.«

Cathrin wurde hellhörig. Eine *person of interest* ist in den Vereinigten Staaten mindestens kurz davor, eine tatverdächtige Person zu werden. Was also bezweckte die Kommissarin mit dieser Anspielung? Langsam biss sie in ihre Semmel und erwiderte den Blick der Polizistin.

»Wir suchen nach Zusammenhängen«, erklärte Mühlke. »Dabei sind wir auf erstaunliche Details gestoßen. Sie gaben gestern an, hinter dem Anschlag auf Herrn Zönte vor drei Wochen die Mafia zu vermuten. Dem sind wir nachgegangen. Tatsächlich spricht der Modus Operandi am Baggersee für einen professionellen Täter. Es könnte sich um einen Auftragsmord handeln. Allerdings erscheint uns die Annahme, der Anschlag könne Herrn Zönte gegolten haben, nicht schlüssig.«

Cathrin hörte auf zu kauen. Diese Feststellung überraschte sie, denn Tatort und Tatzeit sprachen aufgrund der Beobachtungen von Zönte klipp und klar für einen fehlgeschlagenen Anschlag auf den Journalisten. Der Täter hatte lediglich das Opfer verwechselt. Aber warum hatte sich ein Banker zur fraglichen Zeit dort aufgehalten? Wer war der Getötete?

»Mit wem wollten Sie sich gestern wirklich treffen, Frau Thaler?«

Cathrin verschluckte sich und musste husten. Was sollte diese Frage? Unwillkürlich beschleunigte sich ihr Puls. *Person of interest!*

»Mit Detlev Zönte.«

»Und mit wem noch?«

»Mit niemand.«

»Warum, Frau Thaler, fällt es mir schwer, Ihnen zu glauben?«

Cathrin schüttelte den Kopf. »Weiß ich nicht.«

»Ich sage es Ihnen: Sie wollten gestern gemeinsam mit Herrn Zönte einen Informanten treffen. Der hatte brisante Informationen für Zönte. Einflussreiche Kreise wollten dies verhindern und haben Ihren Informanten getötet. Warum mauern Sie? Ich brauche Ihre Unterstützung, um die Täter zu finden.«

»Ich wollte mich mit Herrn Zönte treffen. Allein. Unter vier Augen«, blieb Cathrin bei ihrer Aussage.

»Sagt Ihnen der Name August Loder etwas?«

Cathrin zuckte zusammen. Das war der Banker, den Zönte in Verdacht hatte, massiv an den Geldwäsche-Geschäften beteiligt zu sein.

»Das habe ich mir gedacht«, reagierte die Kommissarin auf Cathrins Zucken. »August Loder war Ihr Informant. Spucken Sie es endlich aus: Was wollten Sie von Loder erfahren?«

Cathrin grübelte, was Loder am Baggersee zu suchen gehabt hatte. Wusste er von ihrem Treffen mit Zönte? Wie sollte er davon erfahren haben? Unwahrscheinlich. Oder hatte Zönte ihn tatsächlich an den Baggersee bestellt? Warum hätte er das tun sollen? Und wenn er es getan hätte, warum hätte er es ihr verschwiegen? Nein, da passte nichts zusammen.

Cathrin schüttelte den Kopf. »Nein, ich wollte bloß Zönte treffen.«

»Okay, Sie bleiben störrisch. Das ärgert mich«, quittierte Mühlke Cathrins Dementi. »Wollen Sie mir wenigstens verraten, um was es bei Ihrem Treffen mit dem Journalisten ging?«

»Würde ich Ihnen verraten, über was ich mit Herrn Zönte sprechen wollte, bestünde die Gefahr, dass Sie genau an den gefährlichen Stellen ermitteln.«

»Sehen Sie, das ist es, was wir wollen: an den gefährlichen Stellen ermitteln. Hören Sie auf mit diesem ›Ich-muss-Herrn-Zönte-schützen‹-Mist. Geben Sie es zu: Detlev Zönte recherchiert im Rotlichtmilieu und hat deshalb die Mafia am Hals.«

Jetzt verstand Cathrin gar nichts mehr. Was sollte diese Wendung? Oder war das eine Fangfrage? Sie durfte Zönte jetzt nicht im Stich lassen. Er hatte ihr bei ihrem ersten Treffen nach dem

Anschlag auf ihn von seiner Befürchtung erzählt, es könne bei der Polizei eine undichte Stelle geben. Wenn die Mafia einen Informanten bei der Polizei hatte, wer wusste, was geschah, wenn sie Mühlke reinen Wein einschenkte. *Nein,* beschloss Cathrin, *von mir erfährt sie nichts.*

»Sie haben Angst, ich sehe es Ihnen an. Warum?«, fragte die Kommissarin.

»Auf Detlev Zönte wurde vor drei Wochen ein Mordanschlag verübt, und der Vorfall gestern hat vermutlich ebenfalls etwas mit Zöntes journalistischer Arbeit zu tun. Ich will ihn keiner Gefährdung aussetzen.«

»Ich gehöre zu den Guten, Frau Thaler, haben Sie das vergessen?«

»Durchaus nicht, und ich glaube Ihnen, dass Sie auf der richtigen Seite stehen. Tut das jeder in Ihrem Laden?«

»Was wollen Sie damit sagen?«, fragte die Kommissarin.

»Es könnte einen Maulwurf bei der Münchner Polizei geben. Dann wäre Zönte in Gefahr, wenn sich der Gegenstand seiner Recherchen in Ihren Akten fände.«

»Eine undichte Stelle bei uns? Ausgeschlossen«, wehrte die Kommissarin ab und kratzte sich nachdenklich am Kinn. »Davor hat Herr Zönte Angst?«

»Ja.«

»Ich mache Ihnen einen Vorschlag«, bot Mühlke an. »Ich schildere Ihnen meine Vermutungen und Sie entschieden, ob Sie nicken, den Kopf schütteln oder sich gar nicht äußern wollen. Abgemacht?«

Gehörte das zu den speziellen Vernehmungstechniken der Kriminalpolizei, überlegte Cathrin und war drauf und dran, abzulehnen. Letztlich siegte ihre Neugier. Sie wollte die Theorien der Kommissarin hören.

»Einverstanden«, antwortete sie.

»August Loder ist Stammkunde bei einer Escort-Service-Agentur. Er verliebt sich in eine Escort-Dame. Er ist von dieser Frau regelrecht besessen und wird zum Stalker. Schließlich bringt er sie in seine Gewalt. Das kann die Agentur nicht dulden. Was halten Sie von dieser Theorie?«

Schwachsinn, dachte Cathrin und war zugleich erleichtert, dass die Kommissarin offensichtlich keine Ahnung hatte, in welche Richtung Zönte recherchierte. Sollte die Kriminalpolizei gern in diese Richtung weiter ermitteln, das verschaffte Zönte noch etwas Luft, bis er seinen Artikel veröffentlichen konnte. Cathrin nickte und schwieg.

»Danke, das hilft mir weiter«, sagte Mühlke. »Wenn Sie mir doch noch etwas mitteilen wollen ...?«

»Nicht jetzt«, erwiderte Cathrin. »Ich melde mich, wenn ich mit Herrn Zönte über die Sache gesprochen habe.«

»Sagen Sie ihm bitte, dass er sich an mich persönlich wenden kann. Ich garantiere absolute Vertraulichkeit.«

Cathrin nahm den letzten Rest ihrer Leberkässemmel und stand auf. »Ich werde es ausrichten. Auf Wiedersehen.«

Sie nahm nicht den kürzesten Weg zurück ins Büro, schlenderte stattdessen durch die Einkaufspassage mit ihren diversen Spezialitätenständen und bedauerte es beinahe, von den beiden Semmeln satt zu sein. Viel lieber hätte sie jetzt eine dieser leckeren asiatischen Nudeln im kleinen Faltkarton gegessen. Sie versagte sich jedoch die kulinarische Sünde und holte ihre Gedanken zurück zu dem Gespräch mit der Mordermittlerin. Deren These über die Verstrickung Loders ins Rotlichtmilieu hielt sie für interessant und bedenkenswert, aber im konkreten Fall für eine falsche Spur.

Zönte kommt es entgegen, sinnierte Cathrin, *wenn die Polizei der falschen Fährte folgt. Solange die nicht in das Wespennest der Geldwäscher hineinstochern, kann sich Detlev besser verstecken.* Aber sie wollte rasch mit ihm sprechen. *Wann veröffentlicht er seinen Artikel?,* fragte sie sich wieder und wieder. Davon hing ab, wann sie ihre Chefs über die Unregelmäßigkeiten in der Martens-Gruppe unterrichten musste. Sie war immer noch unsicher, ob ihr Material allein ausreichte, Martens Beteiligung an den Manipulationen bei der Broderschen Privatbank hieb- und stichfest zu beweisen. Was, wenn es purer Zufall war, dass Martens auch die *cashpaper*-AG prüfte, und es hier gar kein der Verschleierung dienendes Zusammenwirken gab? Was, wenn ihre Vorgesetzten die Verdachtsmomente nicht stichhaltig fanden oder ihr nicht glaubten? Was, wenn Martens zurückschlug? Sie hatte Angst vor Martens, jetzt erst recht, da klargeworden war, mit wem er zusammenarbeitete. Hier ging es ums große Geld, da gab es keine Skrupel. Zönte war gestern noch einmal davongekommen.

Wann werden ihn seine Feinde erwischen?, fragte sie sich. Sie machte sich ernsthaft Sorgen um den Journalisten. Sie wollte ihn wiedersehen und wünschte, sie könnte mit ihm einmal unbeschwerte Stunden verbringen. Seine mutige, zupackende Art gefiel ihr jeden Tag mehr, und seine Stimme, mit der er sie gestern verabschiedet hatte, hing ihr wie ein Ohrwurm im Gedächtnis.

Sie schlenderte weiter durch die Delikatessenstraße, als sie einen Blick spürte, der sich in ihren Nacken bohrte. Unwillkürlich blickte sie sich um, konnte jedoch niemand entdecken. *Werde ich jetzt paranoid?,* grübelte Cathrin, ging jedoch schneller und versuchte, in der Menschenmenge am Ausgang zur betriebsamen Einkaufsmeile unterzutauchen. Nach einigen Minuten legte sich das Gefühl, beobachtet zu werden, und Cathrin hing ihren Überlegungen nach, wie sie sich gegenüber ihren Chefs verhalten sollte, als ihr Handy vibrierte.

Pinakothek der Moderne, Joseph Beuys, Das Ende des 20. Jahrhunderts, in 20 Minuten. Cathrin las die Nachricht und schaute auf die Uhr. *Gut,* sagte sie sich, *das schaffe ich zu Fuß.* Sie steckte ihr Handy zurück in die Tasche und durchquerte die Einkaufspassage. An jeder Kurve schaute sie sich um. Erleichtert stellte sie fest, dass ihr niemand folgte.

Ob Zönte wusste, wie sehr sie die beeindruckende und verstörende Installation der 44 Basaltstelen wertschätzte? Hatten sie sich einmal über Kunst ausgetauscht? Cathrin konnte sich nicht erinnern, mit ihm jemals über etwas anderes als Berufliches gesprochen zu haben. Umso mehr bewunderte sie seinen Geschmack. Ein Treffen bei der rätselhaften Steinspirale würden wohl nur wenige Männer einer Frau anbieten. Oder versteckte sich allein im Treffpunkt eine geheime Botschaft? Wenn sie ehrlich war: Sie traute Zönte alles zu. Jetzt freute sie sich umso mehr, ihn zu treffen.

Kurz darauf löste sie eine Eintrittskarte und ging hinauf in das obere Stockwerk. Einige Minuten vor der Zeit schaute sie in den Raum mit den eine uralte Kraft ausstrahlenden Steinen. Wie so oft befand sich kein einziger Besucher bei der Installation. Cathrin bog nach rechts ab und durchwanderte die drei Säle hinüber zu ihren Lieblingsgemälden von Dali. Diesmal war es nicht die Malerei, die ihre Sinne betörte, sondern die Erwartung, sich gleich mit Zönte zu treffen. Was würde er ihr zu sagen haben?

Ungeduldig wie sie war, wirkten die Gemälde nicht auf sie, und so trat sie auf den Flur bei der Treppe hinaus und ging zurück zum Ende des 20. Jahrhunderts. Die 20 Minuten waren verstrichen, doch von dem Journalisten keine Spur. Cathrin wurde nervös. Sie umrundete die Basaltspirale, betrachtete die Löcher in den Stelen und die eingesetzten Kegel, die auf Ton und Filz in den Löchern ruhen, aus denen sie vorher herausgeschnitten worden waren – ein Kontrast zwischen gewachsener und bewusst hergestellter Form, der in der Erläuterung des Kunstwerks als *Dialog zwischen »alt« und »neu« gelesen werden* soll.

Ob Steindenkmal oder Ruinenfeld, die Installation wirkte selbst jetzt wieder anregend und bedrückend zugleich und regte

Cathrin zu einer zwiespältigen Nachdenklichkeit an, die überlagert wurde von der anwachsenden Sorge um Zönte. Als sie die Stelen ein drittes Mal umrundet hatte, fiel ihr ein brauner Briefumschlag auf, der halb versteckt unter einer auf einer anderen Stele liegenden Basaltsäule lag. Sie blickte sich um. Der Aufseher hatte den Raum verlassen. Rasch bückte sie sich und hob den Umschlag auf. Kaum wahrnehmbar stand in Bleistiftschrift zu lesen: *Für Cathrin.*

Sie rollte den Umschlag zusammen und verließ den Ausstellungsraum.

21

Die Gegensprechanlage blieb trotz mehrfachen Klingelns stumm. Olga versuchte es noch einmal übers Telefon, aber weder am Handy noch am Festnetzanschluss meldete sich Rebecca Risse. *Sie stellt sich tot,* ärgerte sich Olga. *Ich lasse dich nicht davonkommen,* schwor sie und spürte zum ersten Mal seit über einem halben Jahr wieder diese unbeugsame Energie, der Gerechtigkeit auf eigene Faust zum Sieg zu verhelfen. Jetzt hatte die Suche nach Caroline Priorität, und da wäre Olga sehr auf die Hilfe der Agenturchefin angewiesen gewesen. Unschlüssig blieb sie noch einige Minuten vor dem Hauseingang stehen. Als ein älterer Herr aus der Haustür trat, zögerte Olga nicht, sondern schlüpfte in den Eingang und stieg die Treppen hinauf in das oberste Stockwerk. Vor der gediegenen Eichentür angekommen, legte Olga ihr Ohr gegen das Holz und lauschte. Nichts. Kein Laut drang nach außen. Sie klingelte und hörte innen den melodischen Gong ertönen. Einmal, zweimal, dreimal. Nichts. Schließlich gab sie auf und nahm den Aufzug nach unten.

Sie ging zu Fuß nach Hause, stöpselte die Ohrstecker ein und wählte über die Rundfunk-App ihren derzeitigen Lieblingssender Ö3. Nach einem fetzigen Song erklang der Nachrichten-Jingle und die besorgt klingende Stimme eines Reporters berichtete vom ersten Corona-Infizierten in Wien. Zwar sei die Ankunft dieses neuartigen Virus erwartet worden, so der Sprecher, aber nun breite sich Verunsicherung aus, weil ein 72-jähriger Mann mit dieser Infektion in ein Wiener Spital eingewiesen worden sei. Ein zweiter, mutmaßlich Infizierter befinde sich seit heute in Quarantäne.

Olga wollte schon den Sender wechseln, weil ihr nach Musik und nicht nach schlechten Nachrichten zumute war, aber die unaufgeregte Ernsthaftigkeit des Beitrags fesselte ihre Aufmerksamkeit. Konnte dieses aus China stammende Virus zu einer ernsthafteren Bedrohung werden als eine schwere Grippe? *Ach was,* schüttelte Olga den Kopf. Zwar schien die Krankheit in China regelrecht zu wüten, aber die WHO hielt sie nach wie vor für eine ernsthafte Krankheit ohne sehr hohes Risiko. *Das ist wie damals mit SARS, da wurde auch ein Bohei gemacht und dann starben im Winterhalbjahr weltweit weniger als 800 Menschen an der Krankheit. Einer durchschnittlichen Grippe fallen Winter für Winter viele tausend Menschen zum Opfer,* nahm Olga die Nachrichten auf die leichte Schulter, wechselte den Sender, lauschte einem 90er-Jahre-Hit und war mit ihren Gedanken wieder bei Caroline. *Hoffentlich geht es ihr gut und wir finden sie bald,* wünschte Olga und überlegte, was als Nächstes zu unternehmen war. Sie konnten sich nicht auf die Polizei verlassen sondern mussten selbst etwas unternehmen. Aber was?

Als sie die Wohnung betrat, hörte sie Gemurmel aus dem Wohnzimmer. Sie schlüpfte aus den Schuhen und hängte den Anorak an die Garderobe.

Da kam ihr Sonja entgegen. Sie gab Olga einen Kuss und flüsterte ihr ins Ohr: »Alles ist gut.« Sonja legte ihren Arm um Olgas Schulter und führte sie ins Wohnzimmer.

Auf der Couch saß Caroline. Sie war blass, aber sie lächelte.

Olga blieb überrascht stehen und atmete tief ein und aus. In ihrem Bauch breitete sich Wärme aus. *So also fühlt sich Erleichterung an,* freute sich Olga, rannte zur Couch und umarmte die vermisste Studentin. »Schön, dass du wieder da bist. Was ist passiert?«

»Er hat mich gefangen gehalten«, antwortete Caroline stockend und begann zu erzählen. »Nachdem mir Sonja den Wert des Diamantrings gesagt hatte, war ich hin und hergerissen: Sollte ich den Ring behalten und mich auf August einlassen? Weißt du noch, Sonja, was du mir geraten hast?«

Sonja nickte.

»Darüber habe ich tagelang nachgedacht, und als er mich vor einer Woche wieder in die Luxus-Suite in den neuen Prachtschuppen am Alten Botanischen Garten eingeladen hat, habe ich seine Einladung angenommen. Er war ein prachtvoller Gastgeber und nach einem fantastischen Dinner ein einfühlsamer Liebhaber. Am nächsten Morgen verließ ich ihn mit dem Versprechen, seine Geliebte zu werden, wenn er mir meine sonstigen Freiheiten lässt. Darauf gab er mir sein Wort. Ich war guter Dinge und wollte es auf mich zukommen lassen. Daher nahm ich tags darauf die Einladung in ein Appartement an und amüsierte mich noch darüber, dass dieses Liebesnest auch im Olympiadorf lag, fünf Minuten zu Fuß von meiner Wohnung entfernt. Diesmal war er nervös, stand total unter Strom und wurde grob. Ich sagte nein. Er gab mir eine Ohrfeige und brüllte mich an, ich würde nun ihm gehören und solle gefälligst tun, was er verlangt. Ich packte meine Jacke und ging zur Tür. Sie war abgeschlossen. Er lachte hämisch. Dann zog er mich aufs Bett und plötzlich hatte ich eine Handschelle um und war an das Bettgitter gefesselt.« Caroline schluchzte. »Es war schrecklich, und irgendwann hat er mich betäubt.«

Olga nahm sie in den Arm und strich ihr tröstend über den Kopf. Sonja ging in die Küche und ließ drei Tassen Crema aus der Maschine. Während Caroline ihren Kopf gegen Olgas Schulter lehnte, kochte die Wut in Olga hoch. So durfte kein Mann mit einer Frau umspringen, so durfte überhaupt kein Mensch mit einem anderen Menschen umspringen. In diese Wut mischte sich der ohnmächtige Zorn, Loder nicht mehr bestrafen zu können. Ja, er war bestraft genug, denn er war tot. Aber Olgas Zorn ließ sich kaum besänftigen.

Reg dich nicht so auf, raunte ihre innere Stimme, doch das Feuer der Wut loderte weiter. *Irgendetwas muss ich tun,* schoss es ihr durch den Kopf. *Es wird viele Frauen geben, die Hilfe brauchen in diesem Metier. Kann ich da tatenlos zuschauen?*

Vielleicht sollte sie wieder eine Kanzlei eröffnen. Hegel hin oder her, auf Recht und Gesetz allein war kein Verlass. *Grau ist alle Theorie, wenn Recht haben nicht Recht bekommen bedeutet.* Später würde sie mit Sonja darüber sprechen, doch nun galt ihre Aufmerksamkeit Caroline.

Die Studentin trocknete sich die Tränen und berichtete stockend von dem Martyrium der letzten Stunden, die sie mit Loder hatte verbringen müssen. Manchmal wollte sich Olga am liebsten die Ohren zuhalten, um Carolines erschütternde Schilderung nicht hören zu müssen, die darin endeten, dass Loder Caroline nach üblen Misshandlungen ans Bett gefesselt und allein gelassen hatte.

»Jetzt ist es gut«, flüsterte Olga und strich ihr wieder über den Kopf. *Zum Glück ist dieses Schwein tot.* Da war kein Mitleid in ihrem Herzen für Loder, und darüber erschrak Olga. Durfte sie so hartherzig sein? Unwillig verwarf sie diese Gewissensfrage. *Irgendwann ist es genug.*

»Und wie ging es weiter?«, fragte Sonja, die bisher zu Carolines Schilderungen geschwiegen hatte.

»Ich dämmerte vor mich hin, wachte immer wieder mit Durst auf, atmete gegen die Angst an, schlief. Ich habe mich noch nie so hilflos gefühlt. Plötzlich hörte ich die Tür und stellte mich schlafend. Da kam Roger herein. Ich glaube, er hielt mich für tot. Als ich die Augen öffnete, starrte er mich verdattert an. Dann nahm er mir den Knebel aus dem Mund und brachte mir ein Glas Wasser. Schließlich suchte er den Schlüssel für die Handschellen, fand ihn aber nicht.Er sagte, er würde Werkzeug holen und verschwand. Ich dachte, er steckt bestimmt mit Loder unter einer Decke, woher wusste Roger sonst, wo ich war? Aber vielleicht gehört das Appartement auch *BestRosies*. Als er mit einem Bolzenschneider zurückgekommen ist, hat er Handschellen aufgebrochen und gesagt, dass ich gehen kann. Da bin ich einfach gegangen.«

»Ein warmes Bad tät' dir jetzt gut«, schlug Sonja vor. »Schlimm, was du durchgemacht hast.«

Dankbar nickte Caroline und begleitete Sonja ins Bad.

Als Sonja zurück ins Wohnzimmer kam, fragte Olga: »Weiß sie, dass Loder tot ist?«

»Nein, ich habe noch nichts erzählt. Was hast du alles erreicht?«

Olga berichtete von ihrem Treffen mit Eftimia Ardelean alias Ramona und davon, bei *BestRosies* niemand angetroffen zu haben. Schließlich machte sie aus ihrem Herzen keine Mördergrube, sondern redete sich den aufgestauten Zorn von der Seele. »Ich will, dass Rebecca Risse und ihrem Sohn das Handwerk gelegt wird.«

Sonja schnalzte mit der Zunge und fragte: »Gehen wir auf den Kriegspfad?«

»Ja.«

»Mit unseren Methoden?«

»Ja.«

»Gut. Ich bin dabei.«

22

Roger saß bei Pedro an der Bar und nippte an seiner entschärften Bloody Mary. Der Longdrink war mit drei Teilen Tomatensaft auf einen Anteil Wodka aufgefüllt, dazu die dreifache Menge Zitronensaft und ordentlich Tabasco.

»Haste wohl nötig, hä«, krächzte Pedro. »Zu viel gevögelt, wa?«

Pedro krächzte immer und hatte, solange Roger zurückdenken konnte, stets einen dummen Spruch auf Lager. Seine Bar war seit Jahrzehnten ein Insidertipp für Freier, die auf eine schnelle Nummer aus waren. Als er klein gewesen war, hatte Roger abends manchmal hinter dem Tresen herumlungern dürfen, wenn seine Mutter in der verrauchten Kaschemme auf Kundenfang gewesen war. Natürlich war die Gegend rund ums Hofbräuhaus damals schon Sperrgebiet gewesen, aber nachdem sogar etliche Polizisten vom Revier um die Ecke bei Pedro Entspannung suchten, hatte kein Hahn danach gekräht, wenn Rogers Mutter den einen oder anderen Freier mit in ihre nahegelegene Wohnung genommen hatte. Roger hatte dann bei Pedro hinter dem Tresen herumgelungert und dem Treiben der Erwachsenen zugeschaut. Natürlich hatte Pedro für seine Dienste ein angemessenes Trinkgeld erhalten, und manchmal ging Rogers Mutter heute noch in die inzwischen rauchfreie Bar und hielt ein Pläuschchen mit dem alten Jecken. Roger zog sich hierher zurück, wenn er wirklich für sich sein wollte, so wie heute. Der Schock über die leblos auf dem Bett liegende, an Armen und Beinen gefesselte Juliette saß ihm immer noch in den Knochen. Im ersten Augenblick hatte er geglaubt, sie wäre tot. Was für eine Erleichterung, als sie die Augen geöffnet und den Kopf gehoben hatte! Dann diese verfluchten Handschellen; was um Himmels willen hatte sich Loder dabei gedacht? Zum Glück war ihm der Einfall mit dem Bolzenschneider gekommen, den er seit Jahren im Keller liegen hatte. Juliette war frei, seine Mutter war mit der Erledigung des Auftrags zufrieden.

Roger grübelte über die Vorkommnisse der letzten 20 Stunden. Juliette stellte vermutlich das kleinste Problem dar. Vielleicht war sie froh, Loder los zu sein, als sie von seinem Tod erfuhr. Er hatte nichts gesagt, das überließ er seiner Mutter, schließlich war Juliette Mutters Pferdchen.

Ich muss mich mehr von Mutters Geschäft distanzieren, nahm er sich vor, *sonst werde ich den Makel meiner Herkunft niemals abstreifen können.* Er nahm einen größeren Schluck von seiner Bloody Mary und verscheuchte die Erinnerung an das Liebesnest im Olympiadorf. Viel wichtiger war, was Loders Tod für Konsequenzen hatte. Wie würde es weitergehen mit der Ausweitung des Geschäftsfeldes, wie würde es weitergehen mit der eigenen *cashpaper*-Bank? Wer steckte hinter Loders Liquidierung und was für eine Rolle spielte Dr. Martens von *CPC*? Warum wollte Martens morgen mit ihm sprechen? Alles Fragen, die ihn beunruhigten und auf die er keine Antwort wusste.

Pedro stellte ihm unaufgefordert eine weitere Bloody Mary hin. »Was treibt denn Rebecca so? Immer noch im Geschäft mit den Edelnutten? Könnt mal wieder ein Mädel bei mir vorbeischicken, man wird ja net jünger«, krächzte er.

Roger setzte zu einer anzüglichen Antwort an, als sein Handy vibrierte. Rasch zog er es aus der Tasche und schaute aufs Display. Eine Nachricht war eingegangen: *Magst Du mich besuchen? Bin um vier in meinem Zimmer.*

Lisa! Sofort beschleunigte sich Rogers Herzschlag. Endlich eine gute Nachricht, und er antwortete sofort: *Ich komme.*

Sie empfing ihn in einem lässig-sportlichen Outfit von Leggins und langärmeligen Sportshirt und gab ihm, noch bevor er seine Winterjacke ausziehen konnte, einen innigen Kuss. *Das fängt heute vielversprechend an,* freute sich Roger und nahm sich vor, Lisas Erwartungen in puncto Geduld nicht zu enttäuschen. *Gut,* lobte er sich selbst, *dass ich mich mit Jessica ausgetobt habe,* und spürte dabei, dass ihn die Vorstellung erregte, an ein und demselben Tag zuerst eine Professionelle und dann eine Jungfrau im Bett zu haben. Er legte seine Jacke ab und setzte sich auf das orientalische Sitzkissen. Auf dem Kupfertablett, das auf einem einfachen Holzgestell stand, waren Tee und Gebäck angerichtet.

Lisa strahlte ihn an und goss grünen Tee ein. »Du magst hoffentlich grünen Tee?«, fragte sie schüchtern und freute sich, als er nickte.

Er hätte zu allem genickt und er würde sich die nächsten Stunden über alles, was sie ihm vorsetzte, überschwänglich lobend äußern, denn er wollte die bestmögliche Stimmung erzeugen. Er wollte Lisa ins Bett bringen, und für diese Eroberung würde er heute alles tun. *Ich muss geduldig bleiben*, ermahnte er sich und nippte an dem heißen Tee, der ihm zu fade schmeckte. Die Zimtschnecken dagegen schmeckten ihm wirklich, und als Lisa ihm von dem geplanten Projekt berichtete, die psychischen Auswirkungen von bedrohenden Krankheiten zu untersuchen, lauschte er ihren Ausführungen interessiert und aufmerksam.

»Haltet ihr an eurem Institut dieses neuartige Virus wirklich für bedrohlich?«

»Meine Professorin meint, dieses Corona-Virus habe das Potential für eine schreckliche Pandemie. Egal, ob es so weit kommt oder nicht, allein die unsichtbare Bedrohung, dass eine Pandemie kommen könnte, ist ein spannendes Setting für unsere Untersuchung.«

»Dann ist es toll, dass du da mitmachen kannst«, zeigte sich Roger begeistert, obwohl er nichts von den Unkenrufen hielt, da käme eine Infektionskrankheit auf das Land zu, die problematischer werden könnte als eine normale Grippewelle. Diese Ansicht behielt er für sich und mimte eine weitere halbe Stunde den aufmerksamen Zuhörer.

Endlich legte Lisa romantische Musik auf. Draußen dämmerte es. Sie schaltete schummriges Licht ein und rutschte nah an ihn heran. Ihre Lippen suchten seinen Mund, ihr Kuss wurde rasch leidenschaftlich. Roger streichelte beim Küssen sanft ihren Rücken, massierte zärtlich ihre Schultern, ihren Nacken, koste vorsichtig den Rücken hinunter bis zum Ansatz ihres Pos und versagte es sich, tiefer zu gleiten oder den Weg zu ihren Brüsten zu suchen, die sich längst verführerisch durch das Sportshirt abzeichneten. *Geduld,* mahnte er sich wieder und wieder, obwohl seine Erregung mit dem Küssen anschwoll. Ganz unerwartet nahm sie schließlich seine Hand und legte sie auf ihre rechte Brust. Sie trug keinen Büstenhalter. Er verlor um ein Haar die Beherrschung. *Verdammt*, dachte er, *wie anstrengend ist das denn, sich bei so einer Jungfrau zurückzuhalten,* und in seinem Kopf blitzte das Bild der hemmungslosen Jessica auf, mit der er seine Lust ungezügelt befriedigen konnte.

Irgendwann waren sie nebeneinander in dem schmalen Studentenbett eingeschlafen. Die rote LED-Anzeige des altmodischen Radioweckers stand schon auf 05:13 Uhr, als Roger aufwachte und orientierungslos um sich schaute. Eng an ihn geschmiegt lag Lisa und atmete ruhig und gleichmäßig. Stolz blickte er auf seine Eroberung. Ein Gefühl von Unbesiegbarkeit durchströmte ihn. Er hatte bekommen, was er wollte, und sein Begehren erwachte erneut. Vorsichtig drängte er sich an Lisa. Schlaftrunken drehte sie sich ihm zu und ließ ihn machen, was er wollte.

Erst auf dem Nachhauseweg öffnete er die Mitteilungen auf seinem Handy und erschrak über eine Nachricht seiner Mutter: *Wo steckst Du? Die Polizei sucht Dich!*

Was hatte das zu bedeuten? Sofort rief er seine Mutter an, aber sie ging nicht ans Telefon. Als er an einem stummen Zeitungsverkäufer vorbeikam, sprang ihm die Schlagzeile einer Münchner Boulevardzeitung ins Auge: *Geldwäsche bei bayerischen Banken.*

Roger blieb stehen, warf einen Euro in den Kassenschlitz, nahm eine Zeitung heraus und las die fett gedruckte Zusammenfassung: *Renommierte Münchner Privatbank in massive Finanzmanipulationen verstrickt. Bankaufsicht versagt auf ganzer Linie. Börsenhype um einen Finanzdienstleister steht auf tönernen Füßen.*

Hastig verschlang er den ganzen Artikel und erschrak, als er seine Befürchtung bestätigt bekam: *Das Kursfeuerwerk des Finanzdienstleisters* cashpaper *in den letzten Wochen dürfte mit den Manipulationen bei der Broderschen Privatbank in Zusammenhang und damit auf tönernen Füßen stehen.*

»Scheiße, Scheiße, Scheiße!«, fluchte Roger laut und drohte einer älteren Frau, die ihn missbilligend ansah, mit der geballten Faust. Rasch schaute sie weg und ging weiter. Roger setzte seinen Weg mit dröhnendem Kopf fort. Natürlich hatte Loder etwas mit diesem Skandal zu tun, schließlich war die Brodersche Privatbank der dicke Fisch, den er an die Angel genommen hatte. Von der Broderschen flossen seit zwei Wochen die fetten Provisionen, logisch, dass an dem Geschäft etwas faul war. Wollte ihn die Polizei deswegen sprechen?

Erneut versuchte er, seine Mutter zu erreichen; wieder erfolglos. Dann wählte er Michaels Nummer.

Der Computer-Nerd hob sofort ab. »Was gibt's, altes Haus?«

»Ist die Polizei in der Firma aufgetaucht?«, fragte Roger.

»Nicht, dass ich wüsste. Wieso?«

»Hast du Zeitung gelesen?«

»Als ob ich nichts Besseres zu tun hätte«, erwiderte Rogers alter Kumpel gelangweilt.

»Unser aktuell bester Kunde ist mit Geldwäsche aufgeflogen und mein Bankberater, der den Deal eingefädelt hat, wurde ermordet. Du bekommst wirklich gar nichts mit, oder?«

»Reg dich nicht auf«, beschwichtigte Trunk mit einer Bierruhe, die wirklich nur einer haben konnte, der außer Programmieren nichts im Sinn hatte.

»Danke«, erwiderte Roger sarkastisch. »Kommst du wenigstens mit unserem Update voran?«

»Ois easy«, sagte Michael und legte auf.

Kopfschüttelnd, aber ein klein wenig beruhigt, ging Roger weiter. *Warum, wenn nicht wegen dieser Geldwäscheangelegenheit,* grübelte er, *will mich die Polizei sprechen?* Warum ging seine Mutter nicht ans Telefon? Er wählte Jessicas Nummer; auch dort meldete sich nur die Mailbox.

Je näher Roger seiner Wohnung kam, desto langsamer wurde er. An sich war er sich keiner Schuld bewusst. Was andere mit seiner Software, seinen Finanzdienstleistungen machten, lag außerhalb seiner Verantwortung. Geldwäsche? Na und! Bei seiner Herkunft und Vergangenheit spielte die Ahnung, etwas Gesetzwidriges getan zu haben, stets eine Rolle. Natürlich hatte Roger niemals ein schlechtes Gewissen, aber er fürchtete stets den möglichen Ärger. *Verdammt,* fluchte Roger in sich hinein, *was wollen die Bullen?* War es gar wegen Juliette? Er schüttelte den Kopf. *Die habe ich befreit und nicht eingesperrt. Sollen sie doch kommen.*

Und das taten sie auch, denn kaum hatte er den Schlüssel ins Schloss seiner Haustür gesteckt, kamen zwei Männer von rechts und links auf ihn zu.

»Herr Risse? Roger Risse?«, fragte der Großgewachsene und zückte seine Dienstmarke. »Kriminalpolizei. Wir hätten einige Fragen an Sie. Würden Sie uns bitte auf das Kommissariat begleiten?«

»Ungern«, erwiderte Roger, hob beide Arme als Unschuldsgeste und fragte betont selbstbewusst: »Was, bitte, verschafft mir die Ehre?«

»Wir haben dringende Fragen an Sie wegen des Herrn August Loder, mit dem Sie unseren Informationen zufolge bestens bekannt sind.«

»Sie können mich gern in meine Wohnung begleiten und einen Espresso mit mir trinken, wenn Sie Fragen haben. Was ist mit Herrn Loder?«

»Wir würden Ihnen das lieber auf dem Kommissariat erklären. Unsere Chefin möchte Sie persönlich befragen.«

»Einem Flirt mit einer Frau bin ich grundsätzlich nicht abgeneigt«, trieb Roger sein Spiel auf die Spitze. »Nur sollte er freiwillig sein. Was ist, wenn ich mich weigere?«

»Tun Sie nicht, oder?«, fragte der Kleinere der beiden, der Roger bedrohlich nahekam. »Auch auf unserer Dienststelle gibt es hervorragenden Kaffee.«

»Das klingt vielversprechend. Trotzdem verraten Sie mir jetzt die Rechtsgrundlage für diese dringliche Einladung, andernfalls stehe ich Ihnen leider nicht zur Verfügung.«

»Wollen Sie wirklich, dass wir Sie zwingen?«

»Sie beschuldigen mich?«

»Noch nicht. Das hängt letztlich von Ihnen ab.«

»Was Sie hier aufführen, ist absurd. Geben Sie mir Ihre Visitenkarte, damit ich mich über Sie beschweren kann.«

Blitzschnell packte der kleinere der beiden Kriminalbeamten Rogers Arm, bog ihn auf den Rücken und ließ eine Handschelle einschnappen. Roger spürte einen harten Druck unter den Schulterblättern, und mit diesem Druck wurde er in Richtung eines dunkelblauen Lieferwagens gedrängt.

»Sie sind wegen des Verdachtes, Herrn August Loder getötet zu haben, und bestehender Fluchtgefahr vorläufig festgenommen«, schnarrte der größere der beiden und öffnete die Schiebetür des Lieferwagens. »Einsteigen!«

»Mein Name ist Verena Mühlke«, stellte sich die Frau vor. »Kriminalhauptkommissarin. Wie ich höre, wollten Sie meiner Einladung nicht freiwillig Folge leisten.«

Roger musterte die Polizistin demonstrativ von oben bis unten. *Gutes Fahrgestell und gestelzte Ausdrucksweise*, urteilte er und überlegte, welche Antwort vorteilhaft wäre. Auf der Fahrt ins Kommissariat hatte er gerätselt, wie die Polizei auf ihre skurrile Anschuldigung kam. Es konnte nur daran liegen, dass er in der Beseitigung eines Geschäftspartners über ein Motiv verfügen könnte. Doch das hielt er momentan für weit hergeholt, schließlich fehlten ihm nun Loders Kontakte. Um was also ging es den Kriminalern?

»Wie sich herausgestellt hat, ist es mit der Freiwilligkeit nicht weit her. Erklären Sie mir, was der Unfug hier soll, dann überlege ich mir meine weiteren Schritte.«

»Ach, Herr Risse, man entkommt doch nie dem Milieu, dem man entstammt. Spielen Sie hier nicht den dicken Maxe. Das hat noch nie funktioniert. Kooperieren Sie mit uns, dann lassen wir Sie vielleicht in Ruhe. Das ist es doch, was Ihr Geschäft und das Ihrer Mutter am dringendsten brauchen: Ruhe.«

»Was hat meine Mutter damit zu tun?«

»Jede Menge. Vermutlich ist sie Ihre Auftraggeberin.«

»Unerhört«, brauste Roger auf und spürte, wie er allmählich zornig wurde. Das tat ihm gut, denn so konnte er seine Verunsicherung besser überspielen. Was ging hier wirklich vor? Er hatte den Eindruck, die Polizisten spielten mit ihm Katz und Maus. Sowas mochte er gar nicht. »Ich will sofort meinen Anwalt sprechen!«

»Hier ist das Telefon«, antwortete Mühlke kühl und schob den Telefonapparat über den Tisch in Rogers Reichweite.

»Das ist völlig absurd«, entrüstete sich Roger und wählte die Nummer seines Rechtsanwalts.

»Halten wir zuerst einmal fest, dass Sie meinen Mandanten nicht sofort über seine Rechte aufgeklärt haben«, begann Anwalt Dr. Strand das Gespräch, kaum hatte er im Dienstzimmer des Münchner Morddezernats Platz genommen. »Halten wir zudem fest: Die vorläufige Festnahme meines Mandanten entbehrt jeglicher Rechtsgrundlage. Mein Mandant behält sich daher Rechtsmittel vor. Zum Zeichen der Kooperationswilligkeit lade ich Sie ein, Ihre Fragen zu stellen. Ich werde entscheiden, ob und wie wir darauf antworten.«

Roger grinste in sich hinein. Er sah es der Kommissarin an, wie ungelegen es ihr kam, dem bekannten Münchner Strafverteidiger Dr. Strand gegenüber zu sitzen. Strand hatte in der Vergangenheit große Kaliber freigepaukt, da würde es ihm ein Leichtes sein, Roger von dem lächerlichen Vorwurf, er habe Loder getötet, zu entlasten.

»Herr Rechtsanwalt, Sie haben sich ja mit Ihrem Mandanten vorbesprochen und er kennt seine Rechte hinlänglich. Ist es richtig, Herr Risse, dass Sie mit Herrn Loder in intensiven Geschäftsbeziehungen stehen?«

Roger schaute Dr. Strand an; der nickte.

»Herr Loder ist mein persönlicher Berater bei meiner Hausbank. Dies ist die Grundlage unserer Geschäftsbeziehung.«

»Trifft es zu, dass er bei der Agentur *BestRosies* aufgrund seiner Geschäftsbeziehung zu Ihnen Vorzugskonditionen erhalten hat?«

Wieder nahm Roger Blickkontakt mit seinem Rechtsanwalt auf; Dr. Strand schüttelte den Kopf.

»Zu den Konditionen der Agentur *BestRosies* kann ich nichts sagen.«

»Trifft es zu, dass diese Agentur Ihrer Mutter gehört?«

»Ja.«

»Und Ihre Mutter ist an Ihrem Unternehmen *cashpaper*-Finanzdienstleistungen AG beteiligt?«

»Ja.«

»Ihnen und Ihrer Mutter ist daher an dem Wohlwollen Ihrer Hausbank und damit Ihres Betreuers Loder gelegen gewesen?«

Roger blickte erneut auf Dr. Strand; dieser wiegte den Kopf und zeigte nach kurzem Zögern den erhobenen Daumen.

»Ja«, beantwortete Roger daraufhin auch diese Frage.

»Kennen Sie eine Escort-Dame mit dem Künstlernamen Juliette?«

Worauf zum Teufel will die mit ihren Fragen hinaus?, rätselte Roger und blickte wieder auf seinen Anwalt. Dr. Strand nickte.

»Ja.«

»Sie wissen auch von der Besessenheit, mit der August Loder die Dienste von Juliette in Anspruch nahm?«

»Das ist keine Frage, die mein Mandant redlicherweise beantworten kann. Was weiß ein Dritter, bitte schön, von den Emotionen eines anderen?«

»Gut, formuliere ich es anders: Haben Sie die Wünsche von Herrn Loder, Juliettes Dienste in Anspruch zu nehmen, unterstützt?«

»Juliette ist für Termine mit Herrn Loder fürstlich entlohnt worden«, entfuhr es Roger. Allmählich machten ihn die Fragen wütend.

»Also ja«, folgerte Mühlke und fasste nach: »Da war es für Sie und Ihre Mutter nicht hinnehmbar, dass Herr Loder Juliette für sich allein und ohne weitere Vermittlungsdienste von *Best-Rosies* haben wollte, oder?«

»Diese Frage wird mein Mandant nicht beantworten«, grätschte Dr. Strand in die Vernehmung. »Herr Risse steht in keinerlei geschäftlicher Verbindung zu der Escort-Service-Agentur seiner Mutter.«

»Trifft es also nicht zu, dass Sie«, fragte die Kommissarin Roger, ohne auf den Einwand seines Rechtsanwalts einzugehen, »vor einiger Zeit ein, sagen wir einmal: ernsthaftes Gespräch mit

Juliette führten, als diese sich weigerte, ein weiteres Treffen mit Herrn Loder zu akzeptieren?«

Woher weiß die das?, fragte sich Roger und schaute Strand Hilfe suchend an. Der Anwalt drehte den Kopf leicht nach rechts und links. *Also nicht antworten,* folgerte Roger und überlegte, was es ihm bringen würde, diesen Umstand abzustreiten. Er stünde als Lügner da, und das wollte er nicht. Also antwortete Roger gegen anwaltlichen Rat: »Doch, das trifft zu.«

»Geht doch«, bemerkte die Kommissarin mit einem süffisanten Seitenblick auf Strand. »Wo waren Sie vorgestern Nachmittag?«

»In meinem Büro«, erwiderte Roger ohne Zögern und überlegte, mit wem er wann über was gesprochen hatte. Wenn das der Zeitraum war, während dem Loder getötet worden war, hatte er mit Sicherheit ein bombenfestes Alibi.

»Und danach?«

»Bin ich nach Hause gefahren.«

»Ihre Firma sitzt in Karlsfeld?«

Roger nickte.

»Sie wohnen in der Maxvorstadt?«

»Das wissen Sie doch.«

»Da fährt man über Ludwigsfeld herein, oder?«

»Logisch.«

»Uhrzeit?«

»Ungefähr gegen halbsechs – so genau weiß ich das nicht.«

Mühlke nickte und wandte sich an Dr. Strand. »Wir würden uns gern das Auto Ihres Mandanten anschauen. Wollen Sie es uns freiwillig überlassen oder muss ich einen Beschlagnahmebeschluss erwirken?«

»Was soll diese Frage?«, erwiderte der Rechtsanwalt und sprach damit aus, was Roger ebenfalls bewegte.

»Wir wollen überprüfen, ob sich Ihr Mandant in Tatortnähe aufgehalten hat. Sein Alibi ist nämlich mehr als löchrig.«

»Es ist absurd«, sprang Roger jetzt zornig auf, »mich mit dem Tod von August Loder in Verbindung zu bringen. Schauen Sie sich mein Auto an, wenn Ihnen das hilft. Ich habe jetzt genug von diesem Kasperltheater!« Roger fuchtelte wild mit den Armen herum, seine Stimme überschlug sich: »Schauen Sie sich alles an, was Sie anschauen wollen, und dann lassen Sie mich in Ruhe!«

Vergeblich versuchte sein Anwalt, ihn zu beruhigen.

Mühlke stand auf und reichte Roger die Hand, die dieser verblüfft ergriff.

»Gut«, sagte die Kommissarin, »wir schicken ein Team mit Ihnen nach Hause, schauen uns mit Ihrem Einverständnis um, und dann klärt sich vielleicht alles rasch auf. Danke für Ihre Kooperation.« Dann wandte sie sich an Dr. Strand. »Sie werden Ihrem Mandanten jetzt nicht widersprechen wollen, oder?«

Sichtlich irritiert hob der Anwalt beide Hände, stand auf und verließ kommentarlos den Raum.

23

Sie saßen sich nun schon eine knappe Stunde unversöhnlich gegenüber. Olga hatte Rebecca Risse mit der Drohung, noch an diesem Freitag die Staatsanwaltschaft einzuschalten, zu einem Gespräch in ihre alte Wohnung gezwungen und versuchte seitdem, die Agenturchefin zur Herausgabe des Reisepasses von Eftimia Ardelean zu bewegen.

»Warum haben Sie sich auf dieses Treffen eingelassen, wenn Sie nicht an einer Einigung interessiert sind? Mit der Zurückbehaltung des Passes wollen Sie Ramona zwingen, weiter für Sie zu arbeiten. Das ist Zwangsprostitution. Das allein genügt, um ihre Agentur aus dem Verkehr zu ziehen und sie vor Gericht zu stellen. Außerdem kommt da noch die Freiheitsberaubung an Juliette hinzu. Also wirklich, wieso sind Sie nicht kooperativ?«

»Sie wissen ganz genau, dass ich für das Einsperren von Juliette nicht verantwortlich bin. Im Gegenteil, ich habe dafür gesorgt, dass sie rasch freikommt. Damit können Sie mir also nicht drohen. Und für Ramona ist es das Beste, wenn Sie unter meiner Obhut bleibt. Wo soll sie ansonsten hin, was soll sie machen? Zurück nach Belarus? Ihre Familie braucht jeden Euro, den Ramona hier verdient. Ich will, dass Sie das verstehen und dass Sie mich in Ruhe lassen. Deshalb bin ich hierhergekommen.«

Allmählich verlor Olga die Geduld und zog ihren vermeintlich besten Trumpf aus dem Ärmel. »Wir haben bereits gestern die Kriminalpolizei darauf hingewiesen, dass August Loder ein besonderer Stammkunde von *BestRosies* war. Er hat Juliette gestalkt. Entweder, Sie haben ihn dabei unterstützt, Juliette einzusperren oder«, setzte Olga nun ihren großen Bluff ein, »Sie haben sich an Loder gerächt, weil er Ihnen Juliette weggenommen hat. Im ersten Fall wären Sie an der Freiheitsberaubung beteiligt, im zweiten Fall hätten Sie ein handfestes Mordmotiv. Wenn die

Kripo noch nicht bei Ihnen aufgetaucht ist, wird sie es bald tun, also entlasten Sie sich, so gut es geht, und geben mir Ramonas Pass.«

»Ihnen habe ich also das Verhör durch die Bullen zu verdanken«, fauchte Risse. »Das habe ich überstanden, und meinen Sohn packen die auch nicht. Also habe ich nichts mehr zu verlieren. Lassen Sie mich in Ruhe!«

»Ihren Sohn?«

»Ja, meinen Sohn. Den suchen die Bullen seit gestern Nachmittag.«

Olga kratzte sich überrascht am Ohr. Verdächtigte die Kriminalpolizei Roger Risse? Er hatte Juliette befreit. Davon hatte Olga noch gestern Nachmittag Kommissarin Knott in Kenntnis gesetzt. Kam er als Täter in Frage? *Warum eigentlich nicht*, überlegte Olga. Schließlich hatte sie die Idee soeben, wenn auch als vermeintlichen Bluff, ausgesprochen. Trotzdem hielt sie es für unwahrscheinlich. *Irgendetwas passt hier nicht zusammen. Aber was?*

Doch jetzt verstand Olga, warum die Agenturchefin gekommen war: Sie wollte ihren Sohn schützen. Und so etwas tat keine Mutter ohne Grund. *Hier wartet noch ein weiteres Geheimnis auf seine Entdeckung*, dachte Olga und rieb sich vor Vergnügen die Hände. Sie würde von Risse bekommen, was sie wollte, und sie würde die Kupplerin besiegen.

»Gut, behalten Sie Ramonas Pass. Ich weiß, was ich jetzt zu tun habe«, flüsterte Olga drohend und erhob sich.

»Wenn ich Ihnen den Pass geben würde, was dann?«, fragte Risse und erhob sich ebenfalls.

»Dann telefoniere ich heute nicht mit der Staatsanwaltschaft.«

»Was hilft mir das, wenn die Polizei meinen Sohn sowieso schon sucht?«

»Das weiß ich nicht. Vielleicht wird dann nicht alles durchleuchtet, was Ihre Geschäfte betrifft. Ansonsten, das garantiere ich Ihnen, sorge ich dafür, dass weder bei Ihnen noch bei Ihrem Sohn ein Stein auf dem anderen bleibt.«

Olga sah die Zweifel in Risses Augen. *Habe ich zu hoch gepokert?*, fragte sie sich. *Was habe ich schon gegen sie in der Hand? Wenig,* gestand sie sich ein und war darauf gefasst, dass die Agenturchefin bei ihrer harten Haltung blieb. *Müssen wir sie eben auf unsere Weise fertigmachen,* tröstete sich Olga und dachte an den Schlachtplan, den Sonja gestern Abend entworfen hatte.

Da öffnete Risse ihre Handtasche und holte einen roten EU-Reisepass heraus.

»Hier«, sagte sie, »geben Sie den Ramona und sagen Sie ihr, dass damit die Geschäfte mit *BestRosies* beendet sind. Bei mir wurde noch nie jemand zur Prostitution gezwungen. Ich denke, damit sind wir quitt.«

Olga nickte. »Danke.«

Nachdem Risse gegangen war, wartete Olga noch einige Minuten, bevor sie sich nach Hause zu Sonja auf den Weg machte. Sie wollte der Kupplerin nicht noch einmal begegnen. Auch, wenn sie nun der Belarussin helfen konnte, würde sie gemeinsam mit Sonja an dem Plan festhalten, *BestRosies* das Geschäft endgültig zu verhageln. *Wer hilflose Frauen ausbeutet, mit dem sind wir erst quitt, wenn wir ihm das Handwerk gelegt haben!*

Während sie die knappe Viertelstunde durch die nasskalte Stadt lief, überlegte sie, wer Loder getötet haben könnte. Seit sie Besuch von den beiden Mordermittlern erhalten hatten und dabei zumindest ein wenig in den Kreis der Verdächtigen genommen worden waren, ließ die Frage Olga nicht mehr los. Nur zu gern würde sie dieses Rätsel lösen. Sie spürte das Kribbeln einer inneren Neugier und überlegte, wie sie mit der Kommissarin nochmal ins Gespräch kommen könnte, um etwas über den Gang der Ermittlungen zu erfahren. Vielleicht war es gar nicht so abwegig, Risses Sohn zu verdächtigen. Zuzutrauen sollte ihm so eine Tat sein. Caroline hatte schließlich berichtet, wie massiv und bedrohend Roger Risse vorgehen konnte. *Vielleicht,* hoffte Olga, *hat Sonja inzwischen noch mehr über Risses Geschäfte herausgefunden.* Sie benötigten möglichst viele Informationen, um diesem Zuhälter das Handwerk legen zu können.

»Hast du den Pass bekommen?«, lautete Sonjas erste Frage, als Olga die Wohnung betrat, und sie umarmte Olga, nachdem diese die Frage bejaht hatte. »Das ist gut, dann können wir Eftimia wirksam helfen und haben *BestRosies* bereits die erste Schlappe zugefügt«, freute sie sich, nahm Olga bei der Hand und führte sie in ihr Arbeitszimmer. »Schau, was ich noch alles recherchiert habe. Echt spannend, sage ich dir!« Sonja deutete auf einige Blätter mit Ausdrucken von Diagrammen und fuhr fort: »Roger Risse ist Vorstandsvorsitzender von *cashpaper*, einer kleinen, an der Münchner Börse notierten Aktiengesellschaft, die sich mit Finanzdienstleistungen befasst. Erstaunlicherweise ist der Kurs der *cashpaper*-Aktie in den letzten Wochen massiv durch die Decke geschossen. Die Hausbank der Gesellschaft ist, du glaubst es kaum, das Bankhaus Malburgg&Lederer. Dort für das Firmengeschäft zuständig: August Loder. Roger Risse und August Loder verband also sehr viel. Kein Wunder, dass Roger Risse alles dafür tat, Loder seine erotischen Wünsche bei *BestRosies* zu erfüllen.«

»Hätte er dann ein Motiv, den Banker umzubringen?«, fragte Olga skeptisch. »Und wie hast du das alles so schnell herausgefunden?«

»Ganz einfach«, sagte Sonja, »du musst einfach in die Trickkiste der *Short Seller* greifen, dann landest du erstaunliche Treffer.«

Sonja war immer für eine Überraschung gut, das wunderte Olga inzwischen nicht mehr. Trotzdem bewunderte sie ihre Freundin für ihre Findigkeit und die Kreativität, mit der sie dem Internet Informationen entlockte.

»Ach, Wasp, erklärst du mir nochmal, was ein *Short Seller* ist?«

»Das sind die unangenehmen Zeitgenossen, die auf fallende Kurse spekulieren. Sie tun das nicht mit dem Würfel in der Hand, sondern sie suchen gezielt Aktiengesellschaften mit Auffälligkeiten in der Kursentwicklung oder in den Bilanzen. Ein durch die Decke gehender Kurs erheischt immer die Aufmerksamkeit der Spekulanten. Um solche Entwicklungen aufzuspüren, gibt es einige Werkzeuge. Da habe ich mich einfach bedient, und schwupps, die *cashpapers* Kursralley entdeckt.«

»Was bedeutet das jetzt für Loder und Risse?«

»Das weiß ich noch nicht. Aber eins ist klar: Roger Risse ist in den zurückliegenden drei Wochen reich geworden – zumindest auf dem Papier. Vielleicht findet sich in diesem Kontext ein Motiv.«

»Dann wäre doch eher Risse ein geeignetes Opfer«, widersprach Olga.

»Auf den ersten Blick ja. Aber manchmal werden die Menschen, wenn sie zu Geld kommen, immer gieriger. Wir müssten herausfinden, was Risse und Loder noch verbindet. Da muss es etwas geben, sonst hätte Risse sich bei Juliette nicht so aus dem Fenster gelehnt, nur um Loder zufriedenzustellen.«

»Da hast du recht. Es wird mal wieder mysteriös.«

»Vielleicht haben wir die Lösung des Rätsels bereits vor der Nase«, spekulierte Sonja weiter. »Jedenfalls scheint *cashpaper* in einen Geldwäscheskandal verwickelt zu sein. Ein Enthüllungsartikel in unserer beliebten Boulevardzeitung von heute Morgen behauptet das zumindest.« Sprach es und schob den Zeitungsartikel über den Schreibtisch: *Geldwäsche bei bayerischen Banken.*

Olga nahm die Zeitung in die Hand und las die fettgedruckte Zusammenfassung.

»Ist ja ein Ding«, murmelte Olga und gab Sonja einen Kuss.

»Wenn Loders Tod damit zusammenhängt«, orakelte Sonja, »ist das ein verdammt heißes Eisen.«

24

Das Display ihres Handys leuchtete auf. Eine Nachricht war eingegangen. Cathrin griff nach dem Smartphone und las: *Bitte nicht erschrecken. Ich stehe im Windfang.*

Kopfschüttelnd verließ sie das Wohnzimmer und ging durch den Flur zur Haustür.

»Hallo«, flüsterte Detlev Zönte, »schalten Sie kein Licht an.«

»Wie kommen Sie hier herein?«, fragte Cathrin und versuchte, Entrüstung in ihre Frage zu legen, hatte allerdings nicht den Eindruck, dass es ihr überzeugend gelang. Ihr Herz machte einen Freudensprung, als sie Zönte aus dem Schatten des Windfangs treten sah. *Gott sei Dank,* seufzte sie lautlos, *er lebt und ist gesund.*

»Sie müssen Ihr Haus besser sichern«, antwortete er schüchtern.

Sie ging auf ihn zu und umarmte ihn. »Schön, dass du da bist«, sagte sie mit kratziger Stimme und sah zu ihm auf.

Er strich ihr über den Kopf und schob sie sanft von sich weg. »Gehen wir auf deinen Dachboden, da sieht uns niemand«, flüsterte er und stieg leise die Treppe hinauf.

Plötzlich waren sie einander sehr vertraut. Trotzdem fragte sich Cathrin: *Woher kennt er sich in meinem Häuschen aus?* Er überraschte sie immer wieder. Was sollte das noch werden? Aber sie folgte ihm, als wäre es selbstverständlich, dass er ihr in ihrem Häuschen vorausging. Was hatte er vor? Gab es Neuigkeiten? Schwierigkeiten? Cathrin war aufgeregt, ihr Bauch flirrte. Oben angekommen, setzte er sich neben der Tür auf den Boden und bedeutete ihr, es ihm gleichzutun.

»Bitte entschuldige meinen Einbruch. Ich wollte möglichst ungesehen hereinkommen, und deine im Dunklen liegende Tür ist schamlos ungesichert. Vermutlich wirst du überwacht, da war Einbrechen meine sicherste Option.«

»Wer sollte mich überwachen?«

»Dieselben Leute, die mir nach dem Leben trachten. Die Sache ist noch nicht ausgestanden – und du bist in großer Gefahr.« Detlev atmete schwer.

Cathrin widerstand der Regung, sich an ihn zu lehnen.

»Hast du meinen Artikel gelesen?«, fragte er.

»Natürlich, noch vor dem Frühstück.«

»Wie haben deine Chefs darauf reagiert?«

»Ungläubig. Es ist unfassbar. Da habe ich ihnen gestern Nachmittag alle meine Erkenntnisse über die Prüfgruppe von Dr. Martens auf den Tisch gelegt und sie vorgewarnt, dass dein Artikel erscheinen wird, und dann wischen sie alles vom Tisch als Erfindung und Hirngespinst. Unser Boss meinte doch tatsächlich, hier würden *Short Seller* versuchen, Kurse nach unten zu manipulieren.«

»Das ist oft so«, seufzte Detlef resigniert. »Sie glauben die Katastrophe meistens erst, wenn sie eingetreten ist.«

»Übrigens werde ich eine Abmahnung erhalten, weil ich hausintern recherchiert habe«, ergänzte Cathrin und der Ärger vom Vormittag kochte wieder in ihr hoch.

»Das war zu erwarten. Mal sehen, ob die Bankenaufsicht gegen mich wegen des Verdachts der Kursmanipulation ermittelt.«

»Das ist nicht dein Ernst?«

»Doch, das kam schon ein paar Mal vor. Investigativer Journalismus hat viele Feinde. Trotzdem fühle ich mich etwas sicherer als gestern. Der Stein ist ins Rollen geraten, die Lawine losgetreten. Mein Chefredakteur steht hinter mir.«

»Das ist gut.«

»Ja, denn der Krieg, der beginnt erst jetzt.«

»Hast du dich mit der Polizei in Verbindung gesetzt?«

»Nein, noch nicht. Die werden doch nicht ernsthaft glauben, ich hätte etwas mit der Ermordung von August Loder zu tun.«

»Vermutlich nicht, aber die Kommissarin Mühlke sitzt mir im Genick und hat mir heute schon wieder hinterhertelefoniert. Was soll ich der das nächste Mal sagen?«

»Vertraust du ihr?«

»Irgendwie schon. Außerdem ist die Kripo momentan auf einer ganz anderen Fährte. Das verschafft dir Luft«, versuchte Cathrin, ihn zu beruhigen und erzählte von ihrem Gespräch auf dem Kommissariat. Detlev lauschte wortlos, und als Cathrin mit ihrem Bericht zu Ende war, hörte sie für einige Augenblicke nur ihren und seinen Atem.

»Das klingt gar nicht schlecht«, kommentierte er Cathrins Schilderung schließlich und meinte: »Wenn es bei der Polizei einen Maulwurf gibt, dann droht mir aus dieser Richtung so lange keine zusätzliche Gefahr, solange die Mordkommission an der falschen Fährte dranbleibt. Andererseits ...« Er stockte, schien zu überlegen, atmete hörbar ein und aus, fuhr fort: »Andererseits – *cashpaper*, dieser kleine Finanzdienstleister, dessen Kurs durch die Decke geht, weißt du, mit was für Geschäften diese Firma angefangen hat?«

»Nein. Womit?«

»Pornografie und Sexdienstleistungen.«

»Ach du Schande«, entfuhr es Cathrin. »Dann ist die Mühlke gar nicht so auf dem Holzweg. Hätte ich nicht gedacht.«

»Wir müssen das im Auge behalten«, bekräftigte Detlev und schwieg wieder. Cathrin rückte näher an ihn heran. Er legte seinen Arm über ihre Schultern. Sie spürte das leichte Zittern seiner Muskeln. Eine Welle von Zuneigung lief durch ihren Körper. »Wovor hast du Angst?«, fragte sie leise.

»Sie werden mich erwischen«, flüsterte Detlev.

»Wer?«

»Die Russen. Die haben noch jeden erwischt.«

»Nein«, widersprach Cathrin energisch. »Sie werden dich in Ruhe lassen.«

Natürlich war ihr bewusst, dass hier der Wunsch der Vater des Gedankens war. Aber sie wollte sich und ihm Mut machen. Sie griff nach der Hand, die über ihre Schulter hing und drückte sie.

»Heute Nachmittag wurde das IT-System meiner Zeitung gehackt und ein Teil meiner Dokumente gestohlen. Die wissen jetzt nicht nur, was ich weiß, sondern auch, woher ich es weiß. Mindestens einer meiner Informanten ist in Gefahr – auch du.«

»Dann ist es umso wichtiger, ihnen ein Bein zu stellen«, zeigte sich Cathrin kämpferisch, obwohl ihr das Herz in die Hose rutschte. Sie wollte sich nicht der Angst ergeben, die wie ein kalter Hauch ihren Bauch hochkroch und Gänsehaut im Nacken verursachte.

»Hast du die Dokumente, die ich dir bei Beuys zugespielt habe, versteckt?«

»Ja.«

»Gut. Das ist jetzt wichtiger denn je. Mein Chefredakteur hat vor, einen Teil meiner Dokumente öffentlich zugänglich zu machen, um die Glaubwürdigkeit meiner Recherchen zu unterstreichen. Unsere Gegner werden versuchen, das zu verhindern.«

»Was willst du als nächstes tun?« Cathrin konnte das Vibrieren ihrer Stimme nicht verhindern.

»Erstens: dich in Sicherheit bringen, und zwar sofort. Zweitens: meinen Chefredakteur seine Arbeit machen lassen. Drittens: diesem Dr. Martens bei euch in der Firma auf die Zehen treten, denn ich glaube, über ihn kommt man am einfachsten an die eigentlichen Drahtzieher.«

»Klingt nach einem Plan, aber warum ich?«

»Weil du für Martens die größte Gefahr bist. Bitte, komm mit mir. Ich habe ein sicheres Versteck aufgetan. Du musst einige Tage von der Bildfläche verschwinden.«

»Ich kann der Arbeit nicht fernbleiben.«

»Jetzt ist Wochenende und am Montag meldest du dich krank. Glaub mir, Martens ist brandgefährlich. Er weiß jetzt, dass du ihm auf die Schliche gekommen bist. Er wird alles tun, um dich bei *CPC* zu vernichten.«

Diese Worte trafen Cathrin bis ins Mark. In der Tat hatte der für die Prüfgruppen zuständige Gesellschafter nach ihrem Bericht, den er für ein Hirngespinst hielt, sofort Martens zu sich bestellt, und, wie Cathrin dank ihrer guten Beziehung zur Vorzimmersekretärin erfahren hatte, eine Stunde später den Prüfer warmherzig und in bestem Einvernehmen verabschiedet. Als sie daraufhin bei Martina, der Teamassistentin von Martens' Prüfgruppe, angerufen hatte, war der Anschluss tot gewesen.

Cathrin erkannte: Martens handelte blitzschnell und geistesgegenwärtig. Detlev hatte recht. Martens war augenblicklich ihr gefährlichster Gegner. Hatte sie überhaupt noch eine Zukunft bei *CPC*? Ihr Gaumen wurde trocken, sie spürte die Bedrohung, die auf sie zukam, beinahe körperlich. Unwillkürlich schmiegte sie sich enger an Detlev.

Er hielt sie fest, strich ihr wieder über den Hinterkopf und murmelte: »Wir schaffen das.« Dann beugte er sich zu ihr und küsste sie.

Als seine rauen Lippen auf ihrem Mund lagen, wusste sie, was sie sich schon seit längerem gewünscht hatte. Sie erwiderte den Kuss leidenschaftlich, und für einige Minuten vergaß sie alles um sich her und ergab sich dieser intimen Zärtlichkeit mit einer kaum mehr gekannten Lust.

Schließlich löste sich Detlev aus der Umarmung, legte seinen Zeigefinger auf ihre Lippen und mahnte zärtlich: »Wir müssen aufbrechen und dich in Sicherheit bringen.«

Sie verließen ihr Häuschen über den rückwärtigen Garten, kletterten über den Zaun der benachbarten Gärtnerei, schlichen dort zur hinteren Begrenzung, rannten über das freie Feld zu der Buschgruppe neben dem schmalen Bach und im Schutz des Gesträuchs zum nahegelegenen Wäldchen. Cathrin bewunderte Detlevs Ortskenntnisse. Sie trafen auf den Saumpfad, den Cathrin manchmal in ihre Joggingstrecke einbaute, und gelangten nach knapp zehn Minuten zu dem versteckten Waldparkplatz, den kaum jemand kannte. Detlev vergewisserte sich, dass sie allein waren, und sperrte die Beifahrertür des in die Jahre gekommenen Renaults auf.

»Steig ein«, flüsterte er, umrundete den Wagen und setzte sich hinters Steuer. Nach einigen Hustern sprang der Motor an und Detlev rollte auf die schwach beleuchtete Straße. Etliche Minuten blieb er auf Seitenstraßen, ehe er in gebührender Entfernung von Cathrins Haus auf die Hauptstraße einbog und stadtauswärts fuhr.

Nach 20 Minuten bog er in einen Feldweg ab, der zu einer verlassenen Scheune führte. Detlev stieg aus, schob die Scheunentür auf und fuhr mit dem Renault hinein. Versteckt hinter einem alten Traktor stand ein unscheinbarer Polo, dessen Warnblinkanlage kurz aufblinkte, als Detlev ihn entsperrte. Sie wechselten das Auto, verließen die Scheune und fuhren zurück in die Stadt. Detlev steuerte die unterirdischen Straßen des alten olympischen Dorfes an, vergewisserte sich noch zweimal, dass sie nicht verfolgt wurden, und parkte den Wagen in einem Gitterkäfig.

Keine 20 Meter entfernt gab es einen Hauseingang, dahinter ein Aufzug. Sie fuhren in den sechsten Stock, liefen durch einen dunklen Flur und betraten eine Wohnung. Als die Tür hinter ihnen geschlossen war, legte Detlev einen massiven Sperrriegel vor, erst dann schaltete er das Licht an.

»Willkommen in meinem Fuchsbau!« Er zog sie in die Arme und hielt sie lange Zeit bewegungslos fest.

Cathrin spürte: Hier war sie in Sicherheit. »Ist das deine Wohnung?«

»Um Gottes willen, wo denkst du hin«, winkte Detlev ab. »Meine Wohnung wird gewiss seit Wochen überwacht. Nein, die Wohnung gehört einem alten Freund von mir, den ich höchstens einmal im Jahr sehe und mit dem man mich eigentlich nicht in Verbindung bringen kann. Manuel ist vor langer Zeit zu einem erklecklichen Vermögen gekommen. Ihm gehören in etlichen europäischen Metropolen Wohnungen, und die hier hat er mir schon öfter überlassen, wenn ich mich bedeckt halten musste. Mein Job bringt das so mit sich, wie du weißt.«

Cathrin musste schmunzeln. Sie konnte sich zu gut vorstellen, wie viele Feinde er sich in den zurückliegenden Jahren gemacht hatte. Aber die momentane Situation, in der es seine Feinde auf sein Leben abgesehen hatten, war besonders bedrohlich.

Er ließ sie los und deutete auf die Garderobe. »Hier kannst du ablegen«, sagte er und schälte sich aus seiner Winterjacke. »Dann zeige ich dir die Bude.«

Sie zog ihren Anorak aus und schlüpfte aus der Daunenjacke, die sie zusätzlich angezogen hatte.

Er nahm sie bei der Hand, führte sie in eine moderne, funktionale Küche, zeigte ihr das Bad, das Wohnzimmer und deutete auf die im Dunkeln liegende Terrasse. »Leider können wir die nicht nutzen, einfach zu kalt. Aber sie schützt uns vor neugierigen Blicken.« Dann ging er mit ihr in das schlicht eingerichtete Schlafzimmer. Dort schob er die Tür eines Wandschranks zur Seite und zeigte auf mit Wäsche gefüllte Fächer. »Hier findest du gemütliche Klamotten für die nächsten Tage, eher sportlich im Zuschnitt und vermutlich eine Nummer zu groß. Ich war nicht auf Damenbesuch eingerichtet.«

»Immerhin«, flüsterte Cathrin und zog Detlev auf das breite Bett.

25

Etwas müde von der gestrigen Skitour am Rand der Piste in Garmisch-Partenkirchen schälte sich Olga aus dem Bett und schaltete die Kaffeemaschine in der Küche ein. Dann sprang sie rasch unter die Dusche. Sie genoss das warm herabrieselnde Wasser, schloss die Augen und träumte sich noch einmal in ein paar Tiefschneeschwünge hinein, ehe sie sich bereit fühlte für die Gegenwart. Sie ließ Sonja, die eingerollt im Bett lag, weiterschlafen und ging hinunter zum Bäcker. Die drei Kunden vor ihr gaben ihr Zeit, die Schlagzeilen der Münchner Boulevardzeitungen zu lesen. *Große Aufregung bei Münchner Bank,* titelte das größte Blatt.

Olga nahm eine Zeitung vom Stapel und las den Bericht, der eine Fortsetzung der Geldwäsche-Story vom letzten Freitag war. *Inwieweit ist Roger Risse involviert und was hat das mit dem Tod von August Loder zu tun?,* fragte sich Olga. Sonjas Internet-Recherchen hatten am Samstag keine weiteren Verbindungen zwischen Risse und Loder zutage gefördert, aber das mochte nichts heißen. Selbst in diesen hochvernetzten Zeiten fand sich nicht jede Information in mehr oder weniger frei zugänglichen Quellen, und bisher hatte Sonja noch keinen Versuch unternommen, in das interne System von *cashpaper* einzudringen. Dafür war es ihr gelungen, auf der Homepage von *BestRosies* für Unruhe und Ärger zu sorgen, worüber sie sich gestern beim Aufstieg zum Osterfelder Kopf hämisch gefreut hatten. Ihr Plan, Risses Agentur das Geschäft zu vermasseln, schien aufzugehen. Sie hatten keine Hemmungen, den Escort-Service zu ruinieren, im Gegenteil: Sie waren sich einig, dass das allein nicht genügte. Da Mutter und Sohn ihr Vermögen mit der Ausbeutung von Frauen aufgebaut hatten, wollten sie den beiden so viel Schaden wie möglich zufügen. Außerdem war Olgas Wut auf Roger Risse übers Wochenende keineswegs abgeklungen, und allzu gern hätte sie gewusst, ob er etwas mit dem Tod von Loder zu tun hatte.

Als sie in die Wohnung zurückkam, stand Sonja schlaftrunken in der Schlafzimmertür.

»Ich mache uns Frühstück«, versprach Olga und schwenkte die Bäckertüte.

Sonja kam ihr entgegen und umarmte sie. »Fein, dann geh ich mich duschen.«

Nach einem flüchtigen Kuss schlüpfte Sonja ins Bad.

Olga deckte den Tisch und machte Kaffee. Sie freute sich daran, wie selbstverständlich und unkompliziert das Zusammenleben mit Sonja verlief. Der banale Alltag vermittelte ihr eine behagliche Geborgenheit, über die Olga manchmal erschrak. Würde ihre Beziehung zu Sonja irgendwann in Routine erstarren? Nein, schüttelte Olga den Kopf, dazu war das Leben mit Sonja in jeder Hinsicht zu aufregend. Allein die Kreativität, mit der Sonja in den zurückliegenden Monaten ihre Programmier-Fertigkeiten zur Geltung gebracht und damit ihre Recherchen in einigen spannenden Fällen zum Erfolg geführt hatte, prickelte durch ihr Zusammensein wie gut gekühlter Champagner im Glas.

Auch jetzt zeigten sich die Segnungen der ehrgeizigen Hacker-Seele wieder. Jeder Freier, der auf der Homepage von *BestRosies* nach einer Escort-Dame suchte, erhielt bis Sonntagmorgen zu lesen: *Liebe ist nicht käuflich, Frauen sind keine Ware!* Dann konnte man die *BestRosies*-Seite nicht mehr aufrufen. Ein erster Erfolg!

Gerechtigkeit erreicht man nicht immer mit dem Gesetz, beschwichtigte Olga ihr manchmal aufblitzendes schlechtes Gewissen. *Ab und zu muss man das Recht in die eigene Hand nehmen,* befand sie. Nach wie vor fühlte sie sich mehr ihrem althergebrachten Gerechtigkeitsideal verpflichtet, als es die juristische Vernunft gebot, und zunehmend haderte sie mit ihrem Entschluss, ihre Anwaltskanzlei geschlossen zu haben. *Immerhin habe ich meine Anwaltszulassung nicht zurückgegeben. So kann ich Caroline und Eftimia mit der Autorität der Rechtsanwältin zur Seite stehen,* freute sie sich. Und in der Kommunikation mit der Mordkommission schadete es auch nicht, das Gewicht ihrer Zulassung einbringen zu können. Flugs folgte auf diesen Gedanken wieder die drängende Frage: Was hatte es mit dem Mord an August Loder auf sich? Weder sie selbst noch Caroline oder Sonja hatten mit Loder abgeschlossen. Trotz seines gewaltsamen Todes musste Caroline die Gefangenschaft aufarbeiten, und für sie drei war die entscheidende Frage noch offen: Wer hatte den Banker ermordet?

Sonja kam an den Frühstückstisch, streichelte Olga flüchtig über die Wange und schnupperte an ihrer Kaffeetasse. Im Hinsetzen griff sie nach einem Croissant und stippte es in den Kaffee. »Danke«, murmelte sie und schmatzte genüsslich. »Musst du jetzt ins Institut?«

»Ach, das Institut.« Olga seufzte. »Ja, heute ist Seminar. Hoffentlich wieder mit Caroline. Aber ich beginne zu zweifeln, ob es die richtige Entscheidung war, an die Uni zurückzugehen.«

»Um Caroline mache ich mir keine Sorgen mehr, sie hat den Schock ganz gut weggesteckt. Doch deine Zweifel ... Woran liegen die?«

»Ich weiß es nicht. Vielleicht bin ich einfach keine Theoretikerin. Jedenfalls will ich den beiden Risses den Garaus machen und herausbekommen, wer Loder getötet hat und warum.«

Sonja lachte, stand auf und umarmte Olga. »Gamserl, so gefällst du mir am besten!«

»Ach Wasp.« Olga lächelte bei Sonjas Kosenamen, den sie ihr vor einem halben Jahr als Anspielung auf die Romanfigur der genialen Hackerin Lisbeth Salander verpasst hatte. »Was unternehmen wir?«

»Mal schauen, wann *BestRosies* wieder online geht. Dann

greife ich wieder in die Trickkiste und versalze ihnen die Suppe. Außerdem versuche ich, mehr über die Verbindung von *cashpaper* und Roger Risse zu diesem Geldwäscheskandal herauszubekommen.«

»Soll ich mal Kontakt mit Dorothee aufnehmen? Als Staatsanwältin weiß sie vielleicht über den Fall Loder Bescheid.«

»Gute Idee.«

Draußen war es erstaunlich warm und etwas von Frühling lag in der Luft, als Olga durch die Schwabinger Seitenstraßen zur Universität lief. An beinahe jedem Laternenmast war ein Wahlplakat befestigt, die Kandidaten für den Stadtrat grinsten um die Wette. Unwillkürlich fragte sich Olga, welcher dieser Politiker sich für ein Gesetz stark machen würde, das den Kauf von Sex unter Strafe stellt. Keiner dieser Plakatfiguren traute sie so eine konsequente Haltung zu. Da stand ein strammer Kandidat für rigoroses Abschieben Asylsuchender, dort fand sich ein Verfechter großmotoriger Pkw, hier eine Freundin völliger Diversität und erneuerbarer Energien, gleich neben einem Wirtschaftsliberalen, der ein Zuviel an Staat strikt ablehnte. Gewalt gegen Frauen, Menschenhandel und Frauenkauf machte keiner zum großen Thema.

Was sind wir für eine Gesellschaft, fragte sich Olga, *die es hinnimmt, dass Frauen diskriminiert, schlechter bezahlt und für Sex gekauft werden? Warum kümmern wir uns so wenig um die Probleme der Prostitution?* Olga beschäftigte die Frage nach dem richtigen Umgang mit Sexarbeit noch immer, und nach wie vor tat sie sich schwer damit, eindeutig Stellung zu beziehen. Grundsätzlich lehnte sie Prostitution ab, erkannte aber durchaus eine gewisse Notwendigkeit für dieses Gewerbe und wollte niemand verbieten, sich aus freien Stücken zu prostituieren. Sie konnte inzwischen sogar Verständnis für Männer aufbringen, die Sexarbeit in Anspruch nahmen, weil sie auf andere Weise keine Frau finden konnten – wenn sie nicht demütigend mit den Frauen umgingen. *Man muss die Männer bestrafen, welche die Notlage von Frauen ausnutzen oder genau wissen, dass ihnen die Prostituierten nicht freiwillig zu Diensten sind. Aber wie,* überlegte Olga, *soll man das nachweisen?* Also musste man so Leuten wie Rebecca und Roger Risse das Handwerk legen und den Sexarbeiterinnen einen geschützten Raum bieten, in dem sie selbstbestimmt arbeiten konnten. *Vielleicht wären Bordelle in der Trägerschaft von gemeinnützigen Einrichtungen eine Lösung,* folgerte Olga. *Darüber sollten wir uns mal ernsthaft Gedanken machen.*

Kaum in ihrem Assistentenzimmer angekommen, griff Olga zum Telefon und rief Dorothee an. Diese zeigte sich erfreut, von Olga zu hören und war ohne Umschweife bereit, sich mittags mit ihr zu treffen.

Im Seminar übernahm Professorin Möller die Leitung dieser letzten Sitzung vor den Semesterferien. Olga verfolgte die Diskussion zunehmend gelangweilt, und während sie beobachtete, wie Caroline sich immer mehr ihrem Handy widmete, schweiften Olgas Gedanken ebenfalls von den theoretischen Fragestellungen moderner Strafrechtsethik ab. Das heutige Thema, *Solidaritätspflichten und Loyalitätspflichten als Kriminalisierungsgründe,* erschien Olga allzu abstrakt und wenn sie ehrlich war, interessierten sie Rolle und Bedeutung der Begriffe *Solidaritätspflicht* und *Loyalitätspflicht* als Ausgangspunkte für Kriminalisierung kaum. *Eine Gesellschaft, deren Miteinander funktionieren soll, kommt nicht ohne Regeln aus, die den Einzelnen im Notfall dazu verpflichten, zum Beispiel einem Verletzten zu helfen.* Diese Selbstverständlichkeit umständlich philosophisch zu begründen, schien ihr eine überflüssige akademische Selbstbeschäftigung. Wo Hilfe notwendig war, musste geholfen werden.

Olga lächelte wehmütig in sich hinein, denn wie ein Blitz, der die Nacht erhellt, sah sie ihr Scheitern als Strafrechtstheoretikerin und Rechtsphilosophin vor sich. Nein, sie befand sich auf dem falschen Weg, und als ihre Augen Carolines Blick auffingen, wusste sie, dass sie ihrem Leben noch einmal eine Wendung geben musste.

»Begleitest du mich zum Mittragessen?«, fragte Olga Caroline nach dem Seminar auf dem langen Flur des Institutsgebäudes. »Ich treffe mich mit einer Staatsanwältin, die uns vielleicht Infos zu Loders Tod geben kann.«

»Tot ist tot«, winkte Caroline ab. »Das Arschloch interessiert mich nicht mehr!«

»Willst du nicht wissen, wer und was dahintersteckt? Was, wenn Roger Risse der Täter war?«

»Glaube ich nicht – und nein, ich will es nicht wissen. Ich will Loder und alles, was er mit mir gemacht hat, vergessen und mein altes Leben weiterleben.«

»Wie bitte?«

»Ja«, bestätigte Caroline. »Ich will mein altes Leben zurück.«

Olga stand mit offenem Mund da und schaute Caroline hinterher.

»Unzufrieden?«

Olga zuckte zusammen.

Gudrun Möller legte ihr die Hand auf die Schulter. »Es ist nicht leicht, nach einigen Jahren in der Praxis an die Universität zurückzukommen, oder?«

Olga bewunderte ihre Professorin für die Feinfühligkeit, die sie zeigte. *Als ob sie einen siebten Sinn hat,* schoss es Olga durch den Kopf und antwortete: »Da haben Sie recht.«

»Machen Sie sich keine Gedanken«, tröstete die Professorin. »Jetzt kommen die Semesterferien, da können Sie in Ruhe an Ihrer Dissertation arbeiten. Von den Korrekturen meines Examenskurses halte ich Sie frei. Widmen Sie sich ruhig Hegel und wenn Sie wollen, sprechen wir Anfang April über Ihre ersten Ergebnisse.«

»Gern, vielen Dank«, log Olga und verabschiedete sich von ihrer Chefin.

Nachdenklich machte sie sich auf den Weg zu dem italienischen Restaurant, in dem sie mit Dorothee verabredet war. Was bewog Caroline, ihr bisheriges Leben weiterführen zu wollen? Caroline war jetzt finanziell unabhängig. Sie brauchte nur Loders Diamantring zu verkaufen, dann war das Pflegeheim für ihren Vater auf Jahre hinaus bezahlt.

Was geht in ihrem Kopf vor?, rätselte Olga und spürte, wie ihre eigenen Zweifel wuchsen, ob sie selbst wusste, was richtig und was falsch war. Einerseits hatte Caroline von diesem inneren Zwang berichtet, als litte sie darunter, andererseits schien sie an dem Job als Escort-Dame Gefallen zu haben. Freiwilligkeit dünkte Olga ein verdammt theoretisches Konstrukt und war vielleicht nichts anderes als ein naiver Wunsch. *Ich muss Carolines Entscheidung respektieren,* erkannte sie, aber sie spürte ihre Enttäuschung. Sie hätte Caroline eine andere Zukunft gewünscht.

»Wir haben uns lange nicht gesehen«, bemerkte Dorothee. »Schön, dass du dich gemeldet hast, auch wenn es mir schwerfällt, durch dich wieder besonders an Alex erinnert zu werden.«

»Er fehlt dir immer noch?«

»Wo er war, ist eine Leerstelle, und die wird bleiben, denn er war etwas Besonderes für mich.«

»Mir geht es ähnlich, wenn auch anders.«

Dorothee nickte und musterte Olga mit einem ernsten Blick. »Wegen der Vergangenheit willst du dich gewiss nicht mit mir treffen«, schlug sie einen nüchternen Ton an. »Was hast du auf dem Herzen? Ein neuer Fall?«

»Kann man so sagen«, bejahte Olga und schilderte Carolines Erlebnisse mit Loder und wie sie mit Sonja dabei in den Fokus der Kriminalpolizei geraten war.

»Interessant«, kommentierte Dorothee, als Olga geendet hatte. »Auf was willst du nun hinaus?«

»Ich will Rebecca und Roger Risse ans Leder«, gab Olga offen zu, denn sie wusste, dass Dorothee sie bereits durchschaut hatte. Nun war sie gespannt, wie die Staatsanwältin reagieren würde. Bis zu Alex' tragischem Tod war Dorothee eine geradlinige Verfechterin des Rechtsstaatsprinzips gewesen und hatte jede Art von Selbstjustiz abgelehnt – ein Problem, das Alex mit ihr gehabt hatte, denn er hatte der Gerechtigkeit gern auf eigene Faust zur Geltung verholfen.

»Du hast dich nicht verändert«, sagte Dorothee und biss herzhaft in ihre Pizza. Olga schwieg und wartete.

»Das ist es, was dich und Alex verband, dieses unbedingte Gerechtigkeitsstreben. Du weißt, dass ich anders darüber denke.« Dorothee wippte mit ihrem Kinn auf und ab, eine komisch wirkende Geste, die Olga bisher noch gar nicht an der Staatsanwältin aufgefallen war.

»Ich sehe das jetzt etwas differenzierter«, fuhr Dorothee fort und schob sich ein weiteres Pizzastück in den Mund.

Olga zügelte ihre Neugier, verzichtete auf die provokante Nachfrage und nahm ihrerseits eine Gabel voll von den leckeren Spaghetti Carbonara.

»Der Schläger, der Alex in den Tod geschubst hat, wurde vor drei Wochen zu einer Jugendstrafe von neun Monaten auf Bewährung verurteilt. Eine rechtsstaatliche Strafe, aber auch eine angemessene Strafe für die Tötung eines Menschen?«, fragte Dorothee nachdenklich, und Olga hörte aus dieser Frage die Unzufriedenheit der Staatsanwältin heraus. »Die Kollegin von der Jugendstaatsanwaltschaft hat das Urteil akzeptiert. Der Schläger soll seine Chance erhalten, sich in unsere Gesellschaft zu integrieren. Ein Argument, das ich nachvollziehen kann, aber mein Herz akzeptiert es nicht. Mein Herz trauert und mein Bauch revoltiert.« Ein bitterer Zug legte sich um Dorothees Lippen.

Olga bemerkte sehr wohl den Schmerz, der Dorothee plagte, doch sie wusste auch, dass hier keine tröstenden Worte halfen. Also sagte sie nichts.

»Aus mir wird kein Racheengel, schließlich bin ich meinem Amtseid verpflichtet. Aber ich bin inzwischen bereit, eine Grauzone zu akzeptieren. Was also kann ich tun, um dich zu unterstützen?«

»Vermutlich ist es zu viel verlangt: Könntest Du mir sagen, ob der Mord an Loder etwas mit seiner Vorliebe für Escort-Damen, insbesondere für Juliette, zu tun hat? Und inwieweit Roger Risse als Täter in Betracht gezogen wird?«

»Du weißt, dass ich keine Auskunft zu laufenden Ermittlungsverfahren erteilen darf, schon gar nicht in Angelegenheiten, für die ich nicht zuständig bin. Warum willst du diese Infos?«

»Wenn Loders Tod etwas mit Juliette zu tun hat, schwebt sie möglicherweise weiterhin in Gefahr. Zumindest könnte es sein, dass Risse sie dann disziplinieren will.«

Dorothee schien einen Augenblick zu überlegen, dann nickte sie mit dem Kopf. »Okay, ich werde schauen, was ich tun kann.«

Auf dem Weg von der Pizzeria nach Hause sinnierte Olga ein weiteres Mal über Carolines Beweggründe, trotz ihrer jüngsten Erlebnisse auch künftig als Escort-Dame arbeiten zu wollen. War es die Gewohnheit, für Sex bezahlt zu werden, die zu Carolines jugendlicher Normalität geworden war? Es fiel Olga wie Schuppen von den Augen, als sie sich daran erinnerte, dass die Studentin in einem Nebensatz, scheu dahingeflüstert, bemerkt hatte, sie erlebe sexuelle Erregung nur, wenn sie dafür bezahlt werde. *Was für ein Drama*, seufzte Olga bei dieser Erkenntnis. Jahrelanger Missbrauch hatte bei Caroline eine Deformierung des Erlebens von körperlicher Lust bewirkt. Olga blieb mitten auf der Straße stehen und wischte sich eine Träne aus dem Augenwinkel.

26

Der Blick auf den Kursticker war unerfreulich. Um knapp 20 Prozent war die *cashpaper*-Aktie mittlerweile eingebrochen, was Roger auf dem Papier einen Verlust von mehreren hunderttausend Euro und ein zunehmend löchriges Nervenkostüm bescherte. Außerdem fehlten seit den Vormittagsstunden die bisher verlässlich eingegangenen Provisionszahlungen auf dem Geschäftskonto.

Irgendetwas lief gewaltig schief. Roger rieb sich die Schläfen und versuchte, die aufkommenden Kopfschmerzen zu vertreiben. Ratlos überlegte er, was er tun sollte. Bis vor wenigen Tagen hätte er sich in einer solchen Situation mit Loder beraten. Jetzt fehlte ihm jeder vertrauenswürdige Ansprechpartner aus dem Finanzbereich. Mit Michael konnte er sich nicht besprechen, der interessierte sich nach wie vor nur für die Software von *cashpaper* und neuerdings für die Schwierigkeiten, die unbekannte Hacker der Homepage von *BestRosies* bereiteten.

Ob er sich an Martens wenden sollte? Aus dessen Rolle wurde Roger seit Tagen nicht schlau. Das Treffen letzten Freitag hatte Rogers Zweifel an der Zuverlässigkeit des Wirtschaftsprüfers eher bestärkt. Selbstverständlich war Martens als Buchprüfer von *cashpaper* über die Entwicklungen der letzten Wochen und Monate informiert, aber woher wusste er so genau über den Deal Bescheid, den Loder mit der Broderschen Privatbank AG eingefädelt hatte? Was versteckte sich hinter Martens Vorschlag, bei *cashpaper* eine neue Kontenstruktur einzuführen? Und wie war Martens Angebot zu bewerten, sich an der geplanten *cashpaper*-Bank zu beteiligen? Je länger Roger über sein Treffen mit dem Wirtschaftsprüfer nachdachte, desto klarer fühlte er, von Martens subtil unter Druck gesetzt worden zu sein.

Der führt nichts Gutes im Schilde, befürchtete Roger und

überlegte, ob er das für den Nachmittag anberaumte Treffen mit dem *CPC*-Mann absagen konnte. Mit wem konnte er sich beraten? Jessica, ihm blieb nur Jessica. Sie war die Einzige, die kühl genug analysierte, was in den Köpfen von Männern vorging. Außerdem kannte sie sich mit Finanzen aus. Roger nickte und wählte Jessicas Nummer. *Ja, bestärkte er sich, mit ihr kann ich mich beratschlagen und danach können wir uns noch ein wenig austoben.*

Denn auch das fehlte ihm nach dem vergangenen Wochenende: hemmungsloser Sex. So sehr er sich durch Lisas Hingabe in seiner Männlichkeit bestätigt fühlte, so sehr langweilte ihn bereits das geduldige und romantisch verbrämte Liebesspiel mit der unerfahrenen und schüchternen Studentin. Er hatte sich zurückhalten müssen, nicht schon am Wochenende mit ihr seine Fantasien auszuleben, die sich zunehmend darum drehten, Lisa zu beherrschen und zu unterwerfen. Insgeheim hatte er sich, während er mit ihr schlief, vorgestellt, völlig zügellos mit Jessica seine Vorlieben auszutoben und keine Rücksicht nehmen zu müssen. Seine eigene Lust und nur seine Lust sollte im Mittelpunkt stehen, alles andere befriedigte ihn auf Dauer nicht.

Lisa müsse noch jede Menge lernen, stellte Roger fest und nahm sich vor, bald ein strenger Lehrmeister zu sein. Diese Vorstellung stärkte sein Selbstwertgefühl und er schaute wieder mit mehr Zuversicht auf den Rest dieses Tages, obwohl Jessica nicht ans Telefon ging. *Wo steckt die Hure nur?*, ärgerte er sich, legte auf und nahm überrascht den eingehenden Anruf von Rudolf Alborn entgegen.

»Wir müssen uns treffen«, forderte der Banker. »Bei Ihnen scheint gerade einiges gewaltig schief zu gehen. Haben Sie Zeit?«

Zwei Stunden später hätte Roger vor Wut am liebsten alles kurz und klein geschlagen. Alborn hatte nicht nur das gemeinsame Projekt der virtuellen Kreditkarte aufgekündigt, sondern auch eine unverschämt hohe Aufwandsentschädigung gefordert und schallend gelacht, als Roger ihm damit gedroht hatte, seine sexuellen Vorlieben öffentlich zu machen.

»Sie wissen doch«, hatte Alborn hochnäsig gekontert, als Roger Jessicas Erkenntnisse zur Sprache gebracht hatte, »wie Karl der Große mit Verschwörern umging.«

»Er hat sie geblendet und verbannt«, hatte Roger geantwortet.

»Na also. Diesem Schicksal wollen Sie doch entgehen, lieber Risse. Also vergessen Sie Ihren untauglichen Erpressungsversuch und schauen Sie zu, dass Sie zahlen.«

Wie ein begossener Pudel war Roger danach heimgegangen und erst allmählich war die Wut hochgekocht. Roger schwor dem Banker Rache, wusste aber selbst noch nicht, wie er das anstellen sollte. Doch eines war ihm klar: Die Kränkung wog noch schwerer als das verpasste Geschäft.

Erneut versuchte er, Jessica zu erreichen; wieder vergeblich. Und in weniger als einer Stunde stand das nächste Treffen mit Martens an. Rogers Kopfschmerzen nahmen zu. Was war zu tun? Er musste mit *cashpaper* aus der Defensive kommen und sah sich Marktmächten ausgeliefert, die er weder einschätzen noch beeinflussen konnte. Er fühlte sich ohnmächtig. Seine Wut wuchs. Nichts und niemand durfte seinen Traum vom wirklichen Reichtum gefährden. Ohne nachzudenken, packte er ein Sektglas und schmetterte es gegen die Wand, wo es klirrend zerbrach.

»Haben Sie schon Ihren Anwalt kontaktiert?«, war die erste Frage, die ihm Dr. Martens stellte, nachdem sie bei Pedro am Tresen Platz genommen hatten.

»Das ist längst erledigt«, erwiderte Roger und grübelte, woher Martens von der Anschuldigung wusste, er habe etwas mit dem Tod von August Loder zu tun. Nachdem die Kriminalpolizei sein Auto gründlich untersucht und ihm am Samstag zurückgegeben hatte, schien jeder Verdacht ausgeräumt. Warum also, überlegte Roger, fragte ihn Martens nach seinem Anwalt.

»Sie haben also eine Unterlassungserklärung gegen die Zeitung erwirkt?«, fragte Martens nach.

Roger verstand zunächst nicht, worauf der Wirtschaftsprüfer hinauswollte, bis es ihm dämmerte: Martens ging es um die Berichterstattung zu dem angeblichen Geldwäscheskandal bei der Broderschen Privatbank.

»Das noch nicht«, erwiderte Roger gedehnt.

»Sollten Sie unbedingt tun!« Der Satz klang aus Martens' Mund wie ein Befehl. Ehe Roger antworten konnte, fuhr Martens fort: »Als Ihr Unternehmensberater sage ich Ihnen, was im Übrigen ansteht. Sie wären gut beraten, genau das zu machen, was ich Ihnen vorschlage.«

Pedro stellte zwei Gin-Tonic vor sie hin und zog sich wieder ans andere Ende des Tresens zurück. Roger erhob sein Glas und blickte Martens durchdringend an. Was wollte der Wirtschaftsprüfer von ihm? Seit zwei Jahren nahm Roger die Dienste von *CooperPepperConsultation* nur noch als Wirtschaftsprüfungsgesellschaft, nicht mehr als Unternehmensberatung wahr. Was maßte sich Martens an, ihn jetzt noch belehren zu wollen? Allerdings hielt der eiserne Ausdruck, mit dem Martens Rogers Blickkontakt erwiderte, Rogers Empörung im Zaum. Im Gegenteil: Roger fröstelte. Sein Herzschlag beschleunigte sich.

»Sie beauftragen Ihren Anwalt damit, eine Unterlassungsverfügung gegen die Zeitung zu erwirken. Sie geben noch heute eine Erklärung heraus, die alle Verdächtigungen zurückweist und sie dementieren jegliche Geschäftsverbindung mit der Broderschen Privatbank. Haben Sie verstanden?«

»Für was soll das gut sein?«

»Ganz einfach: *cashpaper* ist ein zuverlässiger Finanzdienstleister, der sich an alle Regeln hält, ein vielversprechendes Start-up-Unternehmen am Finanzplatz München, vertrauenswürdig und integer. Diese Botschaft sollen Sie vermitteln. Ohne Wenn und Aber. Sie müssen *cashpaper* aus den Turbulenzen rund um die Brodersche heraushalten.«

»Danke für den Ratschlag. Klingt vernünftig. Und deswegen wollten Sie sich mit mir treffen?«

»Mir liegt *cashpaper* sehr am Herzen, mein Lieber. Ich will keine weiteren Kursverluste.«

Roger fiel es wie Schuppen von den Augen: Martens war einer der Treiber an der Börse. Hatte er von Anfang an gemeinsame Sache mit Loder gemacht? Wie hing der Deal mit der Broderschen mit den Kurssprüngen an der Börse zusammen? Wieviel Anteile hielt Martens bereits an *cashpaper*? Stand die Firma vor einer feindlichen Übernahme? Roger wurde es heiß und kalt. Er saß einem Gegner gegenüber, der ihm weit überlegen war. Worauf lief das hinaus?

»Sie haben Aktien gekauft«, flüsterte Roger und kam sich im selben Augenblick ziemlich albern vor.

Martens setzte ein aalglattes Lächeln auf. »Sehen Sie, ich hatte von Anfang an Vertrauen in Ihre Fähigkeiten – und die Ihres Partners Trunk. Ein famoser Programmierer.«

Roger stutzte. Was sollte diese Bemerkung?

»Jedenfalls werden Sie tun, was ich Ihnen sage. Wer ist Ihr Anwalt?«

»Zuletzt hat mich Dr. Strand vertreten«, antwortete Roger wahrheitsgemäß.

»Der Strafverteidiger?« Martens klang überrascht. »Den können wir nicht brauchen. Wenden Sie sich an Florian Presselt, der ist ein Fachmann für unsere Angelegenheit.«

»Der Staranwalt?«

»Genau der. Ich mache sofort einen Termin für Sie aus.«

Roger wollte widersprechen, aber irgendetwas in Martens' Tonfall hielt ihn davon ab. Er nickte und beobachtete, wie Martens eine telegram-Nachricht verfasste und absendete.

»Jetzt verraten Sie mir, warum Sie die Hilfe von Dr. Strand in Anspruch genommen haben.«

Seine Stimme duldete keinen Widerspruch, also antwortete Roger: »Man hat mich verdächtigt, August Loder getötet zu haben.«

Martens zuckte mit den Mundwinkeln und hob fragend seine linke Augenbraue.

»Natürlich völlig absurd«, erklärte Roger. »Der Vorwurf ist bereits aus der Welt geschafft.«

»Interessant«, bemerkte Martens und blickte auf sein Handy. »Sie können sofort zu Presselt kommen«, sagte er. Dann trank er sein Glas aus und stand auf. »Gehen wir!«

Der Treppenaufgang in dem hochherrschaftlichen Haus beeindruckte Roger ebenso wie die doppelflügelige Eingangstür zur Kanzlei mit ihren bunten Bleiglasfenstern. Im eleganten Foyer empfing ihn eine Sekretärin, die einem Hochglanzkatalog entsprungen zu sein schien. *Die würde gut in die Fotogalerie meiner Mutter passen,* dachte Roger und taxierte unwillkürlich ihre Figur.

Die in ein teures Dirndl gekleidete Empfangsdame ignorierte seine Blicke und begrüßte ihn professionell freundlich: »Sie sind sicher Herr Risse. Herzlich willkommen. Herr Presselt erwartet Sie schon.«

Sie schritt einen breiten Flur voraus und klopfte an eine weitere Flügeltür. Als die Tür aufschwang, sah sich Roger einem strahlenden älteren Herrn in einem dezenten Trachtenanzug gegenüber. Das kantige Gesicht mit kräftigen Augenbrauen, einer knolligen Nase und ungemein wachen, flink hin und her huschenden Augen, vollen Lippen und einem markanten Kinn zog Roger schlagartig in seinen Bann.

Mit tiefer, sonorer Stimme bemerkte der Anwalt: »Sie sind also der Shootingstar der deutschen Finanzdienstleistung. Kommen Sie unter meine Fittiche.« Dabei fasste er Roger am Ellbogen und führte ihn zu einer Sitzgruppe. »Cognac?«, fragte er und ging, während Roger Platz nahm, zu einem Wandschrank, in dem sich eine kleine Bar versteckte. Er nahm zwei Schwenker und eine Flasche heraus und kam zum runden Besprechungstisch.

Fasziniert beobachtete Roger den Anwalt, wie er in jedes Glas einen halben Fingerbreit Cognac einschenkte. Beinahe neidisch nahm sich Roger vor, eines Tages mit derselben Selbstsicherheit zu agieren.

Presselt legte die linke Hand um den Schwenker, führte das Glas an seine dicke Nase, schnüffelte, brummte wohlgefällig und ging hinüber zu einem barocken Schreibtisch, auf dem eine hellgrüne Mappe lag. Diese nahm er mit der rechten Hand und legte sie vor Roger auf den Tisch.

»Hier ist alles, was Sie im Augenblick brauchen«, erklärte er mit väterlicher Stimme. »Die Vollmacht, die Rechnung für den Vorschuss und zu Ihrer Kenntnis die Unterlassungserklärung.«

Verwirrt schlug Roger den Aktendeckel auf, betrachtete das Formular, mit dem er den Anwalt bevollmächtigen sollte, ihn bzw. die *cashpaper*-Aktiengesellschaft in allen presserechtlichen Angelegenheiten zu vertreten, zuckte angesichts der Summe des Vorschusses kurz zusammen und las dann den Text der Unterlassungserklärung. Alles bestens vorbereitet. Wie das?

»Santé!«, erhob Presselt sein Glas. »Sie sind hoffentlich zufrieden?«

Roger erwiderte den Trinkgruß und wunderte sich über sich selbst. Eigentlich müsste er verärgert sein wegen dieser übergriffigen Bevormundung, die in den vor ihm liegenden Papieren lag, aber die Ausstrahlung des Prominentenanwalts ließ diesen Ärger nicht zu. Was Roger spürte, war eher Verunsicherung, vielleicht sogar ein wenig Angst, denn er verstand immer noch nicht, was hier vor sich ging. Mit einer nonchalanten Selbstverständlichkeit wurde hier über ihn bestimmt und er ließ es wehrlos geschehen.

»Das ist schon eine stolze Summe«, stotterte Roger schließlich mit belegter Stimme.

»Das ist Ihre Eintrittskarte«, erwiderte Presselt mit einschmeichelnder Stimme, »in eine erfolgreiche Zukunft.«

Roger schaute Presselt in die Augen. Dessen Blick war klar und geradlinig. *Er meint, was er sagt*, glaubte Roger und er fing an, diesen Mann für seine Selbstsicherheit zu beneiden. Kurz zögerte er noch, dann unterschrieb er die Anwaltsvollmacht.

Presselt nahm das Formular an sich, stand auf und ging an seinen Schreibtisch. Dort drückte er den Knopf einer Gegensprechanlage: »Hilde, Sie können das Schreiben faxen. Danke.«

Dann nahm er einen roten Aktendeckel, schlenderte zu Roger zurück an den Tisch, legte den roten Aktendeckel auf den Tisch, goss beiden noch einen Cognac ein und setzte sich wieder.

»Nachdem Sie die Eintrittskarte gelöst haben, erhalten Sie nun das Programmheft«, verkündete der Anwalt mit einschmeichelnder Stimme, schlug die Akte auf und zeigte auf das Papier, das mit *Vertrag* überschrieben war. »Sie sehen hier ein Angebot, das Sie nicht ablehnen können«, erläuterte Presselt mit ironischem Unterton. »Wir wissen, dass Ihr Vorhaben, sich mit einer deutschen Großbank und der in Gründung befindlichen *cashpaper*-Bank auf das Geschäftsfeld der virtuellen Kreditkarten zu begeben, auf tönernen Füßen steht. Sie sollten daher schleunigst die Pferde wechseln. Sie brauchen einen zuverlässigen und schlagkräftigen Partner.«

Woher weiß der das mit Alborn?, fragte sich Roger. Ein sanftes Zittern kroch seine Waden an die Oberschenkel herauf, und ihm wurde kalt. Was ging hier vor? Da trieb jemand ein abgekartetes Spiel mit ihm. Martens! Der hatte ihn schließlich zu Presselt geschickt. Martens kannte die Bücher von *cashpaper*, Martens kannte die Geschäftsstrategie. Und Martens kannte ihn, Roger, sozusagen von der ersten Minute weg.

Roger fasste das Papier im roten Aktendeckel mit spitzen Fingern an und las: *Zwischen der* cashpaper-*Aktiengesellschaft, vertreten durch den Geschäftsführer, Herrn Roger Risse, und der rapid-string-GmbH, vertreten durch den Geschäftsführer, Herrn Dr. Willibald Martens, wird folgender Vertrag geschlossen.* Roger zitterte jetzt vor Angst und Wut zugleich. »Was soll das?«, fragte er und erschrak über sein Stimmchen. Er wollte forsch klingen, heraus kam ein kratzendes Hauchen.

»Lassen Sie mich ganz offen sprechen«, antwortete Presselt seidenweich. »Ihr aufstrebendes Unternehmen hat enormes Potential. Ohne einen starken Partner können Sie das nicht ausschöpfen. Ihre bisher verfolgte Strategie ist an erste Grenzen gestoßen, das zeigt die aktuelle Berichterstattung in den Boulevardblättern. Ihr vermeintlicher Partner für das Geschäft mit den virtuellen Kreditkarten ist wegen dieser negativen Schlagzeilen abgesprungen. Die Bank, die Ihnen seit einiger Zeit stattliche Provisionen zahlt, wird sich wegen der geschäftsschädigenden Berichterstattung auch von Ihnen zurückziehen. Dann stehen Sie ohne Partner da, der Börsenkurs wird schneller abstürzen, als er hochgeschossen ist, und *cashpaper* ist ein Ramschpapier. Sie können sich dann den Trümmerhaufen anschauen und die Bibel zitieren.«

»Wie meinen Sie das?«

»Ganz einfach: Hiob eins, einundzwanzig: *Der Herr hat gegeben, der Herr hat genommen; gelobt sei der Name des Herrn.*«

»Was glauben Sie?«, begehrte Roger auf. »*Cashpaper* ist ein solider Finanzdienstleister!«

Presselt zog sein Smartphone aus der Tasche, tippte zweimal auf das Display, wischte ein wenig von oben nach unten, fixierte den Bildschirm und las vor: »147 Euro. Mein Lieber, am Freitag stand die Aktie noch bei 189. Mehr als 20 Prozent Verlust an einem Tag. Wollen Sie dem weiter zuschauen? Was meinen Sie, wie es aussieht, wenn die Provisionen der Broderschen Privatbank ausbleiben? Sie brauchen einen starken Partner. Dr. Martens steht mit seiner Firma dafür ein. Sie gewinnen ein weltumspannendes Netzwerk. Glauben Sie mir: Mit *rapid-string* im Boot werden Sie wirklich groß rauskommen.«

»Das ist ein abgekartetes Spiel«, versuchte sich Roger zu entrüsten. »Was ist, wenn ich das Angebot ablehne?«

Presselt antwortete nicht, sondern stand auf, ging zu seinem Schreibtisch zurück, drückte den Knopf der Gegensprechanlage und sagte: »Hilde, schicken Sie Dr. Martens rein.«

Zwei Stunden später saß Roger zu Hause vor dem Bildschirm und starrte auf den Schlusskurs an der Münchner Börse: 158,35 Euro. Martens hatte Wort gehalten und mit einigen Käufen den *cash-paper*-Kurs stabilisiert. Doch das beruhigte Roger nicht, im Gegenteil: Er ahnte, dass er mit seiner Unterschrift unter den Vertrag mit *rapid-string* einen Pakt mit dem Teufel eingegangen war. Er hatte sich Martens ausgeliefert. Das ärgerte und ängstigte ihn. Allmählich wuchs die Wut in ihm wieder an, dass er keine andere Wahl gehabt hatte. Hätte er das Angebot ausgeschlagen, hätte Martens mehr getan, als ihm den Kopf eines Pferdes ins Bett zu legen. Roger schaltete den Computer aus, schenkte sich einen doppelten Whiskey ein und rief Jessica an. Diesmal ging sie ans Telefon.

Jessica war noch nicht richtig zur Tür hereingekommen und stellte schon die entscheidende Frage: »Was ist denn mit dir los?«

Roger schwieg, half ihr aus dem Wintermantel und bewunderte ihr raffiniert geschnittenes Kleid, das alles verhüllte und ihre Figur trotzdem vorteilhaft zur Geltung brachte. Am liebsten hätte er sie umarmt, doch er wusste, dass sie solche Zärtlichkeit nicht ausstehen konnte; dazu war sie einfach zu professionell.

Hin und hergerissen, ob er mit ihr über die Finanzen, Alborn und Martens sprechen oder sie zuerst ins Schlafzimmer führen sollte, stand er reichlich planlos vor ihr und schaute sie an.

»Was ist los?«, fragte sie erneut und tätschelte ihm die Wange. »Hast du getrunken?«

Roger spürte, wie ihm die Röte ins Gesicht schoss. »Du bist wie meine Mutter«, blaffte er und wies mit der rechten Hand ins Wohnzimmer.

Schlagartig war ihm die Lust vergangen. *Also reden wir übers Geschäft,* dachte er und war insgeheim froh über diese Entscheidung. Er musste über die letzten Stunden sprechen, sich den Ärger und Frust von der Seele reden. Rasch goss er zwei Gläser Whiskey ein, dann platzte er mit seinen Kränkungen heraus und berichtete haarklein von seinen Treffen mit Alborn, Martens und Presselt. Jessica war eine geduldige Zuhörerin, nippte ab und zu an ihrem Scotch und stellte einige Zwischenfragen. Roger redete sich in Rage. Als er schließlich mit seinen Schilderungen fertig war, fühlte er sich voller Tatendrang, zumindest den hochnäsigen Alborn nach allen Regeln der Kunst zu verprügeln. Unvorsichtigerweise sagte er das auch.

»Halt dich zurück«, mahnte ihn Jessica. »Du wolltest in diesen Kreisen Fuß fassen, dann darfst du nicht zeigen, wo du herkommst. Obwohl es allen Grund gäbe, mal dreinzuschlagen – aber an anderer Stelle.«

»Wie meinst du das?«

»Die widerborstige Juliette bräuchte Erziehung, aber dazu später. Jetzt zu *cashpaper*: Du hast also einen Pakt mit dem Teufel geschlossen. Meinst du, dieser Martens bringt *cashpaper* voran?«

»Verdammt – ja. Der will Kohle sehen, nichts als Kohle. Es ist meine Kohle.«

»Immerhin musst du nichts mehr an Loder abgeben«, erwiderte Jessica. »Ist die Kripo jetzt zufrieden?«

»Jedenfalls lassen sie mich im Augenblick in Ruhe.«

»Umso wichtiger wäre es zu wissen, ob Loders Tod etwas mit *cashpaper* zu tun und ob Martens seine Finger im Spiel hat. Jedenfalls hast du nun einen gefährlichen Partner.«

»Das fürchte ich auch.«

»Wir müssten an ihn herankommen.«

»Aber wie?«

»Ist er empfänglich?«, fragte Jessica und blickte dabei an sich hinunter.

Roger zuckte die Achseln. Bisher hatte er den Wirtschaftsprüfer für einen seriösen, wenngleich knallharten Geschäftsmann gehalten.

»Einen Versuch wäre es wert, oder? Deine angeblich so feinen Männer reizen mich immer.«

Diese Bemerkung gab Roger einen kleinen Stich. *Bin ich etwa eifersüchtig?* fragte er sich und bekam nun doch Lust darauf, mit Jessica ins Bett zu steigen. Er stand auf und nahm ihre Hand. Sie verstand. Das gefiel Roger an ihr. Sie war allzeit bereit, stellte keine Ansprüche, keine Fragen, nein, sie wusste, was er wollte und wie er es wollte. Mit aufreizendem Hüftschwung schritt sie vor ihm her in sein Schlafzimmer. Rogers Erregung wuchs. Er fasste ihr an den Po und zog sich die Hose aus. Sie streifte das Kleid über die Schultern, stieg aus dem hinabfallenden Stoff und stand nun in hübscher weißer Spitzenunterwäsche vor ihm – da läutete Rogers Telefon.

»Geh ruhig dran«, flüsterte Jessica und legte sich aufs Bett.

Unschlüssig blieb Roger stehen, dann holte er sein Smartphone hervor und schaute auf das Display. Lisa.

Verdammt nochmal, fluchte er innerlich, legte den Zeigefinger auf die Lippen, sah, dass Jessica ihn verstanden hatte, und nahm das Gespräch entgegen.

»Wollen wir uns treffen? Ich hätte Lust, dich zu besuchen«, hauchte Lisa schüchtern ins Telefon, und gerade dieser unschuldige Ton erregte ihn sehr.

»Gern«, antwortete er. »Wann hast du gedacht?«

»Sofort? In einer halben Stunde könnte ich bei dir sein.«

»Schön, da freue ich mich. Bis gleich.«

Jessica stand unaufgefordert auf, schlüpfte in ihr Kleid und lächelte vielsagend. »Hast wohl ein besonderes Rendezvous?«

»Frag jetzt nicht«, erwiderte Roger unwirsch und wechselte das Thema. »Was ist mit Juliette?«

»Wir vermuten, dass sie hinter den Hackerangriffen auf unsere Homepage steckt.«

»Im Ernst?«

Jessica nickte. »Fühl ihr auf den Zahn. Wenn sie dahintersteckt: Treib es ihr aus!«

Mit diesen Worten hauchte sie ihm einen Kuss auf die Wange, griff ihm in den Schritt und grinste anzüglich. »Viel Erfolg, mein Kleiner!«

Noch in der geöffneten Tür fiel Lisa ihm um den Hals und gab ihm einen feuchten Kuss. *Wie anders sich das anfühlt,* stellte Roger fest und ermahnte sich, geduldig zu bleiben. Er nahm Lisa sanft in den Arm, führte sie in die Diele und half ihr aus der klammen Winterjacke. Nun stand sie in Jeans und Pullover vor ihm, eine unschuldige junge Studentin, der er den Kopf verdreht hatte, worauf er stolz war. Immer noch schmeichelte ihm diese Eroberung, und er genoss es, von Lisa angehimmelt zu werden.

»Mir ist kalt«, flüsterte sie. »Wollen wir kuscheln?«

»Soll ich dir nicht vorher einen Tee kochen?«

Sie schüttelte den Kopf.

Pfeif also auf die Geduld, ergriff Roger die Chance beim Schopf, nahm Lisas Hand und führte sie ins Schlafzimmer.

»Du bist wohl auch schon drin gelegen«, bemerkte Lisa und deutete auf die Mulde im Federbett, die Jessica hinterlassen hatte.

Au Backe, schalt sich Roger, weil er versäumt hatte, das Oberbett glatt zu streichen. Er schüttelte den Kopf, murmelte: »Ich bin bloß ein Schlamper«, und schob ihren Pullover hoch.

Sie nestelte an ihrer Jeans, als ihr Blick auf einen goldenen Ohrclip fiel, der in einer Falte des Bettes glitzerte. Lisa versteifte sich, deutete erneut auf die Mulde im Federbett und fragte gedehnt: »Was ist das?«

Roger zuckte zusammen, als er Jessicas Ohrring sah. Er umarmte Lisa fester, doch sie schlug seine Hand weg und schluchzte: »Da war eine andere Frau.«

Sie knöpfte ihre Jeans wieder zu, drehte sich aus seinen Armen und lief aus dem Schlafzimmer.

Roger sprang ihr hinterher. »Nicht, was du denkst«, erklärte er. »Meine Mutter, nur meine Mutter war zu Besuch.«

Lisa lachte heulend auf. »So eine blöde Ausrede. Das glaubst du doch selbst nicht.« Sie riss ihre Winterjacke vom Garderobehaken und schlüpfte hinein.

Da packte Roger ihren Arm, entriss ihr die Jacke und zog Lisa zurück ins Schlafzimmer. »Du bleibst jetzt hier«, herrschte er sie an, und als sie mit Tränen in den Augen den Kopf schüttelte, gab er ihr eine Ohrfeige.

»Tu mir nichts«, schrie Lisa und hob ihre Hände schützend vor das Gesicht.

Roger ließ die Hand sinken und befahl ihr, sich auszuziehen. Er bebte vor Zorn. Wie konnte sie es wagen, sich ihm zu entziehen? Ihm zu widersprechen? Drohend stand er über ihr, öffnete seinen Gürtel und zog ihn aus den Schlaufen seiner Hose. Ihre großen Augen starrten ihn an. Sie zog ihren Pullover aus, dann das wollene Unterhemd, offensichtlich winterliche Sportunterwäsche. Sie trug keinen BH. Das erregte ihn.

»Die Hose«, schnauzte er und zog sich aus. Sie gehorchte. Kaum nackt, warf er sich auf sie.

Sie weinte später leise in seinen Armen. Roger streichelte ihre Wangen, versuchte, zärtlich zu sein und sie zu trösten. Er fühlte sich sonderbar kleinlaut und fand keine Worte, wollte nur, dass sie bei ihm blieb. *Du bist meine Eroberung, gehörst zu mir, gehörst mir,* ging es ihm durch den Kopf. *Du darfst jetzt nicht gehen, darfst niemals gehen.* Eine Spur Verzweiflung mischte sich mit einem anschwellenden Gefühl von Macht und Besitzanspruch. Nein, er hatte nichts falsch gemacht, hatte sich nur genommen, worauf er einen Anspruch hatte. Während er ihre Wangen streichelte, fühlte er sich zunehmend stärker.

Hör auf zu flennen, dachte er und wünschte sich, dass sie ihm nochmals zu Willen war. Er zwang sich zu etwas Zärtlichkeit, drehte sie auf den Bauch und nahm sich, was er wollte.

»Du gehörst mir«, stöhnte er laut, als er sich schließlich von ihr rollte. »Vergiss das nicht!«

»Darf ich duschen?«, fragte sie stockend.

Er nickte und zog sich an, während sie im Bad das Wasser laufen ließ. *Und jetzt,* beschloss er, *werde ich Juliette eine Lektion erteilen.*

»Du kannst gehen«, knurrte er, als Lisa aus der Dusche kam. »Ich muss noch etwas erledigen.«

27

Sonja klatschte in die Hände und stieß ein freudiges *YES!* aus. Es war ihr zum dritten Mal gelungen, ihren abschreckenden Text mit den Werbeprofilen der Escort-Damen von *BestRosies* zu verlinken. Olga steckte ihren Kopf in die Tür zu Sonjas Arbeitszimmer.

»Wir ärgern sie wieder«, freute sich Sonja und stand auf. »Komm, lass uns Kaffee trinken.«

»Hoffentlich ist es mehr als bloß ärgern. Wasp, ich will Risse das Geschäft kaputt machen.«

»Wenn es so weiter geht, besorgt das dieses Corona-Virus«, bemerkte Sonja und wies auf die Schlagzeile einer Münchner Zeitung: Das Virus hat es in sich!

»Die schreiben, dass das Robert-Koch-Institut die Gefahr für Deutschland als mäßig einstuft und trotzdem davon ausgeht, dass sich diese Krankheit weltweit verbreiten wird. Dann«, folgerte Sonja, »wird es vielleicht nicht mehr mit punktuellen Quarantänemaßnahmen getan sein.«

»Sondern?«

»Wenn's ganz schlimm kommt, machen wir es den Chinesen nach: strenge Kontaktbeschränkungen – und die«, Sonja lachte, »machen der Prostitution den Garaus.«

»Das wäre doch einmal eine gute Nachricht«, bemerkte Olga und schaltete die Kaffeemaschine ein.

»Trotzdem wäre es mir lieber, dieses Corona wäre nicht schlimmer als eine Grippe. Man weiß nie.«

»Meinst du, wir müssen uns Sorgen machen?«

»Nein, ich glaube nicht. SARS und MERS haben uns damals auch nicht wehgetan, aber im Netz kursieren komische Stories zu Corona.«

»Ach, das Netz!« Olga machte eine wegwerfende Handbewegung. »Jedenfalls sollten wir uns nicht auf eine Grippe verlassen, wenn wir *BestRosies* das Geschäft vermiesen wollen.«

»Da hast du recht. Hat sich Dorothee schon gemeldet?«

»Noch nicht. Ich rufe sie später an.«

Sie saßen gerade am Frühstückstisch, als die Wohnungsglocke schellte. Olga stand auf, öffnete die Tür und prallte zurück. Mit aufgeplatzter Unterlippe und einem dunkelblauen Auge stand Caroline vor ihr, zitterte am ganzen Körper und flüsterte: »Darf ich reinkommen?«

Olga wurde übel beim Anblick des zerschlagenen Gesichts.

»Um Gottes willen, was ist mit dir passiert?«, rief sie bestürzt und schloss die Studentin in ihre Arme.

Sonja kam angelaufen, sah die blutende Lippe und holte ein frisches Handtuch aus dem Bad. Olga führte Caroline zum Tisch und setzte sie auf einen Stuhl, Sonja tupfte vorsichtig das Gesicht ab.

Jetzt erst schaltete Olga und zog ihr Handy hervor, um einige Fotos zu machen.

»Wer war das?« Olgas Stimme bebte vor Zorn. Sie ahnte die Antwort.

»Er sagt, wenn ihr nicht aufhört, geschieht euch das gleiche.« Caroline stockte die Stimme. »Und noch Schlimmeres.«

»Roger Risse!«

Caroline nickte und begann zu weinen. Sonja strich ihr über den Kopf und versuchte, sie zu trösten.

»Ich darf nie wieder für *BestRosies* arbeiten und wenn ich mich jemals als Escort-Dame erwischen lasse, will er mich endgültig fertig machen«, schluchzte Caroline.

»Nichts da«, rief Olga. »Wir werden die Risses endgültig fertig machen.«

Olga stand auf und holte ihren Anorak von der Garderobe.

»Wo willst du hin?«, fragte Sonja.

»Zu Dorothee. Jetzt muss die Staatsanwältin helfen!«

»Nein!«, schrie Caroline. »Bitte, er hat mich gewarnt: keine Polizei. Das überstehe ich sonst nicht. Ich werde keine Anzeige erstatten und keine Aussage machen. Bitte!«

»Mach dir keine Sorgen«, beschwichtigte Olga. »Ich halte dich da raus. Versprochen.«

»Ich habe Angst«, flüsterte Caroline und weinte leise weiter.

»Ich auch«, gab Olga zu. »Aber wir werden gewinnen!«

Dorothee hielt gerade ein flammendes Plädoyer, als Olga den düsteren Gerichtssaal in der hintersten Ecke des Justizgebäudes betrat. Es ging in der zu verhandelnden Strafsache um Parteiverrat durch einen Rechtsanwalt, denn Dorothee war immer noch für Straftaten von Rechtsanwälten und Notaren zuständig, obwohl sie seit Alex' Tod in die Abteilung für Gewaltkriminalität wechseln wollte. Dorothees Stimme war schneidend und ihre Beweisführung glasklar. *Diese Staatsanwältin will man nicht zum Feind haben*, dachte Olga und setzte sich in die erste Reihe der Zuschauerplätze. Als Dorothee mit der Forderung nach drei Jahren Freiheitsstrafe und lebenslangem Berufsverbot ihre Ausführungen beendet hatte, nickte sie Olga zu. *Sie hat mich längst gesehen,* stellte Olga beruhigt fest. Sie würde bis zur nächsten Sitzungspause warten, bis sich Gelegenheit ergab, mit Dorothee zu sprechen.

Der Angeklagte schien von der geforderten Strafe überrascht. Kalkweiß im Gesicht, tuschelte er mit seinem Verteidiger, der sich schließlich erhob und mit der Begründung, er wolle einen weiteren Beweisantrag stellen, Vertagung beantragte. Jetzt beriet sich der Richter leise mit seinen beiden Beisitzern, dann verkündete er, dem Antrag der Verteidigung stattzugeben. Dorothee nickte Olga erneut zu, und wenige Minuten später trafen sie sich draußen im Flur.

»Gehen wir ins Café«, schlug Dorothee vor. Kaum saßen sie

an einem ruhigen Ecktisch, als Dorothee berichtete, was sie über den Stand der Ermittlungen zum Tod des Bankers August Loder erfahren hatte.

»Nachdem sein Auto untersucht wurde, konnte nicht einwandfrei festgestellt werden, ob er sich am Tattag in der Nähe des Tatorts aufgehalten hat. Es gibt in dem sichergestellten Erdreich aus seinem Reifenprofil zwar Übereinstimmungen mit dem Erdreich nahe dem Tatort, aber die sind nicht hinreichend beweiskräftig, weil es ähnliches Erdreich auch auf einem nicht asphaltierten Parkplatz neben dem Firmensitz von *cashpaper* gibt, wo Risse sein Büro hat und er sich nachweislich auch am Tattag aufgehalten hat. Die Durchsuchung seiner Wohnung, der er freiwillig zugestimmt hat, ergab keinerlei Hinweise auf seine Tatbeteiligung. Insbesondere ist keine Kleidung gefunden worden, die Kontaktspuren aufgewiesen hätte: weder zur Kleidung des Opfers noch zu den am Tatort befindlichen Pflanzen. Wenn Risse der Täter war, hat er sein Gewand vom Tattag geschickt entsorgt.«

»Die Kriminalpolizei schließt ihn also als Täter aus?«

»Er steht nicht mehr im Fokus der Ermittlungen. Sein mögliches Motiv erscheint den Ermittlern wenig tragfähig. Wieso sollte er seinen wichtigsten Geschäftspartner umbringen, bloß, weil der ein Callgirl von Risses Mutter für sich haben will? Es scheint eher so zu sein, dass Risse Loder geholfen hat, diese Juliette immer zu bekommen, wenn er sie wollte. Zudem hat er Loder das Appartement zur Verfügung gestellt, in dem Loder die Frau gefangen gehalten hat.«

»In welche Richtung ermittelt die Polizei dann?«

»Sie tappen noch ein wenig im Dunkeln, vermuten den Täter jedoch im Bereich der organisierten Kriminalität.«

»Wie das?«

»Erstens: die Tatausführung. Alles deutet auf eine geplante, professionelle Tötung Loders hin. Der Mörder war vermutlich ein Berufskiller. Zweitens: die Motivlage. Die Ermordung Loders könnte in Zusammenhang mit dem Bankenskandal stehen, der letzten Freitag publik geworden ist.«

»Ist Loder da verwickelt?«

»Möglicherweise indirekt – über *cashpaper*.«

»Risses Finanzdienstleister – angeblich in einen Geldwäscheskandal verstrickt, wenn man dem Boulevard glauben darf.«

»Genau. Das Kursfeuerwerk der *cashpaper*-Aktie könnte mit Verflechtungen zu der Münchner Bank zu tun haben, die in die Schlagzeilen geraten ist. Loder dürfte hier involviert gewesen sein, immerhin war er Risses Hauptpartner im Bankgeschäft. Loder war die treibende Kraft der Expansion, er verfügte über massives Insiderwissen. Vielleicht hat er versucht, sein Wissen zu Geld zu machen. Das hätte gewiss zu einer Reaktion des organisierten Verbrechens geführt, denn da lässt sich niemand ungestraft erpressen.«

»Das klingt nach einem spannenden Fall.«

»So ist es. Leider darf ich hier nicht ermitteln. Was hast du mit diesen Informationen vor?«

»Wenn zutrifft, was die Polizei vermutet: erst einmal nichts. Aber irgendwie möchte ich Risse ans Leder«, antwortete Olga und berichtete von Carolines Misshandlung. »Aber bitte«, endete Olga, »du darfst das nicht offiziell zur Kenntnis nehmen. Caroline will weder Anzeige erstatten noch gegen Roger Risse aussagen.«

»Das verstehe ich – leider.« Dorothee hob hilflos die Hände. »Leider verzichten viel zu viele misshandelte Frauen aus Angst vor den Tätern auf Anzeigen und Aussagen. Wir tun als Gesellschaft immer noch zu wenig, um misshandelte Menschen zu schützen.«

»Deshalb will ich etwas gegen Risse unternehmen.«

Dorothee nickte. »Sei vorsichtig. Wenn ich dir helfen kann, sag Bescheid.«

28

Detlev saß niedergeschlagen am Küchentisch, als Cathrin aus der Dusche kam.

»Was ist los?«, fragte sie und gähnte. Obwohl sie lange geschlafen hatten, fühlte sich Cathrin abgeschlagen. *Hoffentlich kriege ich keine Grippe,* dachte sie und schaltete die Kaffeemaschine ein. Oder machte sich dieses neue Corona-Virus breit, vor dem viele zunehmend Angst bekamen? Nein, schüttelte Cathrin den Kopf, vermutlich machte sie nur dieses Verstecken mürbe, das sie seit einigen Tagen aushielten, um nicht in die Schusslinie von Detlevs Feinden zu geraten. Als investigativer Journalist hatte man heutzutage nicht einmal in Deutschland ein ruhiges Leben.

»Mein Chefredakteur hat den Schwanz eingezogen«, antwortete Detlev matt. »Der Verlag sieht sich einer Unterlassungsklage ausgeliefert, *cashpaper* feuert mit allen juristischen Mitteln gegen uns. In der morgigen Ausgabe müssen wir eine Gegendarstellung drucken und in einem eigenen Beitrag erklären, dass wir die Vorwürfe gegen den Finanzdienstleister nicht aufrechterhalten.«

»Ist dein Material nicht belastbar genug?«

»Was *cashpaper* angeht, stehe ich tatsächlich auf dünnem Eis. Dabei ist es bei der Architektonik dieses Finanzdienstleisters evident, dass er für Geldwäsche verwendet wird. Leider fehlt mir hier der Zugang zu relevanten Daten. Die wenigen Querverweise, die sich aus meinen Unterlagen zur Broderschen Privatbank ergeben, sind unserem Hausjuristen nicht stichhaltig genug.«

»Wie geht es jetzt weiter?«

»Das weiß ich noch nicht. Ob sich der Verlag der Unterlassungsklage der Broderschen beugt, wird von den Juristen noch geprüft. Falls ja, wäre das für mich der Supergau. Dann wäre ich zum Abschuss freigegeben.«

»Was willst du tun?«

»Irgendwie muss ich an Beweise gegen *cashpaper* herankommen.«

»Ich wollte, ich könnte dir helfen«, sagte Cathrin, trat nah an ihn heran und gab ihm einen flüchtigen Kuss. »Martens hat mich völlig ausgebremst und in der Firma vom Informationsfluss abgeschnitten. Es ist wohl nur eine Frage der Zeit, wann man mir kündigt. Vielleicht sollte ich mich jetzt erst recht blicken lassen.«

»Du solltest dort die nächsten Tage nicht auftauchen, das ist viel zu gefährlich«, sorgte sich Detlev, legte den Arm um ihre Hüfte und zog sie zu sich heran.

»Ich weiß. Aber dir ist es die letzten Tage nicht gelungen, auch nur ansatzweise an Martens heranzukommen. Lass es mich versuchen.«

Cathrin wollte ihre eigenen Zweifel überdecken und kämpferisch klingen. Detlevs Gesichtsausdruck blieb besorgt. Ihr wurde warm ums Herz, und beinahe wunderte sie sich über ihre Gefühle: Sie war tatsächlich in Detlev verliebt. Umso mehr musste sie mithelfen, seine Feinde auszuschalten. Sie schob ihre Zweifel beiseite, gab Detlev einen Kuss und zog sich an.

»Warte einen Augenblick«, bat Detlev, stand auf und ging an den Wohnzimmerschrank. Er zog eine Schublade auf und holte ein weißes Kästchen, kaum größer als eine Streichholzschachtel heraus. »Würdest du dir das bitte in den Slip schieben?«

»Was ist das?«

»Ein GPS-Tracker. Schau, hier ist die SOS-Taste. Wenn du in Not bist, musst du nur diesen Knopf drücken. Ich kann dann hören, was um dich herum los ist, und gegebenenfalls versuchen, dir beizustehen.«

Cathrin war ein weiteres Mal beeindruckt. »Das ist echtes Detektivmaterial, oder?«

Detlev nickte. »Braucht man manchmal in meinem Job. Jetzt versteck das Ding gut. Hoffentlich musst du den Knopf nie drücken.«

»Und du weißt jetzt dauernd, wo ich mich aufhalte?«

»Ja. Ich bleibe hier und beobachte dich via Computer.«

»Okay.« Cathrin schob das Gerät in ihren Slip, knöpfte die Jeans zu und holte den Anorak von der Garderobe.

»Pass auf dich auf.« Fürsorglich nahm Detlev sie in die Arme. Der Abschiedskuss geriet etwas länger, doch schließlich riss sich Cathrin los und machte sich auf den Weg in die Firma.

Auf dem Treppengeschoss zur U-Bahn kaufte sich Cathrin eine Tageszeitung und las den Bericht über die chinesische Lungenkrankheit. Bayern weise nun 37 laborbestätigte Fälle von Coronavirus-Krankheit-2019 auf. Zwar stelle sich die Lage in Norditalien als besorgniserregend dar und Vorsicht sei angezeigt, aber mit einschneidenden Maßnahmen sei nicht zu rechnen.

Also auch nicht schlimmer als eine Grippe, folgerte Cathrin und blätterte zu den Wirtschaftsnachrichten. Der Geldwäscheskandal bei der Broderschen Privatbank war auch dieser Zeitung einen Dreispalter wert. *Vielleicht*, hoffte Cathrin, *bleibt Detlevs Chefredakteur bei der Stange. Man kann doch nicht bei jedem Widerstand klein beigeben.* Andererseits war sie Medienprofi genug, um zu wissen, dass Unterlassungsklagen von Betroffenen ein scharfes Schwert waren. Umso wichtiger, pushte sich Cathrin selbst, war es, weiteres Material gegen Dr. Martens in die Hand zu bekommen.

Eine halbe Stunde später erreichte sie das Bürogebäude von *CooperPepperConsultation*. Sie grüßte die Kollegin aus einer anderen Abteilung, betrat mit dieser das Bürogebäude und gelangte, ohne sonst noch jemanden zu treffen, in ihr Zimmer. Ihre Sekretärin war nicht da. *Vermutlich*, dachte sie, *wähnen mich alle länger im Krankenstand und meine Sekretärin hat das ausgenutzt, um freizumachen.* Das war Cathrin gerade recht, so konnte sie die nächsten Minuten in Ruhe recherchieren. Doch als sie sich in ihren Computer einloggen wollte, wurde ihr der Zugriff verweigert: *Falsches Passwort.*

Das konnte nicht sein. Cathrin versuchte es erneut, nunmehr höchst aufmerksam bei der Eingabe. Gleiches Ergebnis, und auch der dritte Versuch schlug fehl. *So weit sind wir also schon,* grübelte sie und öffnete den Wandschrank: leer. Ihre Feinde waren gründlich vorgegangen, denn auch die Schreibtischschubladen waren ausgeräumt und alle Unterlagen, die Firma betreffend, waren verschwunden.

Cathrin griff zum Telefon und wählte die Nummer von Martina, doch die Teamassistentin von Dr. Martens hob nicht ab. Stattdessen öffnete sich die Tür zu ihrem Vorzimmer. Ein Kleiderschrank von einem Mann stand anzüglich grinsend in der Tür und schritt langsam auf sie zu.

»Na, da haben wir ja die Schlampe«, zischte er und streckte eine Hand nach ihr aus.

Blitzschnell packte Cathrin den gläsernen Briefbeschwerer neben dem Telefon und schleuderte ihn wütend gegen den Kopf des Angreifers. Während dieser mit einem unglaublichen Reflex die Halbkugel auffing, rannte Cathrin an ihm vorbei und zur Tür hinaus. Sie sprintete den Flur entlang, stolperte über einen Fuß und schlug der Länge nach hin. Der Kleiderschrank hatte sie zu Fall gebracht. Eine kräftige Hand umfasste ihren Nacken, eine zweite Hand umklammerte ihren Oberarm und zog sie brutal nach oben. Cathrin stieß einen Schrei aus und schlug mit dem Fuß nach hinten aus, doch schon verschloss die Hand des Angreifers ihren Mund.

Mit einem schmerzhaften Ruck zerrte er sie in ihr Büro zurück und knurrte: »Keinen Mucks mehr oder ich murks dich ab.« Drohend legte er die andere Hand um ihren Hals.

Cathrin schwitzte, ihre Knie zitterten. Wie kam sie jetzt an den Knopf in ihrem Slip?

»Rühr dich nicht«, befahl er, nahm die Hände von ihr, holte ein Klebeband aus der Jackentasche, riss einen Streifen ab und verklebte ihr den Mund. Cathrin wurde übel. Sie würgte, griff sich an den Bauch und krümmte sich nach vorne. Da traf sie eine Ohrfeige.

»Lass die Mätzchen, Schlampe!«

Ihr Kopf flog nach hinten, aber es gelang ihr, eine Hand in den Hosenbund zu schieben und das Kästchen zu ertasten. Sie riss die Augen auf und versuchte sich an einem Schrei, lenkte die Aufmerksamkeit des brutalen Angreifers damit auf ihr Gesicht und drückte den SOS-Knopf. Nun verdrehte sie die Augen und kippte den Kopf nach hinten.

Mit einem Ruck riss er ihr das Klebeband vom Mund, Cathrin atmete keuchend ein und aus, und während er mit erhobener Hand drohend über ihr stand, konnte sie ihre Hand wieder aus der Hose nehmen. *Hoffentlich hat er es nicht bemerkt*, flehte sie und atmete tief ein.

»Bitte nicht mehr das Klebeband«, krächzte sie. »Ich werde still sein.«

»Das will ich dir auch geraten haben«, knurrte er. »Gehen wir.«

Mit dem Griff einer Schraubzwinge umfasste er ihren Oberarm und geleitete sie zur Tür hinaus. Der Flur war menschenleer. Nach zehn Schritten gelangten sie zum Aufzug und fuhren in den Keller. Er führte sie in die Tiefgarage und dort zu einem dunklen Kleintransporter. Wie von Geisterhand glitt die Schiebetür auf, zwei Arme reckten sich heraus und zogen Cathrin in den Wagen. Sie wurde auf die Sitzbank gestoßen, ihr Kopf nach unten gedrückt, die Tür geschlossen. Der Wagen startete und verließ die Garage. Als sie versuchte, sich aufzurichten, nahm der Druck auf ihren Kopf zu.

»Unten bleiben!«

Ein Wort, das keinen Widerspruch duldete, jedoch den slawischen Akzent des Sprechers verriet. Cathrin biss sich vor Angst auf die Unterlippe. *Hoffentlich hat der Notknopf funktioniert*, bangte sie. Aber selbst wenn, wie sollte ihr Detlev nun helfen?

Nach rund 20 Minuten fuhr der Wagen eine Rampe hinunter, hinein in eine weitere Tiefgarage. Grob richtete sie ihr Bewacher auf, zog ihr einen dunklen Strumpf über den Kopf, drehte ihren rechten Arm hinter den Rücken und schob sie vor sich her aus dem Wagen. Nach fünf Schritten standen sie in einem Fahrstuhl. Ruckelnd ging es nach oben, vielleicht drei oder vier Stockwerke. Dann wurde sie aus dem Lift geschoben und einen dumpf hallenden Flur entlanggeführt. Eine Tür ging auf, ihr Bewacher stieß sie hindurch, sie stolperte und wurde von kräftigen Händen aufgefangen. Jemand führte sie noch einige Schritte und drückte sie dann in einen bequemen Sessel.

»Wo ist Detlev Zönte?«

Auch diese Stimme mit einem slawischen Akzent, aber heller als die ihres Bewachers im Kastenwagen. Waren das Russen? Wie kamen die in das Gebäude von *CPC*? Cathrin versuchte, die verschiedenen Puzzleteile zusammenzusetzen, die sie kannte, und kam zu dem Ergebnis, dass Martens im Hintergrund die Fäden zog. Was wollte er von ihr? Offensichtlich hatte er bei *CPC* die Gesellschafter hinter sich gebracht und sie bereits ausgebootet.

»Antworte! Wo ist diese Ratte?«

Die Ohrfeige traf sie unerwartet. Cathrin schrie auf.

»Maul«, herrschte der Russe sie an.

Sie schwieg und war auf die zweite Ohrfeige vorbereitet. Diese schmerzte mehr als die erste. *Lange halte ich so etwas nicht durch*, dachte Cathrin und überlegte fieberhaft, was sie machen sollte. Da wurde ihr der Strumpf vom Kopf gezogen. Cathrin blinzelte. Eine grelle Lampe blendete sie. Schemenhaft sah sie einen großen, schlanken Mann vor sich stehen.

»Sei nicht dumm«, sprach der Großgewachsene mit einer unerwartet angenehmen Stimme. »Beantworte unsere Fragen und bleibe am Leben. Wo ist Detlev Zönte?«

»Ich weiß es nicht«, antwortete Cathrin und versuchte, das Gesicht des Mannes zu erkennen.

»Er hat dich von deinem Haus weggeholt. Leider waren wir zu langsam, sonst hätten wir euch da schon geschnappt. Er hat einen guten Unterschlupf. Da hat er sich mit dir versteckt. Du siehst, wir wissen das meiste bereits. Also, sei nicht dumm: Wo ist Detlev Zönte?«

»Ich weiß es nicht«, flüsterte Cathrin und schloss in Erwartung der nächsten Ohrfeige die Augen.

»Du kannst ihn nicht schützen«, behauptete der Großgewachsene mit ruhiger Stimme und schnippte mit den Fingern.

Das grelle Licht ging aus. Cathrin sah in ein hageres Gesicht mit dunklen braunen Augen. *Wie man sich täuschen kann*, dachte sie, denn sie hatte blaue Augen erwartet.

»Glaube mir«, fuhr er mit ruhiger Stimme fort, »ich will dir nicht wehtun, aber ich werde erfahren, was ich wissen will. Mach es mir nicht schwer.«

Er zog einen Stuhl heran und setzte sich breitbeinig vor sie. Sein Blick besaß hypnotische Kraft. Cathrin wusste, dass sie bald sprechen würde, und hoffte, dass Detlev alles mithörte, damit er gewarnt war. Aber was, wenn dieser kleine Sender nicht funktionierte wie geplant? Was, wenn Detlev zwar feststellen konnte, dass sie sich an einem Ort aufhielt, den er sich nicht erklären konnte, aber ahnungslos war, in welcher Gefahr sie sich befand und in welche er sich begäbe, käme er, um nach dem rechten zu schauen? Einerseits schnürte ihr die Angst um sich selbst nach und nach die Luft ab, andererseits sorgte sie sich zunehmend um Detlev. Keinesfalls durfte er sie suchen und hier erscheinen; womöglich würde er direkt in die Falle tappen.

»Ich weiß nicht, wo sich Zönte befindet«, behauptete sie mit möglichst fester Stimme und fuhr laut fort: »Wenn ich es wüsste, würde ich es Ihnen sagen. Sie wollen doch bestimmt nur mit ihm reden, oder?« Sie versuchte, ein unschuldiges Gesicht zu machen und bangte inständig, Detlev möge ihre Worte gehört und verstanden haben.

»Du bist ein kluges und ein hübsches Mädchen«, schmeichelte ihr der Großgewachsene und zog dabei ein Messer aus der Jackentasche. Er schnippte mit den Fingern. Eine Hand erschien über Cathrins Schulter und reichte ihm ein Blatt Papier. Er nahm es und führte die Klinge durch das Papier wie durch Butter. »Siehst du, so scharf. Es macht kleine Schnitte, aber die Narben, Mädchen, die Narben ...«

Cathrin erinnerte sich an Detlevs Schilderung des Mordes am Baggersee und schauderte: Vor ihr stand der Mörder des Bankers.

29

»Da ist Vieles sehr eigenartig«, bemerkte Sonja, als sie aus ihrem Arbeitszimmer kam und sich im Wohnzimmer zu Olga setzte. »In das interne Netzwerk von *cashpaper* gibt es für mich gerade keinerlei Zugang. So eine perfekte Firewall habe ich selten erlebt. Die haben absolute Könner in der IT sitzen. Müssen sie wohl auch, denn die Abwicklung ihrer Finanztransaktionen hat echt Dark-Net-Qualität.«

»Du meinst also, wir können Risse nicht bei seinem Unternehmen packen?«, fragte Olga enttäuscht. Ihre Wut auf den Schläger kochte nach wie vor so hoch wie am Morgen, als Caroline zu ihnen gekommen war. Risse zu schädigen, indem sie seine Firma angriffen, war ihr als erfolgversprechendste Strafe erschienen. Vergessen all die guten Vorsätze, sich dem Recht und dem Rechtsstaat zu beugen, auch wenn dabei die Gerechtigkeit auf der Strecke blieb. Nein, jetzt ging es um Gerechtigkeit. *Jawohl, ich will Risse bestrafen*, gestand sich Olga ein. *Jawohl, jetzt geht es um Rache.*

»Das habe ich nicht gesagt«, riss Sonja Olga aus ihren düsteren Gedanken. »Ich habe mir alle Artikel dieses investigativen Journalisten Detlev Zönte durchgelesen. Der Typ verfügt über erstklassige Insider-Informationen. Alles, was er behauptet, klingt schlüssig und nachvollziehbar. Demnach bietet die Bordersche Privatbank mit ihrem Hauptsitz hier in München seit Jahren russischen Investoren maßgeschneiderte Dienste, und das nicht nur im Bereich des Investmentbankings, sondern auch in der Immobilien- und Kunstsparte. Zudem scheint es eine Spezialität der Broderschen Privatbank zu sein, Geldströme geschickt zu verschleiern. Hier kommt der seit einigen Jahren in einer Nische operierende Finanzdienstleister *cashpaper* ins Spiel. *cashpaper* wickelt die Finanztransaktion zwischen Geschäftspartnern sicher und anonym ab. Das System ist mittlerweile erprobt und damit ideal für die Geschäfte, wie sie die Brodersche mit ihren russischen Kunden betreibt. Interessant ist, wie die beiden zueinanderkommen.« Sonja setzte sich vor ihren Flügel, klappte die Abdeckung auf und schlug einige Akkorde an.

»Spann mich nicht auf die Folter!« Olga war mehr als neugierig geworden.

Sonja spielte die ersten vier Takte des Bachpräludiums F-Dur, griff dann voll in einen Schlussakkord und rief: »*CooperPepper-Consultation*!«

Olga verstand Bahnhof und hob fragend die Hände.

»Die Wirtschaftsprüf- und Beratungsgesellschaft *CPC* prüft sowohl die Brodersche Privatbank als auch *cashpaper*, und zwar mit derselben Arbeitsgruppe unter der Leitung eines gewissen Dr. Willibald Martens. Der Clou ist: Dieser Martens war Risses Unternehmensberater vor der Gründung der *cashpaper*-AG. Wenn du mich fragst, dann ist Martens die fette Spinne im Netz.«

»Das steht alles in der Zeitung?«

»Das mit Martens nicht, die Verwicklung von *CooperPepper-Consultation* schon.«

»Wie kommst du dann darauf?«

»Ich habe versucht, über Detlev Zönte zu recherchieren und festgestellt, dass der sich ebenfalls bestens abschirmt. Dann bin ich bei der Zeitung ein wenig virtuell spazieren gegangen, und siehe da: Ein Gutteil des Materials von Zönte ist frei zugänglich. Allerdings kann das nicht Absicht sein, weil es sich teilweise um äußerst brisante Dokumente handelt. Da bin ich stutzig geworden, und es hat nicht lange gedauert, da konnte ich feststellen: Die Zeitung wurde gehackt und es ist ihr noch nicht gelungen, die entstandene Sicherheitslücke zu schließen. Na ja, da habe ich mich eben auch bedient, und ich glaube, es findet sich ein Weg, Risse deftig in die Suppe zu spucken.«

»Nämlich?«

»Wir knöpfen uns Martens vor und versuchen, mit Zönte Kontakt aufzunehmen.«

»Der hat sich abgeschottet«, wandte Olga ein und überlegte, was sie mit ihren Aktivitäten erreichen konnten. *Wenn Risse und seiner Firma etwas schadet, dann ist es die negative Berichterstattung, an die sich vielleicht Ermittlungen der Staatsanwaltschaft anschließen. Aber was, bitte, sollen wir in diesem Zusammenhang ausrichten?*, fragte sich Olga. Sie fühlte sich ohnmächtig und ratlos, und das stachelte ihre Wut wieder an. *Egal,* raffte sie sich innerlich auf, *wir müssen etwas unternehmen, egal, was wir erreichen können.* Die Kämpferin in ihr wollte sich nicht unterkriegen lassen.

»Deshalb hängen wir uns zuerst an Martens dran«, wischte Sonja Olgas Einwand beiseite. »Wie war Alex' Devise? Wenn du nicht weißt, wo du anfangen sollst, versuche es erst einmal mit Beobachtung.«

»Einverstanden«, pflichtete Olga ihrer Freundin bei. »Auch wenn es purer Aktionismus ist.«

Sonja lachte. »Gell, wie den halbstündigen Stau auf der Autobahn umfahren und dann eine Stunde länger brauchen.«

Olga nickte. »Man ist dann wenigstens in Bewegung.«

»Pure Psychologie, ich weiß. Schau dir den Typen an: Es lohnt sich, ihn zu verfolgen.« Sonja zog ihr Handy hervor und zeigte Olga das Foto eines smarten Mittvierzigers mit grauen Schläfen und hellwachen blauen Augen.

»Zum Glück stehe ich nicht auf solche Männer«, antwortete Olga und gab Sonja einen Kuss.

»Sein markantes Kinn hat was«, witzelte Sonja. »Es gibt genug Frauen, die auf so ein kantiges Gesicht abfahren. Sehr maskulin, sehr durchsetzungsfähig. Erfolgreich. Gute Gene.«

»Möchtest du Mutter werden?«, hänselte Olga ihre Lebensgefährtin.

»Mit dir als Papa würde ich es mir jedenfalls überlegen«, erwiderte Sonja. »Komm. machen wir uns auf die Pirsch.«

Während sie in die Tiefgarage gingen, um mit Sonjas Auto zum Bürogebäude von *CPC* zu fahren, rief Sonja mit einem neuen Prepaid-Handy bei der Wirtschaftsprüfgesellschaft an und ließ sich mit dem Vorzimmer von Dr. Martens verbinden. Eine freundliche Sekretärin nahm den Anruf entgegen, bedauerte jedoch, keinen Termin vereinbaren zu können, da Martens sein Büro in wenigen Minuten wegen eines Außentermins verlasse und danach nicht mehr zurückkehre.

»Dann müssen wir uns sputen«, rief Sonja, »um ihn am Ausgang abfangen zu können.«

»Was, wenn er mit dem Auto fährt?«

»Dunkelblauer Audi A8«, sagte Sonja und lachte. »Der fährt bestimmt mit dem Wagen, da gehe ich jede Wette ein. Komm, wir müssen los.«

Mit diesen Worten sprang Sonja hinter das Steuer ihres BMW, drückte auf die Fernbedienung für das Garagentor und fuhr los.

Sonja war im Jagdfieber. Das gefiel Olga. Sie liebte Sonjas spontane Lebendigkeit und Unerschrockenheit, bewunderte den zupackenden Mut ihrer Freundin, die keiner Herausforderung aus dem Weg ging und weit weniger zögerlich war als Olga selbst, die immer wieder zum Grübeln neigte. So auch jetzt, während Sonja an der Grenze des Erlaubten durch die Stadt hetzte, um Martens nicht zu verpassen.

Es wird viel zu gefährlich, hörte Olga wieder die mahnende Stimme, die sie immer wieder beunruhigte, seit sie Caroline kennen gelernt hatte. Doch wie so oft verdrängte Olga diese Stimme und die zaudernden Gedanken. Zu sehr war sie von dem Gedanken beseelt, Roger Risse so heftig wie möglich zu schaden und sich an ihm dafür zu rächen, dass er Caroline wie ein Stück Vieh behandelt hatte.

»Yes!« Sonja rief es freudig und deutete auf die gediegene Luxuskarosse, die soeben auf der Rampe des Bürokomplexes emporfuhr und auf die breite Straße einbog. Lässig setzte sich Sonja dahinter, stets darauf bedacht, mal ein, mal zwei Fahrzeuge zwischen sich und den Audi zu bringen. An einer großen Kreuzung setzte sie sich neben den Audi, und Olga erkannte das Gesicht des Fahrers; sie folgten dem Richtigen. Eine kurze Strecke fuhr Sonja nun vor Martens, ließ sich dann überholen, reihte sich drei Fahrzeuge hinter dem Audi ein und schwamm im Verkehr Richtung Norden. Nach einer knappen halben Stunde bog Martens in eine Seitenstraße, steuerte auf einen Hochhauskomplex zu und bog in die dortige Tiefgarageneinfahrt ab.

»Was jetzt?«, fragte Olga.

»Wir parken hier und gehen ins Foyer. Ich wette, der nimmt von unten den Aufzug. Im Foyer können wir die Geschossanzeige sehen. Dann wissen wir, wo er hinfährt.«

Gesagt, getan: Sonja fuhr auf den breiten Gehweg und stellte den BMW ab.

»Kostet 30 Euro, das ist es mir wert«, stellte sie nüchtern fest und ging beherzt auf das Bürohochhaus zu.

Olga folgte ihr mit einem mulmigen Gefühl. *Irgendetwas läuft gleich schief*, befürchtete sie. Beklemmend tauchte Alex aus der Erinnerung auf, Alex, der auch gern zu spontanen Alleingängen geneigt hatte – sein letzter war ihm zum Verhängnis geworden. Jetzt hatte Olga Angst, und sie rief: »Sonja! Warte kurz.«

Sonja drehte sich abrupt um. »Wir müssen uns beeilen.« Es klang unwirsch.

Olga kannte die Ungeduld ihrer Freundin. Aber ihre Angst ließ sich nicht verdrängen. »Es ist zu gefährlich. Geh nicht in dieses Haus, bitte.«

»Sei jetzt kein Frosch«, erwiderte Sonja. »Wir sind ihm nicht aus Jux und Tollerei gefolgt. Wir ziehen das jetzt durch!« Mit entschlossenem Gesicht drehte sie sich um und lief auf den Hauseingang zu. Was blieb Olga anderes übrig, als zu folgen? *Das ist wie in den Bergen*, dachte sie resigniert. *Man lässt seinen Partner nicht allein weiterlaufen.*

Kurz hintereinander kamen sie zu der breiten Drehtür. Sonja hastete hinein, Olga erreichte erst das übernächste Segment, und just in dem Augenblick, als sie die Tür betreten wollte, sah sie im Foyer einen Mann, der ihr bekannt vorkam. Blitzschnell sprang sie zurück.

Neben dem Eingang stand eine breite Informationstafel mit den Schildern der in dem Haus situierten Firmen. Olga ging hinter dieser Tafel in Deckung und beobachtete, wie der Mann auf Sonja zukam, sie überfallartig am Arm packte und mit einer Art Polizeigriff zum Aufzug drängte. Wer war dieser Mann? Woher kannte sie ihn? Was hatte er mit Sonja vor? Olgas Beine zitterten wie sonst höchstens in einer extremen Kletterstelle. Sie wusste, sie musste ihre Panik besiegen und etwas unternehmen.

Gerade als sie ihre Deckung verlassen und das Bürohaus betreten wollte, hörte sie hinter sich eine Stimme: »Bleiben Sie stehen.«

Olga zuckte und drehte sich langsam um. Es dauerte einen Moment, ehe sie den Investigativ-Journalisten erkannte. »Was machen Sie hier?«, fragte sie überrascht.

»Das möchte ich Sie fragen, Frau Rechtsanwältin«, erwiderte Detlev Zönte.

»Sie kennen mich?«

»Kennen wäre zu viel gesagt, aber Ihre Rolle in dem Bluttestskandal konnte mir nicht verborgen bleiben. Also: Was machen Sie hier?«

»Das zu erklären, würde zu lang dauern. Wir müssen etwas unternehmen, meine Freundin ist in Gefahr.«

»Sie sind Martens gefolgt?«

»Hören Sie, wir haben keine Zeit. Wir müssen etwas unternehmen.«

»Beruhigen und gedulden Sie sich. Vor allem: Kommen Sie hier weg, wir stehen sonst allzu sehr auf dem Präsentierteller.«

»Aber …«

»Kein Aber. Sie können hier nichts tun. Kommen Sie mit, ich erkläre Ihnen alles.«

Er streckte seine Hand aus und zog sie sanft, aber bestimmt Richtung Straße. Mit wenigen Schritten gelangten sie zu einem dunkelblauen Minibus. Die seitliche Schiebetür öffnete sich und Olga wurde von zwei Händen hineingezogen.

30

Roger starrte gebannt auf den Kursticker. Seit Stunden ging es mit *cashpaper* nur noch in eine Richtung. Langsam zwar, aber stetig näherte sich der Kurs seiner alten Höchstmarke. Offensichtlich zeigten Florian Presselts Maßnahmen gegen die Zeitung bereits Wirkung. Das hob Rogers Laune beträchtlich. Seit einigen Stunden funktionierte auch die Website von *BestRosies* wieder störungsfrei, ein Erfolg, den sich Roger auf seine Fahnen schrieb. *Man muss den Huren einfach zeigen, wer der Herr im Haus ist*, bekräftigte Roger seinen Entschluss, Juliette einen heftigen Denkzettel zu verpassen. Und Lisa würde er in den nächsten Wochen ebenfalls erziehen. Wo steckte die Studentin überhaupt? Er hatte Lust, sie sollte sich jetzt im Schlafzimmer räkeln. Doch obwohl er seit fast zwei Stunden versuchte, sie zu erreichen, ging sie weder ans Telefon noch antwortete sie auf seine Nachricht. Das machte ihn wütend. *Wenn die Göre nicht pariert,* ärgerte er sich, *werde ich ihr beibringen, wie ein Pferdchen springen muss.* Der Gedanke gefiel ihm. Ja, dachte er, sie wird bald für mich auf den Laufsteg gehen. Just in diesem Augenblick errang der Kurs ein neues Allzeithoch. Roger ballte die Faust und fühlte sich unbesiegbar.

Das änderte sich wenig später. Martens schickte ihm eine WhatsApp-Nachricht und erbat einen sofortigen Rückruf zu der angegebenen Telefonnummer. Das weckte Rogers Trotz. Er überlegte ernsthaft, die Bitte, die ziemlich unabweisbar vorgetragen war, zu ignorieren. So konnte Martens nicht mit ihm umspringen, er war schließlich kein Befehlsempfänger, grummelte Roger, wählte jedoch die angegebene Nummer und erschrak, mit was für einer schneidenden Stimme ihn Martens begrüßte.

Wütend beendete Roger das kurze Telefonat und machte sich auf den Weg, um Martens zu treffen. *So weit kommt es noch,* knurrte Roger auf dem Weg in die Tiefgarage, *dass ich jetzt zum Befehlsempfänger dieses Fuzzis werde. Dem werde ich bald meine Meinung geigen.*

Bis er in seinen AMG einstieg, hatte er sich bereits ordentlich hochgeschaukelt und musste an sich halten, nicht mit voller Röhre und allzu überhöhter Geschwindigkeit durch die Stadt zu fahren. Wegen einer Polizeikontrolle zu spät zu kommen und dadurch Martens zu verärgern, das wollte er sich zum jetzigen Zeitpunkt doch nicht leisten. Im Augenblick brauchte er den mit allen Wassern gewaschenen Wirtschaftsprüfer und Unternehmensberater. *Auf dem Weg nach oben muss man eben auch Dreck fressen,* beschwichtigte sich Roger und nahm den Fuß endgültig vom Gaspedal. Später würde er sein Mütchen an Lisa kühlen, nahm er sich vor und malte sich genüsslich aus, wie er ihr die nächste Lektion in Sachen Gehorsam erteilte. Die Aufwertung seines Selbstwertgefühls durch die Eroberung der unschuldigen Studentin war schon abgeflaut. Spätestens seit gestern zog er die Bestätigung seines Egos daraus, Macht über Lisa auszuüben, ja, es erregte ihn, sie zu unterwerfen. Mit der Aussicht, dies in wenigen Stunden zu tun, stieg seine Laune, je näher er dem mit Martens vereinbarten Treffpunkt kam, und als er in die Tiefgarage des Bürokomplexes einfuhr, fühlte er sich beinahe wieder unbesiegbar.

Er parkte auf dem Parkplatz, der ihm per Telegramm mitgeteilt worden war. Als er ausstieg, trat ein grobschlächtiger Mann auf ihn zu.

»Risse?«

»Ja.«

»Mitkommen.«

Nur ein Wort, aber Roger erkannte den slawischen Akzent.

»Wo ist Dr. Martens?«

»Wartet oben. Mitkommen!«

Roger beschlich ein mulmiges Gefühl, zugleich kochte wieder dieser Zorn in ihm auf. So wollte er nicht behandelt werden. Aber jetzt gab es kein Zurück mehr, das machte die Körperhaltung dieses Bullterriers unmissverständlich klar.

Sie gingen zu einem Aufzug, fuhren in die vierte Etage und schritten den Flur entlang, ehe Rogers Begleiter an einer Tür klopfte. Nachdem geöffnet wurde, schob der Abholer Roger durch die Tür und blieb draußen stehen.

»Da sind Sie endlich«, begrüßte Martens ihn und wies ihm den Weg in einen Büroraum. »Setzen Sie sich.«

Roger nahm verdutzt auf einem Stuhl Platz, räusperte sich und fragte: »Was soll das hier? Was haben Sie vor?«

»Wir sitzen jetzt im selben Boot«, bemühte sich Martens um einen jovialen Tonfall. »Um nicht auf Grund zu laufen, müssen wir einige Vorkehrungen treffen. Dabei sind Ihre Fertigkeiten gefragt.«

»Sie sprechen in Rätseln«, erwiderte Roger, fühlte sich aber geschmeichelt.

»Ganz einfach. Sie wissen, wie man widerspenstige Frauen auf Linie bringt, oder?«

»Das kommt darauf an.«

»Stellen Sie Ihr Licht nicht unter den Scheffel. Sie haben in der Vergangenheit mancher Nutte gezeigt, wo's lang geht. Selbst *BestRosies* kann sich keine undisziplinierten Damen leisten.«

»Ich bin kein Zuhälter«, wehrte sich Roger und überlegte, was Martens von ihm wollte. Schlagartig wurde ihm bewusst, wie wichtig es sein würde, aus dem Schatten seiner Herkunft herauszutreten und endlich die seriösen Geschäftsfelder zu besetzen. Zugleich ahnte er, dass er immer mit seinen Wurzeln verbunden bleiben würde.

»Natürlich nicht«, beschwichtigte Martens und grinste schamlos. »Aber als Disziplintrainer darf ich Sie schon sehen, oder? Unser Freund Loder konnte jedenfalls zur Not auf Ihre Unterstützung bei dieser – wie heißt sie noch? – Juliette zählen, nicht wahr?«

Woher, verdammt, weiß er das? fragte sich Roger. Mehr und mehr breitete sich ein flaues Gefühl in seinem Bauch aus. Was führte dieser aalglatte Typ im Schilde? Unbehaglich rutschte Roger auf dem Stuhl hin und her. Sein Atem ging schwerer, sein Puls beschleunigte sich. Schweißperlen traten auf seine Stirn. Das Gefühl, in einer Falle zu sitzen, machte Roger nervös. Wo war das Gefühl der Unbesiegbarkeit? Klein und armselig fühlte er sich, einer unsichtbaren Bedrohung ausgeliefert, der unheimlichen Macht ausgeliefert, die Martens ausstrahlte.

»Sie werden jetzt eine Frau, die wichtige Informationen besitzt, zum Reden bringen«, sagte Martens leise und unaufgeregt, als wäre es das Normalste der Welt. »Sie haben freie Hand bei der Wahl ihrer Mittel. Überredung, Überzeugung, Drohung, Gewalt – es ist mir egal, wie Sie es anstellen, dass uns diese Hexe sagt, was wir wissen wollen. Notfalls prügeln Sie es aus ihr heraus. Verstanden?«

Roger blickte ungläubig. *Was will er von mir?* überlegte er. *Warum überlässt er das nicht seinen Schlägern?*

»Verstanden?«, bohrte Martens nach.

Jetzt dämmerte Roger, auf was der smarte Unternehmensberater hinauswollte. *Ich soll mir die Finger schmutzig machen, dann hat er mich ganz in der Hand.* Roger blickte in Martens grimmiges Gesicht und wusste, dass er keine Wahl hatte. Er nickte und fragte: »Was wollen Sie von der Frau wissen?«

»Wo ist Detlev Zönte.«

»Wer ist das?«

»Unser größter Feind. Ab, an die Arbeit.« Martens wies ihm den Weg zu einer Tür am Ende des Flurs. »Gehen Sie«, befahl er barsch und blieb mit vor der Brust verschränkten Armen im Flur stehen.

Roger betrat einen schmucklos eingerichteten Besprechungsraum und erschrak. An Armen und Beinen gefesselt saß auf einem Stuhl eine attraktive schwarze Frau, die ihn mit weit aufgerissenen Augen anstarrte. Ihr breites Kinn wirkte energisch, aber die üppigen Lippen zitterten. *Was für eine exotische Schönheit*, urteilte Roger und bewunderte die niedliche Stupsnase. Unwillkürlich vermaß er ihren Körper und stellte sich diese Frau im Bett vor. Zugleich gefiel ihm ihre Wehrlosigkeit.

Er trat einen Schritt auf sie zu und schaute ihr in die Augen. Er sah Angst und er sah Kraft. Entschlossen erwiderte sie seinen Blick. Er ging auf sie zu und fasste mit Daumen und Zeigefinger ihr Kinn und hob es hoch. Er fixierte ihren Blick. *Du bist widerspenstig, willst dich widersetzen*, stellte er fest und spürte den Ehrgeiz in sich erwachen, diesen Widerstand zu brechen. *Was*, fragte er sich, *war das für eine Nummer, die Martens hier abzog? Eine Mutprobe, ein Aufnahmeritual?* Der Hüne, der an der Wand stand und aus ungerührten Augen die Szene beobachtete, war jedenfalls furchteinflößend und offensichtlich aus jener Welt, mit der sich *cashpaper* nun eingelassen hatte.

Eigentlich will ich es gar nicht wissen, dachte Roger und wusste es doch; er befand sich nun in der Gesellschaft besonderer Profis. Wenn er Martens Wunsch erfüllte und aus dieser Frau die Information herausprügelte, wo sich dieser Detlev Zönte befand, dann machte er sich mit diesen Leuten gemein, aber nur dann würde er weiterhin Geld verdienen. Gutes Geld, viel Geld. Und ja, Roger wollte es immer noch: reich werden, richtig reich.

Er drückte seinen Daumen grob und schmerzhaft in ihr Kinngrübchen.

»Wo ist Detlev Zönte?« Seine Stimme klang ein wenig wacklig. Das ärgerte ihn, und weil er sich über sich selbst ärgerte, verstärkte er den Druck auf ihr Kinn.

Sie presste die Lippen zusammen und starrte ihn wütend an.

Du bist eine harte Nuss, stellte Roger fest, holte aus und schlug ihr mit der flachen Hand ins Gesicht.

»Ich weiß es nicht.«

Ihre Stimme berührte ihn eigenartig. Weich, dunkel, fest, eine schöne Stimme, wie er fand, eine erotische Stimme. »Lüg nicht«, zischte er und schlug fester zu.

Ihr Kopf kippte von dem Schlag zur Seite, doch sie verzog keine Miene, sondern starrte ihn aus ihren großen braunen Augen an.

Grimmig schlug Roger nun links und rechts zu, so fest er konnte. Ihre Oberlippe platzte auf, aber sie blieb stumm.

»Genug«, befahl der Hüne. »Geh hinaus.«

Überrascht blickte Roger auf. Der Aufpasser nickte nur und zeigte auf die Tür. Roger gehorchte. Draußen am Gang nahm in Martens in Empfang, führte ihn am Oberarm den Flur entlang zu dem vorderen Büroraum und wies ihn an, sich zu setzen. Martens schaltete einen Monitor ein und spielte eine Videosequenz ein, die zeigte, wie Roger die Frau schlug.

»Willkommen im Club«, sagte Martens grinsend und schaltete den Monitor wieder aus.

»Was soll das?«

»Wir wollten sehen, ob wir uns auf Sie verlassen können. Sie haben den Test bestanden. Die Dokumentation haben wir selbstverständlich auf unserem sicheren Server hinterlegt, damit wir Sie zu gegebener Zeit an Ihre Loyalitätspflicht erinnern können. Natürlich nur, wenn es nötig ist.«

»Sie wollen mich erpressen?«

»Das würden wir niemals tun. Jetzt stellen Sie keine Fragen mehr, sondern kommen Sie mit mir. Wir beide werden hier nicht mehr gebraucht.«

Martens führte Roger zu einem etwas versteckt gelegenen Treppenhaus, über das sie auf den rückwärtig gelegenen Parkplatz des Bürokomplexes gelangten.

»Fahren Sie ein Stück mit mir«, forderte der Wirtschaftsprüfer Roger auf. »Ihren Wagen können Sie später abholen. Wir haben noch einige Dinge zu besprechen.«

Die Blinker eines schwarzen Volvos leuchteten kurz auf. Martens öffnete die Beifahrertür, lud Roger mit einer galanten Handbewegung zum Einsteigen ein, schloss die Tür und ging um den Wagen herum zur Fahrerseite. Er stieg ein und startete den Motor. Roger beobachtete fasziniert jeden Handgriff, auf eigenartige Weise paralysiert von der herrischen Ausstrahlung des Unternehmensberaters. Vergeblich versuchte Roger, sich über die Geschehnisse der letzten halben Stunde klar zu werden. Alles schien unwirklich, als habe er es nur geträumt, ja, Roger fühlte sich, als befände er sich immer noch in einem Traum, aus dem er jederzeit aufwachen konnte. *Wach auf,* befahl er sich, bemerkte stattdessen nur, wie der Volvo auf die breite Straße glitt und beschleunigte. Auf der Gegenfahrbahn kamen ihnen zwei Zivilfahrzeuge mit Blaulicht und Martinshorn entgegen. Martens verschwendete keinen Blick auf die Einsatzwagen, fuhr vorschriftsmäßig Richtung Norden, dem Flughafen entgegen.

»Wo fahren wir hin?«

»An einen sicheren Ort«, erwiderte Martens. »Es könnte ein paar aufregende Tage geben, da ist es besser, wir befinden uns nicht in der Schusslinie.«

Roger betrachtete Martens von der Seite. Er sah ein kantiges Profil, ein vorgerecktes, zu allem entschlossenes Kinn, und: Er sah ein Rätsel.

»Wer oder was sind Sie?«

Martens lachte kehlig auf. »Das wüssten Sie wohl gern. Nun, ich bin Ihr wichtigster Geschäftspartner und ich bin Ihre Lebensversicherung. Nur mein Netzwerk kann Ihnen helfen, Ihre Ziele zu erreichen.«

»Das hat mir schon einmal einer gesagt.«

»Ach, Sie meinen den armen Loder. Zu dumm, dass er zur

falschen Zeit am falschen Ort war. Hat ihn seinen Hals gekostet. Er wollte ihn zu voll nehmen, der Gute.«

Sie erreichten die Autobahn. Martens beschleunigte bis zur erlaubten Geschwindigkeit. Er fuhr ruhig und vorbildlich, bog am Autobahnkreuz nach Westen ab. *Also nicht zum Flughafen*, folgerte Roger und kämpfte gegen ein zunehmendes Unbehagen an. Seine Gedanken verwirrten sich. In die Frage, was Martens bezweckte, mischte sich die Frage, wer die Frau war, die er soeben geschlagen hatte, und wie sich Schlangenleiber in der Paarungszeit verknäueln; woben sich die Zahlenreihen der *cashpaper*-Kurse und seine Vorstellungen, Lisa auf eine Zukunft als Escort-Dame vorzubereiten, in diese Fragen hinein, bis er in einem Wirrwarr von flüchtigen Gedankenfetzen verloren war.

Draußen huschte die flache Landschaft vorbei. Martens fuhr mit hoher Geschwindigkeit und schien einzig auf das Verkehrsgeschehen fokussiert. Roger rieb sich die Augen und versuchte, wieder klar zu denken. Er hatte das Heft des Handelns aus der Hand gegeben. Wie könnte er es zurückerlangen? Überdeutlich stand plötzlich das Gesicht des Bankers vor ihm: Roger sah einen erschrockenen August Loder.

»Haben Sie Ihre Finger im Spiel gehabt?«, fragte Roger, einer Eingebung folgend.

Wieder dieses kehlige Lachen von Martens.

»Sie sind wohl ein messerscharfer Denker«, antwortete er sarkastisch. »Aber ja doch, ich habe unserem Freund einen Tipp gegeben, wo er unsere Feinde treffen kann. Loder hat rasch begriffen. Leider kam es zu einer schicksalhaften Verwechslung. Aber ...«, fuhr er gedehnt fort, »das soll nicht zu unserem Schaden sein.«

Was meinte Martens mit dieser Bemerkung? War er tatsächlich für den Tod von Loder verantwortlich? Rogers Beklemmung wuchs. Irgendetwas schnürte ihm die Kehle zu, und es lief ihm eiskalt über den Rücken. Er schaute Martens unverwandt an.

Dabei manifestierte sich mehr und mehr ein Gedanke, der ihm Angst machte: *Ich sitze mit einem kaltblütigen Narzissten im Auto, dem es stets um seinen eigenen Vorteil geht. Wieso,* grübelte Roger, *habe ich das nicht längst bemerkt?*

Martens fuhr von der Autobahn ab, genau an jener Ausfahrt, von der man zum Firmensitz von *cashpaper* gelangte.

Roger schnappte nach Luft. »Wo fahren wir hin?«

»In Ihr Büro, mein Lieber. Wir haben etwas zu erledigen.«

»Meinen Sie nicht, dass Sie das vorher mit mir besprechen sollten?«

»Natürlich. Also, wir fahren jetzt in Ihr Büro und regeln dort einige Dinge, vor allem, wie Sie mir den Quellcode ihres zentralen Abrechnungsprogramms zukommen lassen.«

»Gar nicht! Das kommt überhaupt nicht in Frage. Was denken Sie sich nur?«

Roger geriet in Rage, und das vertrieb für einen Moment das Gefühl von Beklemmung und Angst. *Höchste Zeit, diesem Machtmenschen Schranken zu setzen,* dachte Roger, und stieß zur Bekräftigung seiner Worte einen Fluch aus.

Martens erwiderte ruhig und gelassen: »Ich denke, dass Sie genau das machen werden, was ich will. Andernfalls lasse ich sämtliche Deals mit *cashpaper* platzen und Sie als Schläger auffliegen. Glauben Sie mir, das täte Ihnen nicht gut. Und jetzt ist Schluss mit dem Palaver, wir sind gleich da. Rufen Sie Ihren Kompagnon Trunk an und bitten Sie ihn in einer Viertelstunde zu sich ins Büro.«

31

»So sieht man sich wieder«, begrüßte eine bekannte Stimme Olga, als sie in den Wagen stieg.

Im Halbdunkel erkannte Olga die Oberkommissarin Tanja Knott erst auf den zweiten Blick. Erleichtert setzte sie sich auf die Sitzbank an dem kleinen Tisch und reichte der Polizistin die Hand.

»Was führt Sie hierher?«, fragte die Polizistin, die neben Knott saß, und stellte sich dann als Hauptkommissarin Verena Mühlke vor.

»Wir sind Dr. Martens gefolgt, weil wir glauben, dass er eine Schlüsselrolle für die Firma von Roger Risse und damit auch für die Entführung von Frau Pohl spielt.«

»Interessant«, stellte Mühlke gedehnt fest. »Sie ermitteln also auf eigene Faust, sehe ich das richtig?«

Olga nahm Blickkontakt zu der Kommissarin auf und nickte schließlich langsam.

»Ja«, antwortete sie. »Schon dadurch, dass meine Lebensgefährtin kurz verdächtigt wurde, etwas mit der Ermordung von Loder zu tun zu haben, fühlten wir uns herausgefordert, unsererseits Licht in das Dunkel zu bringen. Als Strafverteidigerin muss ich jenseits des offiziellen Akteninhalts einen Überblick über die Sach- und Rechtslage gewinnen, das werden Sie gewiss verstehen.«

»Kollegin Knott hat Ihnen doch bereits signalisiert, dass Ihre Lebensgefährtin nicht mehr verdächtigt wird.«

»Korrekt. Aber das war eine Momentaufnahme, man weiß schließlich nie, auf welche Gedanken eine Mordkommission kommt«, erwiderte Olga und versuchte sich an einem naiven Lächeln.

»Jetzt gefährden Sie jedenfalls einen Polizeieinsatz. Was hat

Frau Lankess in diesem Bürohaus zu suchen?«, fragte Knott ungehalten.

»Sie wollte Dr. Martens folgen«, erwiderte Olga und spürte, wie ihre Tatkraft erlahmte. »War das ein Polizeibeamter, der sie im Foyer weggeführt hat?«

»Leider nein, Frau Swatschuk. Das ist es, was uns beunruhigt und was unseren Einsatzplan durcheinanderwirbelt. Haben Sie eine Idee, wer Frau Lankess dort im Foyer abgeführt hat?«

Mühlkes Stimme klang weich und einfühlsam. Olga fasste Vertrauen zu dieser Kommissarin und bedauerte nicht nur, auf eigene Faust gehandelt zu haben, sondern ärgerte sich auch darüber, dass Sonja nicht auf ihre Ängste gehört hatte, als sie in das Foyer gestürmt war.

»Leider nein«, schüttelte Olga den Kopf. Jetzt machte sie sich große Sorgen um Sonja.

»Wir haben die Bestätigung«, sagte ein Beamter, der an einem kleinen Computerarbeitsplatz im Fonds des Kastenwagens saß. Olga hatte ihn bisher nicht wahrgenommen. Mit ihren Augen suchte sie Zönte, der sich auf den Beifahrerplatz gesetzt hatte. Sein zerknautschtes Gesicht drückte ebenfalls Besorgnis aus.

»Wir warten mit dem Zugriff, bis das SEK auf seinem Platz ist«, ordnete Mühlke an.

»Verstanden«, bestätigte der Beamte am Computer, drehte sich wieder seinem Bildschirm zu und tippte rasch auf der Tastatur.

»Verraten Sie mir bitte, wie Sie auf den Einfall gekommen sind, Dr. Martens zu verfolgen«, bat Mühlke. »Nur mit der Freiheitsberaubung für Frau Pohl kann das nicht zu tun haben. Also: Was führten Sie im Schilde?«

»Wie ich schon sagte: Wir glauben, dass Martens eine Schlüsselrolle spielt für die Geschäfte von Roger Risse, der August Loder dabei unterstützt hat, Caroline Pohl einzusperren. Irgendwie hängt hier alles mit allem zusammen. Wir haben Zeitung gelesen, und die Artikel, die Herr Zönte verfasst hat, haben uns auf diese Idee gebracht. Deshalb wollten wir uns Martens näher anschauen.«

Olga blickte den Journalisten Hilfe suchend an, doch der enthielt sich jeglicher Bemerkung.

»Ihre Rolle ist und bleibt nebulös«, warf Knott angesäuert ein. »Darüber werden wir uns nachher noch zu unterhalten haben. Jetzt bleiben Sie bitte mit Herrn Zönte und unserem Kollegen hier im Wagen, bis unser Einsatz abgeschlossen ist.«

Mühlke nickte und ordnete, zu dem Beamten am Computer gewandt, an: »Zugriff!« Dann verließ sie mit ihrer Kollegin Knott den Einsatzwagen.

»Sie sind also auch Martens auf den Fersen«, stellte Zönte gegenüber Olga fest, als die beiden Kommissarinnen den Wagen verlassen hatten. »Was wissen Sie, was ich nicht weiß?«

»Nichts, ehrlich: nichts. Ihre Artikel haben uns erst auf Martens aufmerksam gemacht.«

»Aber Ihnen geht es nicht um Finanzmarktmanipulation oder Geldwäsche? Sie haben ein anderes Motiv. Darf ich fragen, welches? Und was haben Sie mit der Ermordung von August Loder zu tun?«

»Uns geht es um die Bekämpfung von Zwangsprostitution und Ausbeutung von Frauen – übrigens ein Thema, dessen Sie sich auch einmal annehmen könnten.«

»Danke für den Hinweis. Wie hängt das mit der Ermordung von August Loder zusammen?«

»Vermutlich gar nicht«, antwortete Olga ausweichend und blickte auf den Beamten am Computer. Der schien zwar aufmerksam seinen Monitor zu studieren, doch vermutlich hörte er jedes Wort, das sie mit Zönte wechselte, genauso aufmerksam mit. Sie musste also darauf achten, dem Journalisten keinesfalls mehr zu berichten, als der Kommissarin Knott sowieso bekannt war.

Sie suchte Blickkontakt mit Zönte und hob zweimal ihre linke Augenbraue. Der Journalist verzog die Mundwinkel zum Zeichen des Einverständnisses. Ein Profi eben, konstatierte Olga und ergänzte: »August Loder hat eine Bekannte von uns festgehalten, also richtiggehend eingesperrt und misshandelt. Die junge Frau ist eine Escort-Dame von *BestRosies*, der Agentur, die Risses Mutter gehört und für die Roger Risse immer wieder tätig wird. Als wir unsere Bekannte vermissten, haben wir versucht, mit Loder Kontakt aufzunehmen. Um dem Nachdruck zu verleihen, hat meine Lebensgefährtin ihm ein kompromittierendes Foto geschickt. Nachdem er getötet wurde, kam die Kripo auf uns zu mit dem Vorwurf, meine Lebensgefährtin habe Loder erpresst. Dabei sei etwas schief gelaufen ... Nun ja, daraus strickte Kommissarin Knott ein Mordmotiv.«

»Interessant. Und dann?«

»Wir wollten selbst in Erfahrung bringen, wer Loder wirklich getötet hat und haben da vor allem Risse verdächtigt. Das ist alles.«

»Verstehe. Wir sollten uns über das Ganze unterhalten, wenn das hier«, dabei deutete er aus dem Fenster, »vorbei ist.«

»Er ist uns durch die Lappen gegangen. Das haben wir Ihnen zu verdanken«, schimpfte Mühlke, als sie allein in den Einsatzwagen stieg,und deutete mit dem Zeigefinger auf Olga. »Wenn ich könnte, würde ich Sie wegen Strafvereitelung belangen!« Sie stampfte mit dem Fuß auf den Boden auf, strich sich eine Haarsträhne aus der Stirn und setzte sich Olga gegenüber auf die Sitzbank.

»Was ist mit Cathrin?«, fragte Zönte.

»Beide Frauen sind wohlauf«, verkündete die Kommissarin.

»Gott sei Dank!«

Olga und Zönte riefen es gleichzeitig, sahen sich an und begannen gemeinsam nervös zu lachen.

»Wie geht es Cathrin?«

»Den Umständen entsprechend. Die Kollegen fahren mit ihr ins Krankenhaus, um die Folgen der Misshandlungen zu dokumentieren und zu behandeln.«

Zönte wurde blass und raufte sich die Haare. »Alles meine Schuld«, flüsterte er, »alles meine Schuld. Sie hätte nicht ins Büro gehen dürfen.«

»Machen Sie sich keine Vorwürfe«, tröstete die Kommissarin. »Sie haben getan, was sie konnten. Nur dank Ihrer Hilfe konnten wir diesen Einsatz durchführen.«

»Die Täter sind weg!«

»Einen haben wir, und – glauben Sie mir – der wird auspacken.«

»Ist es der, der Cathrin angedroht hat, ihr das Gesicht zu zerschneiden?«

Mühlke schüttelte den Kopf. »Nein. Der ist entwischt. Aber einen Helfer haben wir, und, es wird Sie nicht wundern, es handelt sich um einen Russen.«

Olga blickte verwirrt von Zönte zu Mühlke und wieder zurück, doch keiner der beiden sagte noch etwas. Da fragte sie: »Was ist mit Sonja?«

»Alles okay. Die Kollegen haben sie mitgenommen aufs Kommissariat. Da fahren wir jetzt auch hin.«

Nach Einbruch der Dämmerung waren Olga und Sonja wieder zuhause. Sie setzten sich ins Wohnzimmer und tranken Gin Tonic. Die Aufregung des Nachmittags hatte sich bei beiden noch nicht gelegt. Olga machte sich immer noch Vorwürfe, sich auf die Beschattung und Verfolgung von Martens eingelassen zu haben.

»Du hättest auf mich hören sollen«, flüsterte Olga vorwurfsvoll.

»Wenn man vom Rathaus kommt«, wehrte Sonja ab, »ist man immer schlauer. Ich musste es versuchen.«

»Aber du hast keine Rücksicht auf meine Ängste genommen«, beschwerte sich Olga.

»Dafür war keine Zeit«, erwiderte Sonja.

»Falsche Antwort!« Jetzt ärgerte sich Olga richtig. »Du solltest schon Rücksicht auf mich nehmen, ein wenig Einfühlungsvermögen vielleicht. Du hast doch gesehen, wie es schiefgegangen ist.«

Sonja legte ihren Arm um Olga, doch Olga schüttelte ihn ab.

»Tut mir leid«, entschuldigte sich Sonja. »Im Eifer des Gefechts ...«

»Ich hatte Angst«, unterbrach Olga.

»Ja, ich hätte auf dich hören sollen.«

»Du darfst mich nicht unterbuttern, Wasp«, sagte Olga und ihre Stimme klang schon versöhnlicher. »Manchmal muss man miteinander reden, nicht einfach loslegen.«

»Du hast ja recht, Gamserl. Sei mir nicht böse.«

Olga war besänftigt. Sie wollte es harmonisch haben, sie wollte sich entspannen, sie wollte in ihre Beziehung eintauchen. In Erinnerung an ihr Kennenlernen fragte sie daher: »Singst du für mich?«

Damals, vor neun Monaten, hatte Olga Sonjas Stimme bewundert, diesen dahinschmelzenden Mezzosopran. An einem ihrer ersten gemeinsamen Abende hatte Sonja die *Ballade des femmes de Paris* gesungen und endgültig Olgas Herz erobert. Jetzt wollte Olga abschalten, sich sentimentalen Erinnerungen hingeben, das Klavier und Sonjas Stimme hören.

»Bitte«, flüsterte Olga, »sing für mich.«

Sonja setzte sich an den Flügel, hob die Klappe an und spielte die ersten Akkorde. Der großzügige Raum füllte sich mit dem Zauber der Musik.

Olga schloss die Augen und gab sich den harmonischen Tönen hin, und tief drang die volltönende Stimme in ihr Gemüt. Sonja sang den *Zwerg* von Schubert, und Olga ergab sich ihren Tränen.

Als der letzte Ton verhallt war, klappte Sonja den Flügel zu, setzte sich neben Olga auf das Sofa und legte ihren Arm um Olgas Schultern. »Es war ein heftiger Tag und es tut mir leid, wenn ich dich verletzt habe«, flüsterte sie Olga ins Ohr. »Vielleicht sollten wir aufhören, Detektiv zu spielen …« Sonja hielt inne, knabberte stattdessen an Olgas Ohrläppchen, eine Geste, die Olga normalerweise rasch auf andere Gedanken brachte. Doch im Augenblick war sie nicht empfänglich für Zärtlichkeiten. Sie drehte sich etwas zur Seite, umfing Sonja mit beiden Armen und murmelte: »Halte mich fest.« Sie brauchte Trost und Geborgenheit. Sie ahnte die Gefahr, in der sie mit Sonja schwebte. Roger Risse hatte sich mit der Russenmafia verbündet.

Gibt es einen gefährlicheren Feind? Olga vermied es, diese Frage zu beantworten. Aber sie wusste, dass sie nicht noch einmal jemanden verlieren wollte, der ihr wichtig ist.

32

Detlevs erstaunlich weiche Hände cremten ihre Wangen mit sacht kreisenden Bewegungen ein. Cathrin genoss die sanfte Pflege mit geschlossenen Augen und versuchte, die Bilder des brutalen Russen , der sie mit dem Messer bedroht hatte, und des bösartigen Schlägers, der ihr Gesicht mit immer heftigeren Ohrfeigen traktiert hatte, aus ihrem Kopf zu verdrängen. Trotz Detlevs Zärtlichkeit blieben die Visagen der beiden Männer in Cathrins Kopf präsent; abstoßend wutverzerrt das Gesicht des Schlägers, angsteinflößend kühl das des Russen.

Obwohl Roger Risse, dessen Stimme Detlev einwandfrei erkannt hatte, ihr mit seinen Schlägen weh getan hatte, würde sie ihn aus ihren Albträumen verbannen können. Dieser Peiniger hatte einen Namen, sie konnte ihn dem realen Leben zuordnen und in seiner Emotionalität einordnen. Risse hatte zwar eine Information erlangen wollen, aber unterschwellig war es ihm darum gegangen, sich selbst oder einem Dritten etwas zu beweisen und dabei seine Wut abzureagieren. Der namenlose Russe dagegen, dessen war sich Cathrin sicher, würde sie in etlichen Träumen heimsuchen als gefühlskalter, einzig auf dieses eine Ziel fokussierter Handlanger einer bösen Macht. Vor ihm, nicht vor Risse, musste man Angst haben. Und die Bedrohung, die von diesem Mann und der gesamten Organisation, die hinter ihm stand, ausging, war noch lange nicht vorbei. Trotzdem hatte Detlev, und mit ihm dann auch sie, das Angebot der Kommissarin Mühlke ausgeschlagen, im Rahmen eines Zeugenschutzprogramms an einen sicheren Ort gebracht zu werden. Nach wie vor hielt Detlev den Unterschlupf in der Wohnung seines Freundes für weniger gefährdet als eine Bleibe unter der Obhut der Polizei. Sein Misstrauen hinsichtlich eines möglichen Maulwurfs in der Polizei war dadurch, dass es Martens, Risse und dem Russen gelungen war, dem Zugriff der Polizei zu entkommen, noch einmal gestiegen. So also waren sie auf etwas verschlungenen Wegen wieder in Detlevs Unterschlupf gelangt und wollten zunächst abwarten, ob die von Verena Mühlke eingeleitete Fahndung Erfolg haben würde.

Als Detlev die pflegende Behandlung von Cathrins wunden Wangen beendete, öffnete sie die Augen und versuchte zu lächeln. Die aufgeplatzte und bereits leicht verschorfte Oberlippe schmerzte.

»Danke«, nuschelte sie und setzte sich auf. »Und nun?«

»Jetzt plündern wir den Kühlschrank und ich zaubere uns ein festliches Dinner. Meine Güte, hatte ich eine Angst um Dich.«

»Zum Glück habe ich deine Spyware im Slip gehabt.« Sprach's und zog das Kästchen aus der Hose. »Allerdings wundert es mich, dass es mir der Russe nicht abgenommen, dass er mich überhaupt nicht auf so etwas abgetastet hat.«

Detlev nickte. »Ein Rest von Scham- oder Ehrgefühl ist wohl sogar bei einem Profikiller vorhanden.«

»Aber warum musste Risse die Drecksarbeit übernehmen, aus mir eine Antwort herauszuprügeln? Verstehst du das?«

Detlev kratzte sich am Hals, kurz oberhalb des Adamsapfels, eine Bewegung, die Cathrin zum wiederholten Mal an ihm wahrnahm und die ihr auf unerfindliche Art sympathisch war.

»Vermutlich wollte Martens, dass sich Risse auf klassische Weise die Hände schmutzig macht. Es würde mich nicht wundern, wenn die Szene gefilmt wurde. Dann hätte ihn Martens in der Hand.«

»Richtig«, rief Cathrin aus, »jetzt, da du es sagst: in der Ecke, in welcher der Russe stand, war eine Kamera installiert.«

»Gut, dass dir das eingefallen ist. Dann haben wir dieses Rätsel geklärt.«

»Wird dein Chefredakteur trotzdem die Unterlassungserklärung unterschreiben und eine Gegendarstellung drucken?«

»Ja. Noch haben wir nicht genug Material gegen Risse und *cashpaper* in der Hand, und du weißt selbst: Sich mit *CPC* anzulegen, kann richtig teuer werden.«

»Was willst du als nächstes unternehmen?«

»Morgen werde ich mit meinem Whistleblower bei der Broderschen Kontakt aufnehmen. Mal sehen, ob sich bei den Zahlungsflüssen eine Auswirkung der heutigen Ereignisse zeigt. Und du könntest über einen verschlüsselten Kanal an deine Chefs herantreten und austesten, ob sie immer noch hinter Martens stehen. Im Übrigen sollten wir uns die nächsten Tage verstecken und nicht zur Zielscheibe machen.«

Detlev hatte in einem ruhigen, unaufgeregten Ton gesprochen, trotzdem entging Cathrin seine Anspannung nicht. Sie befürchtete auch, dass es einen weiteren Versuch geben könnte, Detlev zum Schweigen zu bringen.

Er küsste sie auf die Wange und ging hinüber in die Küche. Cathrin folgte ihm nachdenklich. War der großgewachsene Russe Loders Mörder? Wenn ja, warum hatten sich beide Kommissarinnen davon wenig überzeugt gezeigt? Er passte auf die Beschreibung, die ihr Detlev von dem Mann am Baggersee gegeben hatte, und er verfügte über ein beängstigend scharfes Messer. War er auch derjenige, der in dem Café den Anschlag auf Detlev verübt hatte? Wie hätte er dann Detlev mit Loder verwechseln können? Da passte etwas nicht zusammen. Ja, der Russe war groß, schlank und blond, aber er war nicht jung. Die Zeugin in dem Café hatte von einem jungen Mann gesprochen. Also hatten sie es mit mehreren Angreifern zu tun. Natürlich sprach auch das für die Russenmafia. Wie war Martens involviert? War er tatsächlich in dem Bürotrakt gewesen, in den sie von den Russen gebracht worden war? Hielt sich Martens geschickt im Hintergrund und tanzten die anderen nach seiner Pfeife? Oder war Martens lediglich eine Marionette in den Händen der russischen Puppenspieler? Trickreich war das Ganze jedenfalls. In dem Fall steckten noch einige Unbekannte, stellte Cathrin fest und schaute Detlev über die Schulter, wie er tiefgefrorene Lachsfilets aus ihrer Plastikverpackung befreite.

Eine halbe Stunde später servierte Detlev leckere Fusilli mit Lachs-Gemüse-Sauce und einen zarten Rosé-Wein vom Gardasee. Sie prosteten sich zu. Cathrin fühlte sich in einer Atmosphäre von sorgloser Alltäglichkeit aufgehoben, als ob sie schon seit langem mit Detlev abends zusammensitzen und zu Abend essen würde. *Seltsam,* dachte sie, *wie rasch man sich in neue Situationen einfinden kann,* und freute sich darüber. *Wenn die Begleitumstände nicht wären, dann wäre das Leben jetzt schön.* Sie schenkte Detlev ein schiefes Lächeln und verscheuchte für einige Minuten die dumpfe Angst aus ihrem Hinterkopf.

»Das Leben ist schon verrückt«, bemerkte Cathrin und erhob ihr Glas. »Wenn mir jemand vor einem Monat gesagt hätte, dass ich heute hier mit dir sitze und in einen Geldwäschekrimi verstrickt bin, den hätte ich für verrückt erklärt.«

»Tja, das unterschreibe ich«, sagte Detlev strahlend, »und das Ergebnis ist jede Gefahr wert. Ehrlich, seit ich dich das erste Mal gesehen ...«

Detlev hielt inne und legte den Zeigefinger auf seine Lippen. Er lauschte angestrengt Richtung Tür.

Cathrin vernahm ein leises Kratzen. Sie erschauderte. Jetzt erst schätzte sie den breiten Absperrriegel an der Tür. Zum Glück war er vorgelegt, denn da draußen machte sich jemand an der Wohnungstür zu schaffen.

Detlev schlich zur Garderobe und kam mit den Anoraks zurück. Er half Cathrin in die Jacke, schlüpfte dann in seinen Anorak und schlich auf Zehenspitzen zu den Schuhen. Leise zog er seine Turnschuhe an, gab Cathrin die ihren und schlich zur Terrasse. Vorsichtig legte er den Hebel um und schob die Terrassentür auf. Er winkte Cathrin, mitzukommen. Angestrengt blickte er in die Dunkelheit, nahm Cathrin an der Hand und führte sie über die Terrasse zur Abgrenzung zum Nachbarn, die aus einem breiten Blumentrog mit einem halbhohen Gitterzaun in der Mitte bestand. Er stieg auf den Trog und zog Cathrin nach oben. Die Nachbarwohnung lag dunkel. Leise kletterten sie über den Zaun, schlichen über die Nachbarsterrasse, wiederholten die Prozedur und standen zwei Terrassen weiter an der Brüstung nach unten.

Die früher oft bemängelte Konstruktion dieser Terrassenbauweise kam ihnen nun entgegen, denn jedes tiefer liegende Stockwerk hatte eine weiter nach vorne geschobene Terrasse, so dass man sich von der oberen Terrasse auf die nächstfolgende herunterlassen konnte, wenn man vorsichtig in die Blumentröge glitt. Ein oftmals verlockender Weg für Einbrecher, weshalb die meisten Wohnungsbesitzer auf ihren Terrassen Bewegungsmelder installiert hatten, doch auch ein guter Fluchtweg, wenn man wusste, über welche Terrassen man sich bewegen konnte, ohne Alarm auszulösen.

Detlev jedenfalls schien das Terrain bestens zu kennen, denn er bewegte sich mit traumwandlerischer Sicherheit in einem leichten Zickzack über die sechs Stockwerke nach unten. Sie gelangten in einen kleinen Zwischengang, der zwei benachbarte Hochhäuser trennte und über eine schmale Treppe in die Tiefgarage führte.

Während sie vorsichtig hinabstiegen, hörten sie in der Ferne einen dumpfen Knall.

»Schnell«, rief Detlev und zog Cathrin mit sich. Er öffnete die Stahltür zum Untergrund und lief an einer Reihe von Drahtgitterstellplätzen vorbei zu einer Nische. Dort stand ein Motorrad.

Detlev klappte den Koffer hinter der Sitzbank auf, fischte zwei Helme und einen Schlüssel heraus, setzte sich und Cathrin den Helm auf, nahm auf der Sitzbank Platz, zog Cathrin hinter sich, startete die Maschine und fuhr langsam ohne Licht die

Straße entlang. Als sie das Ende der unterirdischen Straße erreichten, bog er auf einen Fußweg ab, beschleunigte die Maschine und lenkte über einen Hügel hinauf in den weitläufigen Olympiapark. Bald schälte sich aus dem Halbdunkel die Silhouette der weltberühmten Zeltarchitektur. Detlev ließ das Olympiastadion links liegen, steuerte zur Parkharfe, schaltete das Licht an und fuhr die unbelebte Straße entlang, bis er den Mittleren Ring erreichte. Er fädelte in den Verkehr ein und fuhr Richtung Süden.

33

Im Besprechungsraum der Münchner Mordkommission saß eine ungewöhnliche Runde. Unter der Leitung von Kriminalhauptkommissarin Verena Mühlke besprachen Staatsanwältin Dorothee Hauber, Oberkommissarin Tanja Knott, Kriminalhauptmeister Wilfried Kraus von der Spurensicherung, Sonja Lankess und Olga Swatschuk die Ereignisse der zurückliegenden Nacht.

»Um es noch einmal zu betonen«, erinnerte Dorothee an ihre einleitenden Worte von vor einer Viertelstunde, »dies ist ein informelles Treffen, um mich mit Ihnen ins Bild zu setzen, nachdem ich heute Morgen mit den Ermittlungen betraut wurde. Frau Lankess und Frau Swatschuk gehören weder zum Kreis des Ermittlungsteams noch zu den relevanten Zeugen. Gleichwohl könnten sie wertvolle Informationen besitzen. Daher bitte ich Sie, uns Ihre Erkenntnisse vorbehaltlos mitzuteilen und hinsichtlich dieses Gesprächs absolute Vertraulichkeit zu bewahren.«

Olga wunderte sich immer noch darüber, wie Dorothee es geschafft hatte, die Ermittlungen in diesem Fall an sich zu ziehen. Dass sie es geschafft hatte, nötigte Olga erheblichen Respekt ab. Nun eine, wenn auch informelle, Besprechung unter Einbeziehung von ihr und Sonja in den Räumen der Mordkommission abzuhalten, fand Olga genial. Trotz ihrer jüngsten Vorbehalte, der Gerechtigkeit zur Not auf eigene Faust Geltung zu verschaffen, merkte sie, dass sie genau das in begründeten Fällen nach wie vor machen wollte. In diesem komplizierten Fall schuldete sie es Caroline und allen Escort-Damen, die von *BestRosies* ausgenutzt wurden, zumindest Roger Risse das Handwerk zu legen. Allerdings war der gestern sang- und klanglos von der Bildfläche verschwunden, ebenso wie sein Geschäftspartner und Berater Dr. Willibald Martens. Bisher verlief die Fahndung nach beiden ergebnislos. Ebenso tappte die Kriminalpolizei hinsichtlich eines

Wohnungsüberfalls im Olympiadorf im Dunkeln. Dort war am Vorabend die Eingangstür zu einer Wohnung aufgesprengt worden. Die umgehend alarmierte Polizei war wenige Minuten nach der Detonation vor Ort gewesen, hatte jedoch niemanden angetroffen.

»Die Wohnung gehört einem Freund des Journalisten Detlev Zönte. Er hat die Wohnung in letzter Zeit mehrfach dem Journalisten überlassen. Daher gehen wir davon aus, dass sich Herr Zönte und Frau Thaler dort aufgehalten haben«, erläuterte Mühlke die bisherigen Erkenntnisse. »Sie wurden offensichtlich beim Abendessen gestört, denn auf den Tellern fanden sich noch einige Gabeln warmer Lachs-Fusilli und in den Gläsern kalter Weißwein.«

»Um Gottes willen«, entfuhr es Olga. »Dann sind die beiden in höchster Gefahr.«

Knott machte ein ernstes Gesicht. »Es gibt keine Spuren eines Kampfes. Möglicherweise waren die beiden so überrascht, dass sie sich nicht gewehrt haben. Sie könnten also entführt worden sein.«

»Vielleicht ist ihnen jedoch auch die Flucht gelungen. Dazu wird die Spusi gleich noch Ausführungen machen«, ergänzte Mühlke. »Wegen der rücksichtslosen Herangehensweise vermuten wir, dass die Russenmafia dahintersteckt. Unsere Kollegen vernehmen den gestern festgenommenen Gehilfen. Bisher schweigt er. Hat Ihnen Zönte gesagt, wo sie sich verstecken wollen?«

»Nein«, gab Olga Auskunft. »Wir haben uns nur kurz unterhalten. Zönte hatte Angst vor einem Maulwurf bei der Münchner Polizei.«

»Wissen Sie, was er als nächstes plant?«

Sonja schüttelte den Kopf.

Mühlke zuckte hilflos die Achseln und forderte ihren Kollegen von der Spurensicherung auf, seine Erkenntnisse mitzuteilen.

»Auf der Terrasse fanden wir mehrere Fußspuren unterschiedlicher Personen sowie Abdrücke in der Erde der Pflanztröge. Wir können daher nicht ausschließen, dass Zönte und Thaler die Flucht gelungen ist – zumindest zunächst.«

»Haben sich die beiden wirklich nicht mit Ihnen in Verbindung gesetzt?«, fragte Knott.

Olga spürte, dass die Oberkommissarin immer noch Vorbehalte gegen sie und Sonja hatte. Zu gern hätte Olga die Stimmung aufgehellt, aber ihr blieb wahrheitsgemäß nichts anders übrig, als Knotts Frage zu verneinen.

»Habt ihr eine Idee, wo sich Roger Risse aufhalten könnte?«, wechselte Dorothee das Thema. »Schließlich habt ihr euch gehörig an seine Fersen geheftet.«

»Leider nein«, bedauerte Olga. »Habt ihr es bei seiner Mutter versucht?«

»Sie beteuert, nicht zu wissen, wo ihr Sohn steckt, und ist ansonsten nicht kooperativ«, antwortete die Staatsanwältin.

»Tja«, resignierte Mühlke, »dann haben wir in dieser Runde keine Erkenntnisse gewinnen können.«

»Haben Sie«, brachte Sonja noch einen Gedanken ein, »bei *cashpaper* recherchiert?«

»Wie meinen Sie das?«, fragte Knott mit spitzer Stimme.

»Na ja, falls sich Risse im Büro versteckt.«

Olga sah den beiden Kommissarinnen ihre Ratlosigkeit an. Sonja hatte soeben in ein Wespennest gestochen.

»Wir waren beim Münchner Firmensitz von *CooperPepper-Consultation* wegen Martens und im Büro von *BestRosies*, haben die Wohnungen von Martens und Risse überprüft«, berichtete Mühlke tonlos. »Am Firmensitz von *cashpaper* waren wir nicht.«

»Man kann nicht alles gleichzeitig machen«, beschwichtigte Dorothee. »Aber lassen Sie uns das nachholen. Frau Knott, fahren Sie mit zwei fähigen Leuten los.«

Die Oberkommissarin nickte und verließ das Zimmer.

»Das war mein Versäumnis«, gab sich Mühlke die Schuld. »Ich hab' zwar kurz daran gedacht, aber ehrlich, Risse wäre ja selten dämlich, sich in seinem Büro zu verstecken. Da ist es von der Prio-Liste gerutscht.«

»Schon gut«, beruhigte die Staatsanwältin. »Vermutlich ist es ein Schneidergang.«

»Ein was?«

»Ein Schneidergang – vergeblich. Frau Knott wird dort nichts finden, zuallerletzt Risse. Trotzdem müssen wir nachschauen. Danke, Sonja, für den Tipp.«

»Gern«, erwiderte Sonja. »Wie haben die Gangster eigentlich die Tür gesprengt?«

»Plastiksprengstoff, wie er vor allem von Spezialeinsatzkräften und der Armee verwendet wird«, berichtete Wilfried Kraus. »Woher der Sprengstoff genau stammt, wird im Labor untersucht.«

»Spricht für Russenmafia«, warf Olga spontan ein. »Zönte dürfte mit seinen Vorwürfen gegen die Brodersche Privatbank, *cashpaper* und *CPC* recht behalten. Wer hat eigentlich die Ermittlungen wegen des Anschlags auf Zönte in dem Café geleitet?«

»Hauptkommissar Eberlein von den Gewaltdelikten. Wieso?«

»Gab es Erkenntnisse, welche Art von Gift verwendet wurde?«

Mühlke blätterte in ihrer Ermittlungsakte und antwortete nach kurzem Suchen: »Pancuroniumbromid – intramuskulär in den Hals, ein handelsübliches Muskelrelaxans.«

»Erhält das jeder Normalsterbliche?«, fragte Dorothee.

»Nein, es ist verschreibungspflichtig und normal nicht in Apotheken vorrätig. Krankenhäuser verwenden es häufig bei Operationen.«

»Also perfekt geplant.«

»Wir gehen inzwischen davon aus, dass eine kriminelle Organisation hinter dem Mord an August Loder und dem Anschlag auf Detlev Zönte steckt«, bekräftigte Mühlke. »Das macht unsere Ermittlungen nicht einfacher.«

»Was für ein Kollege ist Hauptkommissar Eberlein?«, fasste Dorothee nach.

»Ein Haudegen«, erwiderte Mühlke.

»Über jeden Zweifel erhaben?«

»Wie meinen Sie das?«

»Ich frage mich, woher das Misstrauen von Herrn Zönte kommt. Er vermutet einen Maulwurf bei der Polizei. Kann er damit richtig liegen?«

»Ich habe ihm versichert, dass es in meinem Kommissariat keinen Maulwurf gibt.«

»Würden Sie für den Kollegen Eberlein bürgen?«, fragte Dorothee.

Mühlke ließ sich Zeit mit ihrer Antwort. »Wenn ich ehrlich bin, Frau Staatsanwältin: Die Hand würde ich für Eberlein nicht ins Feuer legen.«

»Dann werde ich mir den Haudegen mal anschauen.«

»Den aktuellen Unterschlupf von Zönte und Thaler konnte er nicht kennen«, versuchte Mühlke ihren Kollegen zu entlasten.

»Richtig«, erwiderte Dorothee, »aber ich will ein Gefühl dafür bekommen, ob es in der Münchner Polizei undichte Stellen gibt. Und von Ihnen erwarte ich, dass Sie das Umfeld von Dr. Martens erkunden. Vielleicht finden sich da Hinweise auf seinen Verbleib.«

»Das wird schwierig«, warf Sonja ein und hielt ihr Smartphone hoch. »Zöntes Zeitung nimmt alle Anschuldigungen gegen *CooperPepperConsultation* und *cashpaper* zurück – aktuelle Meldung in der online-Ausgabe.«

»Zeig her«, bat Dorothee und las überrascht den Artikel,

den ihr Sonja hinhielt. Sie kratzte sich nachdenklich hinter dem Ohr.

»Wenn die Verantwortlichen nicht freiwillig kooperieren, steht die Kommissarin mit leeren Händen da«, folgerte Olga.

Die Staatsanwältin nickte missmutig. »Trotzdem wäre es wichtig, bei *CPC* nachzuforschen. Cathrin Thaler ist ebenfalls zu der Überzeugung gekommen, dass Martens eine wesentliche, wenn nicht die zentrale Rolle in dem von Zönte aufgedeckten Geldwäscheskandal spielt«, sagte Sonja. »Sie hat uns gesagt, über eine Sekretärin von Martens selbst an etliche Unterlagen gelangt zu sein. Vielleicht können Olga und ich mit dieser Frau sprechen?«

»Das kann ich nicht gestatten«, erwiderte die Staatsanwältin gedehnt und blickte dabei Mühlke durchdringend an.

Diese drehte die Hände nach oben.

»Andererseits«, fuhr Dorothee fort, »was ich nicht weiß …«

34

Sie suchen Dich schon wieder, hatte ihm seine Mutter über WhatsApp mitgeteilt und gefragt, was geschehen sei. Anstatt zu antworten, hatte Roger sein Smartphone ausgeschaltet und die SIM-Karte entfernt. Trotz der Kälte war er zu Fuß vom Firmensitz in die Stadt zurückgegangen und hatte Lisa gebeten, bei ihr unterschlüpfen zu dürfen. Zu seinem Erstaunen hatte sie ihn eingelassen und keine Frage gestellt.

Jetzt schmerzte sein Rücken von dem engen Studentenbett. So leise wie möglich brühte er sich ein Kännchen Kaffee auf. Lisa schlief noch, und das war ihm gerade recht. Er musste seine Gedanken sortieren und hatte keine Lust, noch einmal den zerknirschten Liebhaber zu spielen, der Stein und Bein schwört, nie wieder die Hand gegen die Geliebte zu erheben oder sie zu irgendetwas zu zwingen. Allemal genug, dass er gestern zu Kreuzen gekrochen war, um sich im Studentenwohnheim verstecken zu können. Immerhin war der Abend nach und nach vertrauter und zärtlicher verlaufen, auch hatte er sich geduldig gezeigt und letztlich erreicht, was er erreichen wollte. *Ein Mann ist ein Mann,* hatte er sich gesagt und war eingeschlafen, aber in der Nacht mehrmals aufgewacht, weil Lisas Bett einfach zu eng war für zwei Personen. Eine zweite Nacht wollte er sich hier auf keinen Fall zumuten. Doch was war zu tun?

Roger überlegte, ob er sein Smartphone wieder in Betrieb nehmen und Zeitung lesen sollte. Wer suchte ihn und warum? War es wegen der Frau, die er in dem Bürokomplex geschlagen hatte, um ihr eine für Martens wichtige Information zu entlocken? Oder ging es um die haltlosen Anschuldigungen dieses Schmierfinken? Wenn er sein Handy aktivierte, konnte man ihn orten. Dieses Risiko wollte er nicht eingehen, solange er nicht wusste, um was es ging. Dabei machte ihm am meisten Sorgen, was Martens plante. Sein Auftritt gestern bei Michael war jedenfalls so surreal wie bedrohlich gewesen. Herrisch und ohne Duldung irgendeines Widerspruchs hatte Martens die Herausgabe aller entscheidenden Programme für die Transaktionsabwicklung von *cashpaper* verlangt. Michael hatte Roger fragend angeschaut, Roger hatte genickt, Michael hatte geliefert. Als Martens schließlich die Festplatte mit den entscheidenden Programmcodes erhalten hatte, war er ohne ein weiteres Wort verschwunden. Michael hatte lediglich angemerkt, dass er demnächst eine Alternative entwickeln werde, dann hatte er sich in sein Büro zurückgezogen. Die Szenerie war gespenstisch gewesen, und Roger fragte sich allen Ernstes, ob er das wirklich erlebt hatte.

35

Colonel David Prem stand breitbeinig im Halbschatten einer freistehenden uralten Buche, die Arme vor der Brust verschränkt, den Rücken durchgedrückt, ein Bild von einem Mann, der es gewohnt war, Befehle zu erteilen. Seine dunklen Augen funkelten angriffslustig. »Auf auf«, brüllte er. »Sprung auf, Marsch marsch!« Seine Stimme tönte voll und mächtig, ein röhrender Bass. Niemand konnte sich dieser Stimme, diesem Befehl widersetzen.

Cathrin riss es hoch. Verwirrt blickte sie sich um. Es war dunkel. Schemenhaft erkannte sie neben sich einen Körper, hörte ein rasselndes Schnarchen. Es roch nach muffigem Heu und Stroh. Die schwere Bettdecke fühlte sich klamm an. Es war kalt.

Sie rieb sich die Augen und gewöhnte sich an die Dunkelheit. Allmählich wurde sie wach genug, um sich zu erinnern. Sie fröstelte und schlüpfte wieder unter die Decke, kuschelte sich an den Körper neben ihr. Detlev schlief regungslos. Cathrin wurde nachdenklich. Sie hatte seit vielen Jahren nicht mehr von ihrem Vater geträumt, zu dem sie längst den Kontakt verloren hatte. War es ein Zeichen, es nun, neben ihrer jungen Liebe, wieder zu tun? Nach dieser halsbrecherischen Flucht, die sie hinter sich gebracht hatten. Als sie hier im Wald im Süden Münchens in dieser verwahrlosten Jagdhütte, die zur Hälfte ein verlotterter Heustadel war, angekommen waren, hatte sie Detlev für seine Entschlossenheit ebenso bewundert wie für sein Organisationstalent.

»Das ist meine romantischste Notunterkunft«, hatte er geflüstert. »Hier werden wir uns von Luft und Liebe ernähren.«

Nun, die Luft roch nach Winter und Schnee, frisch und belebend. Dann würde das mit der Liebe klappen, dachte Cathrin, und sie sollte recht behalten. Sie schmiegte sich an Detlev und spürte, wie sich sein Atem veränderte. Er wachte auf.

Das Frühstück fiel spärlich aus: Eine Tasse Nescafé und ein paar Scheiben harter Zwieback, mehr war in dem Schränkchen in der windschiefen Hütte nicht vorhanden.

»Hab' ehrlich nicht gedacht, diesen Unterschlupf zu benötigen«, entschuldigte sich Detlev für den fehlenden Komfort und zeigte das schiefe Grinsen, das Cathrin zunehmend an ihm gefiel.

»Immerhin«, Cathrin biss von ihrem Zwieback ab, »hast du in Sachen Romantik nicht zu viel versprochen: Luft und Liebe waren gut.«

»Wir müssen überlegen, was wir machen. Gestern war es mehr als knapp, und ich weiß nicht, wie die auf meinen Unterschlupf aufmerksam geworden sind.«

»Diese Hütte scheinen sie nicht zu kennen.«

Detlev nickte. »Trotzdem kann ich mich kaum die ganze Zeit verstecken. Ich muss einen Gegenangriff starten.«

»Wie?«

»Martens – den gilt es zu packen, der ist die Spinne im Netz.« Detlev stand auf und ging in die hintere Ecke des Raums, kniete nieder und hebelte eine Bodenplanke hoch. Er griff in das entstandene Loch und holte ein altes Nokia-Handy hervor.

Cathrin beobachtete ihn fasziniert. *Was hat dieser Mann noch alles auf Lager,* fragte sie sich.

»Hoffentlich hat es noch ein wenig Akku«, brummte Detlev und schaltete das Gerät ein. Er hob den Daumen. »Auf die alten Kisten ist eben Verlass.« Er kramte in seiner Gesäßtasche, zog eine zerknitterte Visitenkarte hervor und tippte die Nummer ins Telefon. »Detlev Zönte hier, was gibt's Neues bei Euch?«

36

Kaum hatten sie das Gebäude der Mordkommission, klingelte Sonjas Handy. Sie zog es aus der Tasche und schaute auf das Display: *Anonym*. Nach kurzem Überlegen nahm sie das Gespräch entgegen und stellte es auf laut, damit Olga mithören konnte.

»Detlev Zönte hier, was gibt es Neues bei euch?«

»Wo steckst du? Wir machen uns große Sorgen um euch.«

»Momentan sind wir sicher. Aber ich muss an Martens herankommen.«

»Da bist du nicht der Einzige. Martens und Risse sind zur Fahndung ausgeschrieben. Von beiden fehlt jede Spur. Ich bin mit Olga auf dem Weg zu *CPC*, wir wollen mit der Sekretärin von Martens sprechen.«

»Sehr gut. Was gibt es sonst Neues bei Euch?«

»Im Olympiadorf gab es eine Art Sprengstoffanschlag und einen Wohnungseinbruch, alle hier stehen vor einem Rätsel.«

»Das ist auch gut so. Ich ruf dich später wieder an. Viel Erfolg bei der Sekretärin.« Er legte auf.

»Gott sei Dank, die Beiden sind in Sicherheit«, atmete Olga einmal tief durch. »Gehen wir.«

Wider Erwarten konnten sie sich problemlos mit Martina Kobell in der Cafeteria von *CooperPepperConsultation* treffen.

»Wir sollen Sie von Cathrin Thaler grüßen. Sie hofft, dass Sie uns Auskünfte geben können, die ihr in einer schwierigen Situation helfen«, eröffnete Olga das Gespräch und nahm dankbar wahr, wie sich die Gesichtszüge der jungen Sekretärin bei der Erwähnung von Cathrins Namen entspannten.

»Geht es ihr gut? Ich habe gehört, sie sei krank. Sie glauben gar nicht, wie es hier seit einigen Tagen drunter und drüber geht.«

»Das können wir uns lebhaft vorstellen«, entgegnete Sonja und beugte sich vor. »Haben Sie eine Idee, wie wir Dr. Martens treffen könnten?«

»Ha, wenn ich das wüsste, könnte ich reich werden. Den will momentan die ganze Welt sprechen.«

»Können Sie uns sagen, mit wem er in den letzten Tagen Kontakt hatte? Sie sind doch die Herrin über seinen Terminkalender, oder?«

»Eigentlich darf ich dazu keine Auskunft geben. Aber Cathrin ... Wenn ich ihr helfen kann. Über sie wird hier arg gelästert, das hat sie bestimmt nicht verdient.«

Olga musste ein Schmunzeln unterdrücken. Die Sekretärin von Martens war beinahe noch naiver, als Cathrin unlängst berichtet hatte. Nun war Olga klar, wie einfach Cathrin an einige der Informationen hatte gelangen können, die Detlev halfen, seinen Artikel über die Verstrickung von *CPC* in den Geldwäscheskandal bei der Broderschen Privatbank zu untermauern. Wie konnte Martens als ausgebuffter Stratege auf so eine Sekretärin bauen? Andererseits konnte ihm ein naives Mädchen nicht gefährlich werden. Insofern hatte er eine gute Wahl getroffen.

»Mehrfach hatte Dr. Martens Termine mit Rechtsanwalt Presselt«, plauderte Kobell aus dem Nähkästchen. »Dann hat er einige Male mit August Loder vom Bankhaus Malburgg&Lederer telefoniert. Das ist der, der ermordet wurde«, flüsterte Kobell, ehe sie lauter fortfuhr: »Roger Risse stand ebenfalls öfter auf der Telefon- und Terminliste. Und dann Oleg Rostow, mit dem hat er mehrere Abendtreffen gehabt.«

Sonja und Olga hoben gleichzeitig die Köpfe.

»Haben Sie von dem eine Telefonnummer?«, fragte Sonja aufgeregt.

Kobell schüttelte den Kopf. »Nein, das ist der einzige, den Dr. Martens immer selbst angerufen hat.«

»Wissen Sie«, fasste Sonja nach, »ob er vom Firmenapparat aus telefoniert hat oder mit seinem Handy?«

»Manchmal hat er bestimmt sein normales Telefon benutzt.«

»Was habt Ihr für eine Telefonanlage – VoIP?«

»Was ist das?«

»Telefoniert Ihr über den Computer?«

»Ach ja, klar.«

»Können wir in sein Büro gehen?«

Kobell zögerte. »Ist das nicht zu gefährlich?«

»Warum?« Sonjas Stimme klang unschuldig.

Da nickte die junge Sekretärin. Die drei tranken ihren Kaffee aus und verließen die Cafeteria. Wenige Minuten später beugte sich Sonja über das Telefon auf dem Schreibtisch von Martens. Sie drückte die Taste mit dem Symbol für »Anwendungen« und es öffnete sich das entsprechende Display. Unter der »1« verzeichnete es die Anrufliste. Kurz berührt, schon öffnete sich eine lange Liste, wobei etliche Anrufe mit einem Namen versehen waren, so auch Roger Risse, August Loder und Florian Presselt. Andere Telefonate waren dagegen mit Rufnummer abgespeichert, darunter eine Mobilnummer mit der Ländervorwahl 007, die Martens in den letzten Tagen mehrfach gewählt hatte.

»Das ist er«, flüsterte Sonja und notierte die Nummer. »Gehen wir.«

Nachdem sie das Bürogebäude verlassen hatten, überlegten sie, wem sie die Telefonnummer zuerst zurufen sollten. Olga plädierte darauf, sofort Dorothee zu informieren. Sonja wollte vorab Detlev den Erfolg vermelden.

»Schließlich sind es seine Recherchen, und er ist von Rostow angegriffen worden«, begründete Sonja ihren Vorschlag.

»Du willst ihm die Chance geben, sich selbst um diesen Typen zu kümmern? Das ist gefährlich.«

»Gib ihm fünf Minuten Vorsprung«, bat Sonja. »Dann darfst du die Staatsanwältin einweihen.«

Tu's nicht, flüsterte Olgas innere Stimme, aber Olga ignorierte die Warnung.

37

»Schön, dass du da bist«, gähnte Lisa und schlug die Bettdecke zurück. Sie war nackt und räkelte sich verführerisch.

Roger trat ans Bett, setzte sich auf die Kante und begann, ihre Schenkel zu streicheln. Nein, er konnte nicht widerstehen. *Warum sollte ich auch?* Er sah, was er begehrte, und konnte sich nicht beherrschen. Sein Ungestüm brach durch. Lust und Begehren durchströmten ihn, vernebelten jede Wahrnehmung außerhalb seiner selbst. Es war wie der erste tiefe Zug an einer Zigarette nach langer Rauchabstinenz. Da war ein schummriges Vibrieren in ihm, eine zitternde unruhige Lust. Er kannte es nicht anders, als bei sich und nur bei sich zu sein. Immer hatte er die Liebe gekauft, er hatte einen Anspruch darauf, dass es nur um ihn ging.

Als Lisa einen Schmerzenslaut ausstieß, unverständlich und zur Unzeit, gab er ihr eine Ohrfeige. Sie schrie vor Schreck und Schmerz und bäumte sich auf. Das machte ihn wütend. »Halt die Fresse«, fuhr er sie an. Aber nein, sie schrie, wand sich und warf ihn ab. Da schlug er erneut zu, diesmal kräftig mit dem Handrücken. Sie schrie nur noch lauter, würde das ganze Wohnheim rebellisch machen. Sie strampelte wild und begann, mit ihren Fäusten auf ihn einzutrommeln. Da packte er ihren Hals und drückte zu.

38

Dorothee hing am Telefon und winkte Olga zu sich ins Büro. In dem Raum stapelten sich immer noch an jeder erdenklichen Ecke die roten Akten, wie damals, als Olga zum ersten Mal hier zu Besuch gewesen war. Sie setzte sich an den Besprechungstisch und betrachtete die hektisch ins Telefon sprechende Staatsanwältin. Ohne Zweifel war Dorothee eine auf burschikose Weise attraktive Frau, aber über der Nasenwurzel hatte sich in den letzten Monaten eine tiefe Furche eingegraben und die Mundwinkel hingen nach unten. Das Gesicht war hager geworden, die Mimik härter. Wenn Olga es nicht besser gewusst hätte, hätte sie gedacht: Genauso muss eine erfolgreiche Staatsanwältin aussehen.

Aber das war es nicht, nein, Dorothee knabberte immer noch an ihrem Verlust; sie trug nach wie vor schwer am Tod ihres Freundes. Olga konnte das gut verstehen, ging es ihr selbst manchmal noch so, dass sie eine plötzliche Traurigkeit ansprang, wenn sie sich an den tödlichen Sturz ihres früheren Lebensgefährten erinnerte. Dann sah sie das totenblasse Gesicht von Marco und ihr kamen die Tränen. Doch Marcos Tod lag beinahe drei Jahre zurück, der Schicksalsschlag verblasste angesichts des Lebens, das Olga seither lebte und das ihr mit Sonja eine neue Liebe gebracht hatte. Ein unverhofftes und unerwartetes Glück, das Olga jeden Tag in vollen Zügen genoss.

Noch war so eine Erfahrung Dorothee nicht vergönnt, bedauerte Olga und wartete auf das Ende des Telefonats.

»Die Spezialisten des Landeskriminalamts«, berichtete Dorothee, kaum hatte sie aufgelegt, »heften sich bereits an Rostows mobile Spur. Danke für deine Unterstützung. Manchmal hat so eine Privatermittlung tatsächlich Vorteile.«

»Ihr müsst diesen Russen fassen, der ist zu allem fähig. Ich habe Angst um Detlev und Cathrin.« Olga schüttelte den Kopf.

»Wir hätten uns nicht in diese Geschichte hineinziehen lassen sollen.«

»Ihr müsst nichts mehr tun, wir bekommen die Übeltäter, verlass dich drauf.«

»Das tue ich. Aber ich will auch, dass weder Rebecca noch Roger Risse weiterhin Geld mit Frauen verdienen, die zur Prostitution gezwungen werden, und da kannst du nur bedingt helfen.«

Dorothee wiegte den Kopf. »Täusch dich nicht. Wenn du mir Beweise für Zwangsprostitution und Menschenhandel bringst …«

Das Telefon klingelte. Dorothee nahm das Gespräch entgegen. Rasch spannten sich ihre Gesichtszüge an.

»Bereiten Sie den Zugriff vor«, bellte sie schließlich ins Telefon. »Ich komme.«

Dorothee legte auf und griff nach ihrem Anorak.

»Sie haben Rostow geortet. Er befindet sich in einem Wohnblock am Hasenbergl. Dort leben etliche russisch-stämmige Familien. Leider kann ich dich nicht mitnehmen.«

»Gibst du mir Bescheid?«

»Klar, ich ruf dich an. Bis bald und: nochmal Danke!«

Olga verließ nachdenklich das Gebäude der Staatsanwaltschaft. Sie ging gemächlich nach Hause und überlegte, welche Haltung Dorothee nun gegenüber den Ermittlungen auf eigene Faust einnahm. War sie dabei, ihre Einstellung zu verändern? Noch vor einem halben Jahr war Dorothee eine vom Rechtsstaatsgedanken durchdrungene Juristin gewesen, die jede Art von Selbstjustiz verurteilte und unrechtmäßig erlangte Beweismittel ablehnte. Zumindest letzteres sah sie inzwischen offensichtlich anders, denn sie hatte Rostows Telefonnummer, die Sonja unter Verstoß gegen alle datenschutzrechtlichen Bedingungen erlangt hatte, bedenkenlos für die Ortung von Rostows Aufenthaltsort verwendet.

Olga hätte das auch getan, aber sie stand schließlich skeptisch gegenüber dem strikten Rechtsstaatsgebot. Wenn man einem Schurken das Handwerk legen konnte, sollte man es tun und nicht auf allzu viele Vorschriften Rücksicht nehmen, die im Ergebnis die Verbrecher mehr schützten als die Allgemeinheit. Dennoch haderte sie mit ihrem Gewissen, was richtig und was falsch war. *Wenn ich darauf nicht bald eine Antwort habe*, grübelte Olga, *weiß ich nicht, ob ich an meiner Dissertation und am Lehrstuhl für Strafrecht und Rechtsphilosophie von Gudrun Möller weiterarbeiten kann.*

Das solltest du aber, flüsterte es in ihrem Hinterkopf. War ihre innere Stimme die Stimme der Vernunft?

39

»Ich werde dich begleiten.« Cathrin betonte jedes Wort. Detlev sollte ihre Entschlossenheit erkennen, Widerspruch war zwecklos.

Sie schlüpfte in ihre Jacke und folgte Detlev zum Motorrad. Er reichte ihr den Helm, setzte seinen eigenen auf und startete die Maschine. Vorsichtig steuerte er den Waldweg entlang. Auf der Straße angekommen, gab er Gas. In einer halben Stunde würde er seinen Verfolger treffen. Ein aberwitziges Unterfangen, wie Cathrin fand, aber sie hatte es Detlev nicht ausreden können, die Telefonnummer anzurufen, die ihm Sonja durchgegeben hatte.

Wider Erwarten hatte sich der Russe gemeldet und mit einem Treffen einverstanden erklärt. Es würde an einem belebten Ort stattfinden, der Endhaltestelle einer vielfrequentierten U-Bahn-Linie; der Bahnsteig videoüberwacht.

»Also maximale Sicherheit«, hatte Detlev gesagt und dabei verwegen gegrinst. Dieses Grinsen hatte ihn verraten. Cathrin war klar, dass sich Detlev der Gefahr bewusst war, und sie fürchtete sich vor der geplanten Begegnung. Doch jetzt war es für einen Rückzieher zu spät. Sie würde bei ihm bleiben.

Sie erreichten die Autobahn. Detlev beschleunigte. Cathrin klammerte sich eng an ihn. Sie hatte Motorradfahren noch nie sonderlich gemocht und jetzt hatte sie aus doppeltem Grund Angst: vor dem Fahren und vor dem Ziel, das sie ansteuerten.

Der Russe war ein Vollprofi. Was verleitete ihn, sich auf dieses Treffen einzulassen? Es gab einen Haken, den Cathrin nicht erkannte. Irgendetwas führte der Russe im Schilde. Sie hatte ihm in die Augen gesehen, sie wusste, das war ein eiskalter Killer. Trotz all seiner Cleverness – dem war Detlev nicht gewachsen. *Ich auch nicht*, fürchtete Cathrin, und je näher sie der Stadt kamen, umso stärker wuchs ihr Unbehagen.

Sie tastete nach ihrem Handy, konnte es während der Fahrt jedoch nicht aus der Tasche ziehen. Um nicht geortet werden zu können, war es ausgeschaltet. Jetzt hätte sie viel darum gegeben, telefonieren zu können, um Verena Mühlke zu informieren. Detlev hatte dem Russen zugesagt, keine Polizei einzuschalten, und sich an diese Zusage gehalten. Die Russen würden das sofort spitzkriegen, hatte er gemeint und ihren Vorschlag, die Kommissarin zu informieren, abgelehnt. Als sie am U-Bahnhof ankamen, waren sie also auf sich allein gestellt.

40

Mitten in ihre Selbstzweifel hinein vibrierte ihr Handy. Olga nahm es zur Hand und sah auf das Display: Verena Mühlke rief an. *Um Gottes willen*, durchzuckte ein Angstgedanke Olga, als sie das Gespräch annahm.

»Gute Nachrichten«, sagte die Kommissarin. »Wir haben Roger Risse.«

»Wo, wie …?«, stammelte Olga.

»Studentenstand, Wohnheim. Er hat eine Studentin vergewaltigt. Mitbewohner alarmierten die Polizei. Die Kollegen kamen gerade noch rechtzeitig, um das Schlimmste zu verhindern«, berichtete die Polizistin im Stakkato. »Glauben Sie mir, der kommt für lange Zeit hinter Schloss und Riegel. Sie können Ihren Rachefeldzug beenden.«

»Danke für die Nachricht. Wie …?«

Doch die Kommissarin hatte bereits aufgelegt.

»Dieses Schwein«, entfuhr es Caroline, nachdem Olga von Mühlkes Anruf berichtet hatte.

Zu Olgas Überraschung und Freude war Caroline im Wohnzimmer auf dem Sofa gesessen und hatte sich mit Sonja unterhalten, als sie nach Hause gekommen war.

»Der wird dich nicht mehr schlagen«, stellte Sonja mit Genugtuung fest. »Wie wird es jetzt mit dir, bei dir weitergehen?«

Caroline errötete. »Ich will weiter als Escort-Dame arbeiten.«

Schweigen. Olga hatte zwar damit gerechnet, war aber trotzdem überrascht. Schließlich sagte sie: »Hoffentlich nicht mehr bei Rebecca Risse.«

»Doch. Deswegen bin ich gekommen. Ich bitte euch, die Homepage von *BestRosies* nicht mehr zu attackieren. Sonst verlieren wir unsere Kunden.«

Olga schwieg. Sie wusste, warum sich Caroline so entschieden hatte. Auch, wenn sie es unendlich traurig und bedrückend fand: Sie musste es akzeptieren. Umso mehr bestärkte es sie in ihrem Vorsatz, sich künftig, wo immer sie konnte, gegen unfreiwillige Prostitution zu engagieren. Sie schluckte ihren Protest hinunter und fragte stattdessen: »Was macht Eftimia?«

»Du meinst Ramona, richtig?«

»Ja.«

»Sie will auch bleiben. Frau Risse hat uns allen gestern ein Angebot gemacht, das wir annehmen wollen.«

»Nämlich?«

»Wir können uns an *BestRosies* beteiligen.«

»Wie soll das ausschauen?«

»Wenn du magst, das wollte ich dich auch bitten ...« Caroline stockte. »Würdest du die Verträge für uns prüfen?«

Meine Güte, das hätte ich mir anders gewünscht, dachte Olga erkannte jedoch zugleich, dass sie den Frauen damit zu einem selbstbestimmteren Weg helfen konnte. Sie schaute Caroline tief in die Augen.

»Bitte«, flüsterte die Studentin.

Olga nickte.

41

Es war ganz anders als in den meisten Fernsehkrimis. Der Raum war hell und geräumig, in der Mitte stand ein ovaler Besprechungstisch, um diesen herum acht bequeme Freischwinger. An den Wänden hingen geschmackvolle Kunstdrucke. An einer Seite stand ein Sideboard, darauf ein moderner Kaffeevollautomat. Auf einem Tablett Tassen, Unterteller und kleine Löffel, eine Schale mit Zuckertütchen und eine Schale mit Kaffeesahnebechern. Neben der Kaffeemaschine stand ein Tastentelefon. Nirgends gab es einen Spiegel, und auch ein Aufnahmegerät suchte Roger vergeblich. Einzig der Umstand, dass neben der Tür ein uniformierter Polizist stand, erinnerte ihn daran, sich in einem Vernehmungsraum der Münchner Polizei zu befinden.

Die Kriminalkommissarin, die ihn vor rund 20 Minuten empfangen hatte, war nach der Belehrung über seine Rechte und seiner Bitte, seinen Anwalt sprechen zu dürfen, aus dem Zimmer gegangen und seitdem nicht mehr aufgetaucht. Roger wartete auf das Klingeln des Telefons. Die Anwaltsgehilfin hatte einen Rückruf versprochen, sobald Florian Presselt von einem Termin zurück in der Kanzlei sei. Der Staranwalt würde ihn aus diesem Schlamassel herauspauken, schließlich hatte er sogar die Zeitung zu einem Rückzieher gezwungen.

Gern hätte sich Roger mit den Kursen der Münchner Börse abgelenkt, doch die Polizisten hatten ihm sein Handy abgenommen. Ob die das überhaupt durften? Auch darum würde sich Presselt kümmern. Der Anwalt würde das normale Leben zurückbringen, hoffte Roger und fragte sich, ob er im richtigen Film war. Alles, was die letzten 24 Stunden geschehen war, kam ihm unwirklich vor. Hatte er tatsächlich die letzte Nacht im Studentenwohnheim verbracht? Erst mit Lisa, dann neben Lisa in dem engen Bett geschlafen? Hatte er sie allen Ernstes vergewaltigt und gewürgt? Er versuchte, sich an die zurückliegenden Stunden zu erinnern, doch ihm war, als liege das alles in einer verschwommenen Vergangenheit. Ja, er hatte ihr einige Ohrfeigen verpasst, das stand ihm klar vor Augen, aber die hatte sie sich verdient, schließlich hatte sie sich nicht zu sträuben, wenn er seiner Lust frönte. Hatte sie geschrien? Ja, hatte sie, völlig unpassend. Er konnte doch gar nicht anders, als ihr das Maul stopfen. Nein, er empfand kein Schuldgefühl. *Vielleicht habe ich ein wenig ihren Hals gedrückt*, versuchte er sich zu erinnern. Wie aus dem Nichts war plötzlich jemand auf ihn gestürzt, hatte ihm die Arme auf den Rücken gebogen, ihn vom Bett gezerrt und gegen das Bücherregal geschleudert. Dann drückten ihn die Handschellen und er stand nackt vor einem Polizisten, der ihm ein Handtuch entgegenstreckte. Roger schüttelte den Kopf. Nein, das konnte er unmöglich erlebt haben.

Ich träume immer noch, redete er sich ein – da klingelte das Telefon.

Der Polizist verließ seinen Platz an der Tür, ging zum Telefon und nahm das Gespräch entgegen.

»Ihr Anwalt«, sagte er und reichte Roger den Hörer.

Presselt war persönlich am Apparat. Roger schilderte seine Situation, wurde blass und ließ den Hörer fallen.

Presselt hatte abgelehnt, ihn zu verteidigen und aufgelegt.

Roger setzte sich hin. Seine Beine zitterten, sein Magen revoltierte. Er würgte, aber es kam nichts hoch. Auf seiner Brust lastete ein Druck, als fahre ein Auto über ihn hinweg. Er rang nach Luft, japste, keuchte. Ihm wurde schwarz vor Augen. Er wollte schreien – kein Laut kam über seine Lippen.

Mit einem Kreischen in seinem Kopf realisierte Roger das Zerspringen seiner Welt.

42

»Fällt es dir schwer, Carolines Entscheidung zu akzeptieren?«, fragte Sonja, als sie wieder allein waren. Sie setzte sich neben Olga und nahm sie in den Arm.

Diese Berührung vermittelte Olga Ruhe und Geborgenheit. Sie lehnte ihren Kopf an Sonjas Schulter und ließ das Karussell ihrer Gedanken zu. Roger Risse verhaftet und vermutlich für lange Zeit aus dem Verkehr gezogen, Dorothee dem russischen Killer auf den Fersen ... Alles gute Nachrichten, die Olga beruhigen sollten.

In was für ein Chaos war sie da in den letzten Wochen hineingeraten? Hätte sie von Anfang an auf ihre innere Stimme hören sollen, die Warnungen bitterernst nehmen und sich von Caroline fernhalten sollen, die eine Getriebene ihres eigenen Schicksals war? Gewissheiten, die vor einem Monat gegolten hatten, hatten sich in Unsicherheiten verwandelt. Olga zweifelte mehr denn je an dem von ihr eingeschlagenen Weg. War das ihre Zukunft, sich an der Universität in philosophischen Theorien zu ergehen, den Gerechtigkeitsbegriff eines längst verstorbenen Philosophen zu erforschen und später einmal eigene Formeln dafür zu entwickeln, was man im Strafrecht als gerecht empfinden sollte? Um wieviel saftiger schmeckte dagegen die praktische Arbeit am kriminalistischen Fall! Beinahe körperlich spürte sie die Befriedigung darüber, in einem Einzelfall mitgeholfen zu haben, der Gerechtigkeit Geltung zu verschaffen. Wie papieren und blutleer fühlte es sich dagegen an, den soundsovielten Aufsatz über Hegel gelesen zu haben. Detlev Zönte dabei zu begleiten, einen Geldwäscheskandal aufzuklären und einem Frauenschinder das Handwerk zu legen, machte das Leben ungleich spannender als die angestaubte Theorie.

Lieber ab und zu Angst haben in der Aufregung eines kitzligen

Kriminalfalls, als sich im Lesesaal der Rechtsgelehrtheit zu langweilen! Dieser Gedanke elektrisierte Olga, und mit einem Mal sah sie ihre Zukunft klar und deutlich vor sich: Es ging zurück in die Kanzlei, zurück in das Leben der Strafverteidigerin, zurück zu der einen oder anderen aufregenden Ermittlung.

Sie richtete sich auf, streichelte Sonja über die Wange und sagte: »Ich muss nicht alles verstehen, mein Schatz.«

43

Sie blieb in Hörweite schräg hinter Detlev, als dieser den U-Bahnhof betrat. Vorsichtig hielt sie Ausschau nach dem Russen, konnte ihn jedoch nirgends entdecken. Insgeheim hoffte sie, er möge nicht zu dem Treffen kommen. Andererseits verstand sie Detlev. Er brauchte den Showdown für sein Selbstbewusstsein und er schien eine genaue Vorstellung davon zu haben, wie das Treffen mit dem Russen ablaufen sollte.

Zielstrebig lief Detlev den fast leeren Bahnsteig entlang bis zur Informationstafel. Dort verharrte er und tat so, als würde er den Umgebungsplan studieren. Cathrin folgte ihm in einigem Abstand, blieb rund zehn Meter entfernt stehen und beobachtete das weitere Geschehen. Langsam kam vom anderen Bahnsteigende ein stämmiger Mann herangeschlendert. Er war mindestens eineinhalb Köpfe kleiner als der Russe, der Cathrin mit dem Messer bedroht hatte. Auch Detlev reagierte nicht auf den auf ihn zukommenden Mann.

»Du wolltest reden, mein Freund«, hörte Cathrin den Untersetzten mit starkem slawischem Akzent sprechen. Sie sah, wie sich Detlev überrascht herumdrehte.

»Reden ist immer gut, findest du nicht?«, antwortete er und schaute auf den Unbekannten herab.

»Wenn es ums Geschäft geht. Was willst du?«

Detlev deutete mit dem Zeigefinger auf eine Überwachungskamera an der Decke und fragte: »Warst du das, mit dem ich für dieses Treffen telefoniert habe, oder schickt dich jemand?«

Der Fremde folgte mit seinen Blicken Detlevs Fingerzeig und schaute nun direkt in die Kamera.

»Interessant«, hörte ihn Cathrin sagen. »Du willst ein Foto von mir haben.«

Erst kam ein kurzer, bellender Lacher, doch dann begann er

sich vor Lachen auszuschütten. Es war ein tiefes, mitreißendes Lachen, das mit jedem Ansatz entfernt an das Bellen eines Bernhardiners erinnerte.

Cathrin trat unauffällig einige Schritte näher.

»Verstehe«, gurgelte der Russe schließlich, »du hast einen anderen erwartet, nicht mich. Ich bin Sergej Abramski, mein Freund. Kannst gute Geschäfte mit mir machen.«

Er ging einen weiteren Schritt auf Detlev zu und streckte die Hand aus.

Wie aus heiterem Himmel brach Chaos aus. Ein hagerer Mann im Jogginganzug sprang den Russen an, riss ihn nieder und bog ihm die ausgestreckte Hand auf den Rücken. Aus dem Nichts tauchte ein Riese in einem schwarzen Kampfanzug auf und kniete sich auf die Schulter des zu Boden geworfenen Abramski. Rechts und links tauchten schwarz Vermummte auf, Maschinenpistolen im Anschlag.

»Polizei«, rief einer. »Niemand bewegt sich. Polizei. Dies ist ein Notfalleinsatz.«

Im selben Augenblick riss ein weiterer schwarz Vermummter Detlev von dem am Boden liegenden Russen weg.

»Bitte treten Sie zurück«, sprach ein uniformierter Polizist Cathrin an und wies mit ausgestreckter Hand zum Ausgang.

»Das ist mein Freund«, antwortete Cathrin und zeigte auf Detlev. »Was ist hier los?«

»Ihrem Freund geschieht nichts. Bitte, verlassen Sie jetzt den Bahnsteig«, beharrte der Uniformierte höflich.

Während sie sich zum Ausgang umdrehte, sah sie, wie Handschellen um die Hände von Abramski klickten. Zwei, drei Rufe hallten durch den Bahnhof, dann herrschte gespenstische Stille.

Als Cathrin die Treppe zum Sperrengeschoss erreichte, kam ihr Tanja Knott entgegen.

»Was machen Sie hier?«, fragte die Polizistin.

»Ich habe Detlev begleitet. Er wollte den Russen treffen.«

Knott blies die Backen auf. »Immer diese Eigenmächtigkeiten. Sie hätten beinahe unseren gesamten Einsatz ruiniert. Zum Glück haben wir ihn jetzt sistiert.«

»Wen meinen Sie denn, dass Sie da gerade festgenommen haben?«

»Den Mörder von August Loder.«

»Nein«, sagte Cathrin und blickte der Polizistin in die Augen. »Das ist er nicht.«

»Blödsinn. Gehen Sie hinauf zu den dortigen Kollegen und warten auf mich. Ich komme gleich.« Mit diesen Worten ging Knott weiter zur Informationstafel, wo die Männer vom Spezialeinsatzkommando den stämmigen Russen inzwischen auf die Füße gestellt hatten.

Cathrin stieg die Treppe hinauf.

Oben stand Verena Mühlke und winkte sie heran. »Was hatten Sie da unten vor?«

»Detlev wollte den Russen treffen.«

»Ihr seid wirklich von allen guten Geistern verlassen.« Die Mordermittlerin schien fassungslos. »Wie konntet ihr euch nur in so eine Gefahr begeben?«

Cathrin zuckte mit den Achseln.

»Jedenfalls kommen Sie mit aufs Kommissariat«, befahl Mühlke trocken und stieg die Treppe hinab.

Eine gute Stunde später saß Cathrin mit Detlev im Besprechungsraum der Mordkommission den Kommissarinnen Knott und Mühlke sowie der Staatsanwältin Hauber gegenüber. Die drei Strafverfolgerinnen mochten es noch immer kaum glauben, mit Abramski den falschen Russen verhaftet zu haben. Doch so sicher Cathrin sagen konnte, dass Abramski nicht der Mann war, der sie in dem Bürogebäude bedroht hatte, in das sie von Martens entführt worden war, so gewiss war sich auch Detlev, Abramski keinesfalls am Baggersee beobachtet zu haben. Von Abramski wiederrum war in der Vernehmung kein brauchbarer Hinweis zu erhalten, woher das Handy stammte, über das ihn Detlev kontaktiert hatte. Unerschütterlich beharrte der Russe darauf, das Gerät von seinem Neffen geschenkt bekommen zu haben und nicht zu wissen, wie dieser in den Besitz des Gerätes gelangt war.

»Wir haben also den Falschen«, stellte die Staatsanwältin Hauber resigniert fest. »Das Handy wird von den Spezialisten im Landeskriminalamt untersucht. Vielleicht finden wir darauf noch sachdienliche Hinweise. Abramskis Neffen suchen wir bereits wie die Nadel im Heuhaufen, aber unsere russischen Freunde haben die spannende Eigenschaft, manchmal unsichtbar zu werden.«

»So weit, so schlecht«, fuhr Kriminalhauptkommissarin Mühlke fort. »Das bedeutet für Sie, Herr Zönte: Sie sind weiter akut in Gefahr. Und nachdem Sie, Frau Thaler, den Russen ebenfalls identifizieren können, schweben Sie auch in Gefahr. Ich schlage daher vor, dass wir Sie beide in einem Zeugenschutzprogramm unterbringen, bis wir den Mörder von August Loder gefasst haben.«

»Kommt nicht infrage«, wehrte Detlev ab. »Sagen Sie mir lieber, ob Sie eine Spur von Martens haben.«

»Nein«, gab die Staatsanwältin zu. »Der ist komplett abgetaucht.«

»Ja, das sieht so einem ähnlich«, nickte Detlev. »Wenn Sie mich fragen, finden Sie ihn auch nicht mehr. Er war der Mastermind in diesem Spiel. Bei ihm laufen die Fäden zusammen.« Detlev kratzte sich umständlich am Kopf, dann fuhr er mit tonloser Stimme fort: »Martens ist über alle Berge – vermutlich nach Russland. Er hat seine Schäfchen im Trockenen, da können Sie Gift drauf nehmen.«

»Sie machen mir Spaß«, bemerkte Hauber spöttisch. »Das glauben Sie doch selbst nicht.«

»Oh doch«, erwiderte Detlev und setzte sein schiefes Grinsen auf. »Für *CPC* wird es eng, da platzt die Bombe bald, und die Brodersche Privatbank hat ihre besten Tage hinter sich. Sie werden es erleben, was es da alles an Mauscheleien zu entdecken gibt.«

»Also, ich weiß nicht«, schüttelte Mühlke den Kopf.

»Wenn dem so wäre, wären Sie wirklich in Gefahr«, befürchtete Knott. »Gehen Sie ins Zeugenschutzprogramm.«

»Nein«, blieb Zönte bei seiner Ablehnung. »Martens ist über alle Berge, die Russen mit ihm. Von denen habe ich nichts mehr zu befürchten. Und *CPC* und die Brodersche: Die beschäftigen eine Hundertschaft Rechtsanwälte, aber keine Killer.«

44

Olga saß mit Sonja und Caroline im Wohnzimmer und verfolgte die Abendnachrichten im Fernsehen. Die alles beherrschenden Schlagzeilen gehörten dem neuartigen Virus aus China: Die davon ausgelöste Krankheit hatte inzwischen einen eingebürgerten Namen: COVID-19. In Bayern waren 220 von 100.000 Menschen innerhalb einer Woche infiziert worden, bis heute Abend waren 635 Menschen an oder mit dieser Krankheit gestorben. Seit dem 23. März befand sich das gesamte Land in einer Art Winterschlaf. Alle Geschäfte, die nicht dem Bedarf des täglichen Lebens dienten, waren geschlossen. Kontakte wurden auf ein Minimum beschränkt, die Straßen waren leergefegt, Schulen und Universitäten hatten dicht gemacht. Caroline hatte keine Arbeit, denn die Bordelle waren wie Fitnessstudios und Restaurants geschlossen, jede Art von Escort-Service war verboten.

Olga fand diese Art von Austrocknung der Prostitution gut und bedauerte sie trotzdem, denn womit sollte Caroline nun für die Pflegekosten ihres Vaters aufkommen? Sie ließ sich ihre Gefühle nicht anmerken. Immerhin hatte sie die Verträge geprüft, mit denen Rebecca Risse aus der *BestRosies* GmbH eine Art Escort-Damen-Genossenschaft gemacht hatte, und für gut befunden. Juliette war jetzt Miteigentümerin der Agentur.

Roger Risse saß in Untersuchungshaft und wartete auf seinen Prozess. Dorothee würde Anklage erheben wegen versuchten Mordes, Vergewaltigung, sexueller Nötigung, Körperverletzung und Freiheitsberaubung. Olga rechnete mit einer langen Haftstrafe für Rebecca Risses Sohn, der daneben ein weiteres Verfahren wegen Beihilfe zur Geldwäsche gewärtigen musste.

Neben der Pandemie gab es noch eine vorherrschende Schlagzeile: die Insolvenz der Broderschen Privatbank AG und der

Konkurs des Finanzdienstleisters *cashpaper*. Nach allem, was bisher – vor allem aufgrund der Recherchen des Münchner Investigativjournalisten Detlev Zönte – bekannt geworden war, hatte die Brodersche Privatbank mit Bilanzfälschungen ungeahnten Ausmaßes gearbeitet und zudem als Geldwaschanlage für die Profite der Russenmafia gedient. Tausende von Aktionären, die auf den unaufhaltsamen Anstieg des Börsenkurses gesetzt hatten, standen vor dem Scherbenhaufen ihrer Anlagestrategie. Dieser Banken- und Finanzdienstleisterskandal hatte eine weltweit angesehene Wirtschaftsprüfungsgesellschaften mit in den Abgrund gerissen: *CooperPepperConsultation* hatte nicht nur bei der Buchprüfung versagt, sondern ein führender Mitarbeiter von *CPC* hatte sich sogar als Hauptakteur des großangelegten Betrugs herauskristallisiert. Nach Dr. Willibald Martens wurde seit Wochen mit internationalem Haftbefehl gefahndet. Die Spekulationen über seinen Aufenthaltsort schossen ins Kraut. Wohlunterrichtete Kreise gingen davon aus, dass Martens über beste Kontakte zu osteuropäischen und asiatischen Geheimdiensten verfügte.

Nach dem Wetterbericht schaltete Olga den Fernseher aus.

Danksagung

Mein Dank gilt allen Leserinnen und Lesern, die bis hierher durchgehalten haben. Die Lektüre war an manchen Stellen harter Tobak und manche Frage blieb am Ende unbeantwortet. Sie haben sich mitnehmen lassen auf eine »Kriminalreise« voller Irrwege und Rätsel, und Sie haben akzeptiert, dass es keine endgültigen Antworten und Wahrheiten gibt.

Wir leben in einer Welt voller Gier, egal ob Macht, Geld oder Sex. Vermutlich ist Gier eine sehr menschliche Eigenschaft, und wenn das so ist, müssen wir damit leben. Trotzdem können und sollen wir uns gegen ein Übermaß an Gier wehren – tun wir das, macht es uns menschlicher, denn Würde und Gerechtigkeit gehören zu uns Menschen wie Verstehen und Verzeihen. Von allem steckt ein wenig in »Venusgold«, und wenn Ihnen, liebe Leserin und lieber Leser, die Geschichte gefallen hat, dann bin ich besonders dankbar.

Viele von Ihnen werden bei den Machenschaften von »cashpaper« an Deutschlands größten Finanzskandal aus dem Jahr 2020 denken. Parallelen sind unzweifelhaft vorhanden, und daher ist es kein schwarzer Humor, dass Dr. Martens von der Bildfläche verschwunden ist, sondern ein Plagiat der Wirklichkeit.

Drängender war es mir jedoch, die Welt der Sexarbeiterinnen ein wenig lebendig werden zu lassen, so unvollkommen die Geschichte von Caroline alias Juliette im Vergleich zur Wirklichkeit auch ist. Prostitution ist ein hochkomplexes Thema, dem man nicht durch Verteufelung beikommt, aber auch nicht durch Romantisierung a la »Pretty Woman«. Es gibt Frauen, die Sexarbeit selbstbestimmt und freiwillig zu ihrem Beruf machen, und diese

Frauen gehören geschützt und nicht diskriminiert. Die Mehrheit der Prostituierten geht dieser Tätigkeit jedoch nicht freiwillig nach. Viele Frauen kommen aus östlichen Ländern, um der dortigen Armut zu entgehen, viele Frauen werden ausgenutzt oder gar zur Prostitution gezwungen. Im Mai 2022 fand im Bayerischen Landtag eine Anhörung zu dem Thema statt, mit erschütternden, aber auch kontroversen Beiträgen.

Auf einen Bericht der Süddeutschen Zeitung möchte ich in diesem Zusammenhang hinweisen: https://sz.de/1.5583731.

Mein Dank gilt an dieser Stelle einmal mehr meinen Freunden, die das Manuskript gelesen und kommentiert haben; ohne diese Aufmunterungen hätte ich vielleicht nicht zu Ende geschrieben. Jeannine sage ich Danke für ihre Unterstützung über die Jahre des Schreibens hinweg, sie muss meine schlechte Laune aushalten, wenn mir gerade nichts einfällt. Sehr froh bin ich über die Unterstützung des Teams von Bookspot; sie machen mit Liebe und Leidenschaft Bücher. Zu guter Letzt gilt mein »Merci« Johanna Gerhard, meiner Lektorin, die sich intensiv mit dem Text befasst und ihm diese Form gegeben hat; engagiert und einfühlsam. Danke.

Georg Brun, München 2024

Die junge Rechtsanwältin Olga Swatschuk steht vor bisher ungekannten Herausforderungen.

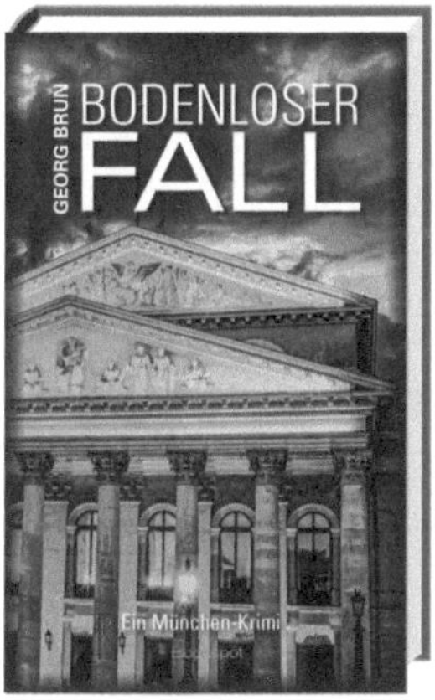

Dieser Krimi hat es in sich:
Das faszinierende Verwirrspiel beruht auf einem wahren Fall.

Fall 1

Georg Brun

Bodenloser Fall

Ein München-Krimi

Edition 211, ein Imprint des Bookspot Verlags
ISBN 978-3-95669-164-5
288 Seiten, Klappenbroschur mit Lesezeichen
14,80 Euro

True Crime vom Feinsten: Dubiose Geschäftsmodelle rund um illegale Organtransplantationen beschäftigen Olga in ihrem zweiten Fall.

Fall 2

Georg Brun

Gewissenlose Wege

Ein München-Krimi

Edition 211, ein Imprint des Bookspot Verlags
ISBN 978-3-95669-178-2
304 Seiten, Taschenbuch
14,80 Euro

Ein fesselndes Geflecht aus Täuschung, Verrat, Intrigen und der Gier nach Macht und Manipulation!

Fall 3

Georg Brun

Grenzenlose Gier

Ein München-Krimi

Edition 211, ein Imprint des Bookspot Verlags
ISBN 978-3-95669-195-9
296 Seiten, Taschenbuch
15,95 Euro

Alle Titel sind auch als E-Book erhältlich.

1

Der Himmel hing bleiern über München. Es regnete Bindfäden. Der Blick aus dem Fenster machte trübsinnig, der Blick in den Kalender machte Angst. Kein einziger Eintrag heute. Weder ein Gerichtstermin noch ein Mandantengespräch, nicht einmal eine Frist in einem banalen Einspruchsverfahren. Die Seite dieses 13. September war schlicht und einfach leer. Folgerichtig hatte Angela sich für den heutigen Freitag freigenommen. Sie nutzte die Gunst des blanken Kalenders für ein verlängertes Wochenende, das sie mit ihrem Freund in Südtirol verbringen wollte. Dort war, wenn man *meteoblue* glaubte, das Wetter schön.

Olga dagegen saß nun ohne ihre Anwaltsgehilfin allein in ihrem Büro und blätterte lustlos in der Akte zu einem Verkehrsdelikt. Der Mandant wollte sich partout gegen einen Bußgeldbescheid über 240 Euro und ein Monat Fahrverbot wehren, obwohl die Beweislage eindeutig gegen ihn sprach. Bei dem mageren Mandantenstamm, den sie hatte, konnte sie diesen Rechthaber nicht vergraulen und den Einspruch nicht zurückziehen. Sollte das Amtsgericht ruhig einen Termin für die mündliche Verhandlung festsetzen.

Sie legte den Vorgang zur Seite und kümmerte sich um den notorischen Ladendieb, für den sie die Pflichtverteidigung übernommen hatte. An sich ein tragischer Fall. Ein gestrauchelter Lokführer, den vor vielen Jahren ein Lebensmüder aus der Bahn geworfen hatte. Aus einem Gebüsch hervorgesprungen, als der Zug noch hundert Meter entfernt war, erschien der Selbstmörder dem Eisenbahner seitdem Nacht für Nacht als Gespenst. Er konnte keinen Führerstand mehr betreten und war letztlich vollkommen arbeitsunfähig geworden. Die Frührente reichte nur fürs Nötigste. Bald befriedigte ihr Mandant seine Konsumbedürfnisse auf unlautere Art und Weise. Dreimal war er mit einem blauen Auge davongekommen, doch jetzt ließ der Amtsrichter keine Gnade mehr vor Recht ergehen: Er bestand auf einer Hauptverhandlung, die für den Ladendieb mit einer Freiheitsstrafe enden könnte. Olga würde mit allen Mitteln versuchen, aus dem Lebenslauf des Lokführers Kapital zu schlagen, um eine Bewährungsstrafe zu erreichen. Sie notierte sich einige wesentliche Lebensdaten, um ihr Plädoyer geschickt aufbauen zu können, als es an der Kanzleitür schellte. Olga ging zum Empfang und bediente die Gegensprechanlage. Niemand meldete sich. Stattdessen klopfte es an der Tür. Olga schaute durch den Spion und sah eine hagere junge Frau. *Keine Gefahr,* dachte Olga und schalt sich im gleichen Atemzug dafür. Seit ihrem Abenteuer in Istanbul vor zweieinhalb Monaten war sie ängstlich.

»Sie wünschen?«, fragte sie und ließ die Frau eintreten.

»Ein Beratungsgespräch mit Ihrer Chefin«, antwortete diese und ging mit schlurfenden Schritten an den verwaisten Tresen. Dunkelblonde Haare hingen fettig und strähnig auf den schmächtigen Schultern, das linke Bein zog sie ein wenig nach, die Jeans schlotterte um die schmalen Hüften – alles in allem ein Anblick des Jammers.

»Um was geht es, wenn ich fragen darf?«

Mit der knochigen Hand stützte sich die Frau am Tresen ab und wandte sich Olga zu. Ein kantiges Gesicht schaute ihr entgegen, hohlwangig mit spitzem Kinn, schmallippig, lodernde Augen über dunklen Tränensäcken, ausgemergelt und unsympathisch.

»Das würde ich gern mit der Rechtsanwältin persönlich besprechen.«

Die Reibeisenstimme war eine halbe Oktave zu hoch geraten und ebenfalls nicht dazu angetan, in Olga Zuneigung auszulösen. *Meine Güte,* dachte sie, *was für Leute schickt mir dieser saudumme Freitag? Wäre ich nur zu Hause geblieben.* Andererseits konnte sie es sich derzeit nicht leisten, Mandate oder Aufträge abzulehnen. Der Umsatz ihrer Einzelkämpferkanzlei war über die Sommermonate drastisch eingebrochen. Wenn das so weiterginge, müsste sie aufgeben und sich eine Stelle in einer Großkanzlei suchen. Gegen dieses Schicksal, das ihr vor gut drei Jahren viele anlässlich ihrer Niederlassung in München prophezeit hatten, bäumte sie sich mit aller Macht auf und zwang sich daher, freundlich zu antworten. Sie ging auf die extrem schlanke Frau zu, streckte ihr die Hand entgegen und stellte sich vor. »Olga Swatschuk. Ich bin die Rechtsanwältin, die Sie suchen.«

»Nina Kaul«, sagte sie und ergriff Olgas Hand. Die grünen Augen lächelten mit den dünnen Lippen um die Wette.

Vielleicht doch nicht so unsympathisch, dachte Olga und war neugierig, was Kaul zu ihr führte.

»Eine Bekannte hat Sie mir empfohlen. Haben Sie Zeit für mich?«

Olga kontrollierte die Uhrzeit. Es waren noch fast zwei Stunden, bis sie ins Fitnessstudio gehen wollte, und sie hielt nichts von dem Wichtigtuer-Spiel, einen randvollen Terminkalender vorzuschützen und potenzielle Mandanten erst mal einige Tage schmoren zu lassen.

»Kommen Sie in mein Besprechungszimmer und erzählen mir, um was es geht.«

»Cool. Sie sind echt lässig. Irgendwie hab ich Sie mir älter vorgestellt.«

Olga ging in den kargen Raum, den sie gerade wegen seiner Schlichtheit mochte, bot der Besucherin einen Stuhl an und setzte sich ihr gegenüber.

Die Augen blickten wach aus einem müden Gesicht, das mangels Körperfett scharfe Konturen aufwies, überbetont von einer schmalen Nase über dem spitzen Kinn. Der Hals war lang und sehnig, knochig lugte das Brustbein hervor. Von den Nasenflügeln herunter hatten sich Furchen eingegraben, ebenso eine steile Falte zwischen den Augenbrauen, die erstaunlich buschig wirkten. Die gesamte Erscheinung strahlte eine eigenartige Mischung aus Müdigkeit und Energie aus. Olga fühlte sich in ihrer Spontandiagnose bestätigt: ehrgeizig und vielleicht magersüchtig.

Wie immer, wenn sie einer neuen Mandantin gegenübersaß, schwieg Olga und wartete auf das, was zwangsläufig irgendwann gesagt wurde. Stets stellte sich später als besonders interessant heraus, was verschwiegen wurde. Genau aus dieser Diskrepanz zog Olga ihre Schlüsse.

»Bleibt, was ich Ihnen erzähle, unter uns?«

»Soweit Sie es mir in Ausübung meines Berufs erzählen.«

»Was kostet mich eine Beratung?«

»Das kommt darauf an. Worum geht es denn?«

»Haben Sie eine Stunde?«

»Hundertzwanzig Euro. Bar.«

»Cool«, antwortete Kaul, zog einen abgewetzten Geldbeutel aus ihrer Jeans und legte den geforderten Betrag auf den Tisch.

»Gut. Legen Sie los.«

»Ich bin Fachärztin für Innere Medizin und arbeite im Bereich der Immun-Biologie als Arbeitsgruppenleiterin des *Bavarian Research Center for Oncological Studies and Immunology*, kurz *BaRCOSI.* Draußen in Martinsried, in enger Nachbarschaft zum Universitätsklinikum.«

Diese Einleitung überraschte Olga. Zwar war Nina Kaul in der Tat schwer zu schätzen, aber allein der Beruf verriet ein höheres Lebensalter, als Olga gedacht hätte. Nun war sie gespannt, was kommen würde.

»Wir forschen an der Grenze des Wissens und sind führend in Europa. Gemeinsam mit einem Institut in den Vereinigten Staaten und einem in China stehen wir weltweit an erster Stelle. Wir werden die Grundlagenforschung im Bereich der Immunologie auf ein neues Level heben. Wir werden in einem bemerkenswerten Umfang personalisierte Medikamente entwickeln; die schwere Krankheiten lindern und heilen oder gar Leben retten.« Kaul schaute Olga Beifall heischend an. »Unsere Arbeit kostet viel Geld und wird ein Vermögen einbringen. Hier geht es um Millionen. Sponsoren rennen uns die Türen ein.« Wieder ein erwartungsvoller Blick, den Olga regungslos erwiderte. »Die Begehrlichkeiten sind enorm. Da geht nicht alles mit rechten Dingen zu. Kurzum, ich fürchte, wir haben einen Spion in unserem Team, der einige unserer Geheimnisse verrät. Meine Befürchtung ist, dass sich dieser Verräter in meiner Umgebung tummelt.«

Olga enthielt sich jeglichen Kommentars, auch, weil ihr nicht klar war, wie sie als Rechtsanwältin ins Spiel kommen sollte. Industrie- und Forschungsspionage gehörten keinesfalls zu ihrem Portfolio; sie war eine bescheidene Strafverteidigerin, die nebenbei einfach gelagerte zivilrechtliche Angelegenheiten erledigte. Sie würde der Frau einige Minuten zuhören und ihr dann die hundertzwanzig Euro wieder über den Tisch schieben. Aber was wollte man von einem Freitag, den Dreizehnten schon erwarten?

»Diesem Spion will ich eine Falle stellen«, fuhr die Immunbiologin fort. »Dazu brauche ich anwaltlichen Beistand.«

»Tut mir leid«, antwortete Olga. »Ich wüsste nicht, was ich für Sie tun könnte. Wie kommen Sie überhaupt auf mich? Wer hat mich Ihnen empfohlen?«

»Sie haben Professor Atasoy in einer delikaten Angelegenheit vertreten«, erwiderte Kaul. »Meine Bekannte meinte, Sie hätten eine hervorragende Figur abgegeben. Also ist Ihnen die Welt von uns Universitätsmedizinern vertraut.«

Diese Antwort kam für Olga unerwartet. Ihr letzter Fall hatte nichts mit Forschungsspionage zu tun gehabt. Olga rätselte daher, wie sie Kaul helfen könnte.

»Sie müssen mich beraten, wie weit ich gehen darf, wenn ich dem Spion eine Falle stelle. Sie sollen meine Gewährsfrau sein für meine lauteren Absichten, wenn etwas schiefgeht.«

»Sie sehen mich ratlos«, entgegnete Olga und hob die Hände.

»Ganz einfach, Frau Anwältin: Ich will das Spiel *betrogener Betrüger* spielen, und ich bin bereit zu höchstem Einsatz.«